Jürgen Ellenberger

Prospekthaftung im
Wertpapierhandel

BrV 17

Schriftenreihe der Bankrechtlichen Vereinigung

herausgegeben von

Walther Hadding, Mainz
Klaus J. Hopt, Hamburg
Herbert Schimansky, Karlsruhe

Band 17

Walter de Gruyter · Berlin · New York

Jürgen Ellenberger

Prospekthaftung im Wertpapierhandel

2001
Walter de Gruyter · Berlin · New York

Dr. Jürgen Ellenberger, Richter am Oberlandesgericht Frankfurt am Main

♾ Gedruckt auf säurefreiem Papier, das die US-ANSI-Norm über Haltbarkeit erfüllt.

Die Deutsche Bibliothek – CIP-Einheitsaufnahme

Ellenberger, Jürgen:
Prospekthaftung im Wertpapierhandel / Jürgen Ellenberger. – Berlin ;
New York : de Gruyter, 2001
(Schriftenreihe der Bankrechtlichen Vereinigung ; Bd. 17)
Zugl.: Marburg, Univ., Diss., 2000
ISBN 3-11-017095-7

Printed in Germany
Konvertierung: Arthur Collignon GmbH, Berlin
Druck: WB-Druck, Rieden am Forggensee
Buchbinderische Verarbeitung: Lüderitz & Bauer GmbH, Berlin
Umschlaggestaltung: Angela Dobrick, Hamburg

Vorwort

Nach über hundert Jahren ist das Börsengesetz von 1896 durch das Dritte Finanzmarktförderungsgesetz mit Wirkung zum 1. April 1998 im Bereich der Börsenprospekthaftung umfassend geändert worden. Fast gleichzeitig hatte der Bundesgerichtshof im Elsflether-Werft-Fall das erste Mal Gelegenheit, zur Unternehmensberichtshaftung – allerdings nach altem Recht – Stellung zu nehmen. Durch die Beschäftigung mit dem Elsflether-Werft-Fall im Rahmen meiner Tätigkeit als Wissenschaftlicher Mitarbeiter bei dem für Bank- und Börsenrecht zuständigen XI. Zivilsenat des Bundesgerichtshofs erschloß sich mir, daß sowohl die alten als auch die neuen Vorschriften über die Prospekthaftung im Wertpapierhandel eine Vielzahl ungeklärter Rechtsfragen aufwerfen. Die vorliegende Untersuchung stellt die Unterschiede der neuen zur alten Rechtslage unter Einbeziehung der sonstigen Prospekthaftungstatbestände sowie zivilrechtlicher Haftungsnormen dar und führt die streitigen Rechtsfragen einer Lösung zu.

Diese Monographie lag dem Fachbereich Rechtswissenschaften der Philipps-Universität Marburg im Sommersemester 2000 als Dissertation unter dem Titel „Prospekthaftung im Zusammenhang mit dem Handel von Wertpapieren“ vor.

Ich danke Herrn Professor Dr. Volker Beuthien für die Betreuung der Arbeit sowie den Herausgebern für die Aufnahme in die Schriftenreihe der Bankrechtlichen Vereinigung. Mein besonderer Dank gilt Herrn Richter am Bundesgerichtshof Dr. Alfons van Gelder, der die Arbeit angeregt und mich bei der Umsetzung bestärkt hat.

Ich widme diese Arbeit meiner Ehefrau und meiner Familie.

Weimar an der Lahn, im Dezember 2000 — Jürgen Ellenberger

Inhaltsübersicht

Inhaltsverzeichnis

Abkürzungsverzeichnis

a.A.	andere Ansicht
a.a.O.	am angegebenen Ort
Abs.	Absatz
a.E.	am Ende
AG	Die Aktiengesellschaft
AGBG	Gesetz zur Regelung des Rechts der Allgemeinen Geschäftsbedingungen
AktG	Aktiengesetz
Anm.	Anmerkung
Aufl	Auflage
AuslInvestmG	Gesetz über den Vertrieb ausländischer Investmentanteile und über die Besteuerung der Erträge aus ausländischen Investmentanteilen
BAnz.	Bundesanzeiger
BB	Betriebsberater
BGB	Bürgerliches Gesetzbuch
BGBl.	Bundesgesetzblatt
BGH	Bundesgerichtshof
BGHZ	Sammlung von Entscheidungen des Bundesgerichtshof (hrsg. von Mitgliedern des Bundesgerichtshofs)
BörsG	Börsengesetz
BörsO	Börsenordnung
BörsZulV	Börsenzulassungsverordnung
BRAO	Bundesrechtsanwaltsordnung
BT-Drucks.	Bundestagsdrucksache
BuB	Zeitschrift für Bankrecht und Bankpraxis
DB	Der Betrieb
ders.	Derselbe
dies.	Dieselbe(n)
Diss.	Dissertation
DZWir	Deutsche Zeitschrift für Wirtschaftsrecht
EuZW	Zeitschrift für europäisches Wirtschaftsrecht
EWiR	Entscheidungen zum Wirtschaftsrecht
f; ff	folgende; fortfolgende
Fn	Fußnote
GmbHG	Gesetz betreffend die Gesellschaften mit beschränkter Haftung
GewArch	Gewerbearchiv

HGB	Handelsgesetzbuch
h.M.	herrschende Meinung
Hrsg.	Herausgeber
HWiG	Haustürwiderrufsgesetz
JuS	Juristische Schulung
JZ	Juristenzeitung
KAGG	Gesetz über Kapitalanlagegesellschaften
Kreditwesen	Zeitschrift für das gesamte Kreditwesen
KWG	Gesetz über das Kreditwesen
LG	Landgericht
m.w.N.	mit weiteren Nachweisen
NJW	Neue Juristische Wochenschrift
NJW-RR	NJW-Rechtsprechungs-Report Zivilrecht
Nr.	Nummer
NZG	Neue Zeitschrift für Gesellschaftsrecht
OLG	Oberlandesgericht
RG	Reichsgericht
RGZ	Sammlung von Entscheidungen des Reichsgerichts in Zivilsachen
Rn	Randnummer
rkr	rechtskräftig
RWS	Kommunikationsforum Recht-Wirtschaft-Steuern
StBerG	Steuerberatungsgesetz
StGB	Strafgesetzbuch
Urt. v.	Urteil vom
vgl.	vergleiche
VerbrKrG	Verbraucherkreditgesetz
VerkProspG	Verkaufspropektgesetz
VerkProspV	Verkaufsprospektverordnung
WiB	Wirtschaftliche Beratung
WM	Zeitschrift für Wirtschafts- und Bankrecht Wertpapiermitteilungen Teil IV
WpHG	Wertpapierhandelsgesetz
WPO	Wirtschaftsprüferordnung
WuB	Entscheidungssammlung zum Wirtschafts- und Bankrecht
z. B.	zum Beispiel
ZBB	Zeitschrift für Bankrecht und Bankwirtschaft
ZGR	Zeitschrift für Unternehmens- und Gesellschaftsrecht
ZHR	Zeitschrift für das gesamte Handels- und Wirtschaftsrecht
ZIP	Zeitschrift für Wirtschaftsrecht

Literaturverzeichnis

Altmeppen, Holger Urteilsanmerkung zu LG Frankfurt am Main, Urteil vom 6. Oktober 1992 – 3/11 O 173/91 (Bond) DB 1993, 84.

Arendts, Martin Aufklärungs- und Beratungspflichten bei der Anlageberatung, DZWir 1994, 185.

Assmann, Hans-Dieter Prospekthaftung, 1985.

– Die Befreiung von der Pflicht zur Veröffentlichung eines Börsenzulassungsprospektes nach § 45 Nr. 1 BörsZulVO und die Prospekthaftung: Eine Lücke im Anlegerschutz? AG 1996, 508.

– Urteilsanmerkung zu LG Frankfurt am Main, Urteil vom 26. Juni 1995 – 3/01 O 222/94 (Sachsenmilch) WuB I G 8.–2.96.

– Entwicklungslinien und Entwicklungsperspektiven der Prospekthaftung, in: Assmann, Heinz – Dieter/Brinkmann, Thomas/Gounalakis, Georgios/Kohl, Helmut/Walz, Rainer (Hrsg.) Festschrift für Friedrich Kübler, 1997 S. 317.

Assmann, Heinz-Dieter/Schütze, Rolf A. (Hrsg.) Handbuch des Kapitalanlagerechts, 2. Auflage, 1997. (zitiert: Bearbeiter in: Assmann/Schütze)

Assmann, Heinz-Dieter/Schneider Uwe H. (Hrsg.) Wertpapierhandelsgesetz, 2. Auflage, 1999. (zitiert: Bearbeiter in: Assmann/Schneider)

Bar, Christian von Vertrauenshaftung ohne Vertrauen, ZGR 1983, 477.

Baumbach, Adolf/Duden, Konrad/Hopt, Klaus J. Handelsgesetzbuch mit GmbH & Co., Handelsklauseln, Bank- und Börsenrecht, Transportrecht (ohne Seerecht) 28. Auflage, 1989.

Baumbach, Adolf/Hopt, Klaus J. Handelsgesetzbuch mit GmbH & Co., Handelsklauseln, Bank- und Börsenrecht, Transportrecht (ohne Seerecht) 29. Auflage, 1995.

dies. Handelsgesetzbuch mit GmbH & Co., Handelsklauseln, Bank- und Börsenrecht, Transportrecht (ohne Seerecht) 30. Auflage, 2000.

Beuthien, Volker Die Haftung von Personengesellschaften (II) DB 1975, 773.

Bosch, Ulrich Expertenhaftung gegenüber Dritten – Überlegungen aus der Sicht der Bankpraxis, ZHR 163 (1999) 274.

Brandner, Hans Erich Sinn und Unsinn der Termingeschäftsfähigkeit von Privatanlegern nach § 53 Abs. 2 BörsG, in: Horn, Norbert/Lwowski,

Hans-Jürgen/Nobbe, Gerd (Hrsg.), Festschrift für Herbert Schimansky, 1999 S. 581.

Brondics, Klaus/Mark, Jürgen Die Verletzung von Informationspflichten am amtlichen Markt nach der Reform des Börsengesetzes, AG 1989, 339.

Bury, Hans Martin Finanzplatz und Steuerreform, WM 1999, 1362.

Canaris, Claus-Wilhelm Bankvertragsrecht, 2. Auflage, 1981.

– Bankvertragsrecht, Erster Teil, 3. Auflage, 1988.

Carl, Dieter/Machunsky, Jürgen Der Wertpapier-Verkaufsprospekt, 1992.

Claussen, Carsten Peter/Erne, Roland Bank- und Börsenrecht, 2. Aufl., 2000.

De Meo, Francesco Bankenkonsortien, 1994.

Dittrich, Kurt Peter Die Privatplazierung im deutschen Kapitalmarktrecht, 1998.

Ebenroth, Carsten Thomas/Daum, Thomas Die rechtlichen Aspekte des Ratings von Emittenten und Emissionen, WM 1992, Sonderbeilage Nr. 5.

Ehricke, Harry H. Zur zivilrechtlichen Prospekthaftung der Emissionsbanken gegenüber dem Wertpapieranleger, DB 1980, 2429.

– Urteilsanmerkung zu LG Düsseldorf, Urteil vom 13. Februar 1980 – 2 O 411/79 (BuM) BB 1980, 450.

Eickhoff, Wolfgang Der Gang an die Börse – und kein Weg zurück? WM 1988, 1713.

Ellenberger, Jürgen Die neuere Rechtsprechung des Bundesgerichtshofes zum Börsenterminhandel, WM 1999, Sonderbeilage Nr. 2.

– Die Börsenprospekthaftung nach dem Dritten Finanzmarktförderungsgesetz, in: Horn, Norbert/Lwowski, Hans-Jürgen/Nobbe, Gerd (Hrsg.) Festschrift für Herbert Schimansky, 1999 S. 591.

Emmerich, Volker Urteilsanmerkung zu BGH, Urteil vom 29. September 1991 – VII ZR 376/89 (Pilgerhof) JuS 1992, 342.

– Urteilsanmerkung zu BGH, Urteil vom 5.Juli 1993 – II ZR 194/92 (Hornblower Fischer) JuS 1994, 77.

Erman, Walter Zur Prospekthaftung aus § 45 Börsen-Gesetz, AG 1964, 327.

Erwe, Peter Urteilsanmerkung zu LG Frankfurt am Main, Urteil vom 7. Oktober 1997 – 3/11 O 44/96 (MHM Mode) WuB I G 8.–2.98.

Faßbender, Christian A. Innerbetriebliches Wissen und bankrechtliche Aufklärungspflichten, 1998.

Gebauer, Stefan Börsenprospekthaftung und Kapitalerhaltungsgrundsatz in der Aktiengesellschaft, 1999.

Gehrlein, Markus Die Prospektverantwortlichkeit von Beirat- oder Aufsichtsratsmitgliedern als maßgeblichen Hintermännern, BB 1995, 1965.

Geßler, Ernst/Hefermehl, Wolfgang/Eckardt, Ulrich/Kropff, Bruno Aktiengesetz, Band IV, 1989/1994. (zitiert: Bearbeiter in: Geßler/Hefermehl/Eckardt/Kropff)

Grimme, Leoni/Ritz, Corinna Die Novellierung verkaufsprospektrechtlicher Vorschriften durch das Dritte Finanzmarktförderungsgesetz, WM 1998, 2091.

Groß, Wolfgang Verdeckte Sacheinlage, Vorfinanzierung und Emissionskonsortium, AG 1993, 108.

– Urteilsanmerkung zu BGH, Urteil vom 14. Juli 1998 – XI ZR 173/97 (Elsflether Werft) DZWir 1998, 518.

– Die börsengesetzliche Prospekthaftung, AG 1999, 199.

Grundmann, Stefan/Selbherr, Benedikt Börsenprospekthaftung in der Reform: Rechtsvergleichung, Europarecht, Interessenbewertung mit ökonomischer Analyse, WM 1996, 985.

Heinsius, Theodor Pflichten und Haftung der Kreditinstitute bei der Anlageberatung, ZBB 1994, 47.

Hellner, Thorwald/Steuer, Stephan (Hrsg.) Bankrecht und Bankpraxis, Band 5, Loseblattsammlung, 1999. (zitiert: Bearbeiter in: Hellner/Steuer)

Hoeren, Thomas Urteilsanmerkung zu LG Frankfurt am Main, Urteil vom 26. Juni 1995 – 3/01 O 222/94 (Sachsenmilch) EWiR 1995, 1081.

Hösch, Ulrich Anlegerschutz auf dem „grauen Kapitalmarkt", GewArch 1999, 135.

Hoffmann, Klaus-Jürgen Going-Public 1998: Neue Rekorde und Normalisierung, AG-Report, R 124.

Hommelhoff, Peter/van Aerssen, Rick Urteilsanmerkung zu LG Frankfurt am Main, Urteil vom 7. Oktober 1997 – 3/11 O 44/96 (MHM Mode) EWiR 1998, 579.

Hopt, Klaus J. Der Kapitalanlegerschutz im Recht der Banken, 1975.

– Vom Aktien- und Börsenrecht zum Kapitalmarktrecht? ZHR 141 (1977) 389.

– Risikokapital, Nebenbörsen und Anlegerschutz, WM 1985, 793.

– Die Verantwortlichkeit der Banken bei Emissionen, 1991.

– Grundsatz- und Praxisprobleme nach dem Wertpapierhandelsgesetz, ZHR 159 (1995) 135.

Horn, Norbert Die Haftung des Vorstandes der AG nach § 93 AktG und die Pflichten des Aufsichtsrats, ZIP 1997, 1129.

– Der Ausschluß von Aufklärung und Beratung im Anlegerschutzrecht, in: Horn, Norbert/Lwowski, Hans-Jürgen/Nobbe, Gerd (Hrsg.) Festschrift für Herbert Schimansky, 1999 S. 653.

Huber, Herwart Urteilsanmerkung zu LG Frankfurt am Main, Urteil vom 7. Oktober 1997 – 3/11 O 44/96 (MHM Mode) ZIP 1998, 645.

Hüffer, Jens Das Wertpapier-Verkaufsprospektgesetz, 1996.

Hüffer, Uwe Aktiengesetz, 4. Auflage, 1999.

Jasper, Ute Urteilsanmerkung zu BGH, Urteil vom 5. Juli 1993 – II ZR 194/92, WiB 1994, 79.

dies. Urteilsanmerkung zu Oberlandesgericht Frankfurt am Main, Urteil vom 1. Februar 1994 – 5 U 213/92 (Sachsenmilch) WiB 1994, 242.

Jürgens, Uwe/Rapp, Volker Ad-hoc-Publizität: Ablauf und Technik, Die Bank 1995, 97.

Kersting, Mark Oliver Die rechtliche Behandlung des öffentlichen Angebots von Anteilen an Futures-Fonds in der Bundesrepublik Deutschland, WM 1997, 1969.

– Der Neue Markt der Deutschen Börse AG, AG 1997, 222.

Kiss, Henning Die Haftung berufsmäßiger Sachkenner gegenüber Dritten, WM 1999, 117.

Koester, Helmut Wie weit geht die Prospekthaftung? Zeitschrift für das gesamte Kreditwesen 1983, 698.

Köndgen, Johannes Zur Theorie der Prospekthaftung, AG 1983, 85 und 120.

– Urteilsanmerkung zu LG Frankfurt am Main, Urteil vom 6. Oktober 1992 – 3/11 O 173/91 (Bond) WuB I G 9.–1.93.

– Die Entwicklung des privaten Bankrechts in den Jahren 1992–1995, NJW 1996, 558.

Koller, Ingo Urteilsanmerkung zu OLG Frankfurt am Main, Urteil vom 17. Dezember 1996 – 5 U 178/95 (Sachsenmilch) EWiR 1997, 157.

– Urteilsanmerkung BGH, Urteil vom 14. Juli 1998 – XI ZR 173/97 (Elsflether Werft) EWiR 1998, 835.

Kort, Michael Neuere Entwicklungen im Recht der Börsenprospekthaftung (§§ 45 ff. BörsG) und der Unternehmensberichtshaftung (§ 77 BörsG) AG 1999, 9.

Krämer, Lutz/Baudisch, Matthias Neues zur Börsenprospekthaftung und zu den Sorgfaltsanforderungen beim Unternehmenskauf, WM 1998, 1161.

Kümpel, Siegfried Bank- und Kapitalmarktrecht, 1995.

– Bank- und Kapitalmarktrecht, 2. Auflage, 2000.

Kunz, Jürgen Die Börsenprospekthaftung nach Umsetzung der EG – Richtlinien in innerstaatliches Recht, Diss. Berlin 1991.

– Urteilsanmerkung zu BGH, Urteil vom 6. Juli 1993 – XI ZR 12/93 (Bond) DZWir 1994, 199.

– Urteilsanmerkung zu OLG Frankfurt am Main, Urteil vom 1. Februar 1994 – 5 U 213/92 (Bond) BB 1994, 738.

Lambsdorff, Otto Graf Die T-Aktie – Aufbruch zum Aktiensparen auf breiter Front, WM 1997, 510.

Lehmann, Michael Die zivilrechtliche Haftung der Banken für informative Angaben im deutschen und europäischen Recht, WM 1985, 181.

Martin, Thomas Der Neue Markt der Frankfurter Wertpapierbörse und die Probleme mittelständischer Unternehmen bei der Finanzierung über Eigenkapitalzuführung, AG 1998, 221.

Meixner, Rüdiger Das Dritte Finanzmarktförderungsgesetz, NJW 1998, 1896.

Meyding, Bernhard Zweifelsfragen bei der Anwendung des Wertpapier – Verkaufsprospektgesetzes, DB 1993, 419.

Meyer, Oscar/Bremer, Heinz Börsengesetz, 4. Auflage, 1957.

Meyer-Cording, Ulrich Die Börsenprospekthaftung heute? BB 1984, 2092.

Michel, Uwe Urteilsanmerkung zu OLG Frankfurt am Main, Urteil vom 17. Dezember 1996 – 5 U 178/95 (Sachsenmilch) WiB 1997, 546.

Mues, Jochen Hundert Jahre deutsches Börsengesetz, ZBB 1997, 15.

Nassall, Wendt: Urteilsanmerkung zu OLG Frankfurt am Main, Urteil vom 1. Februar 1994 – 5 U 213/92 (Bond) EWiR 1994, 349.

– Urteilsanmerkung zu OLG Frankfurt am Main, Urteil vom 14. Mai 1997 – 21 U 117/96 (Bond) EWiR 1997, 783.

Nobbe, Gerd Aufklärungs- und Beratungspflichten bei Wertpapieranlagen, in: Horn, Norbert/Schimansky, Herbert (Hrsg.) RWS-Forum 12, Bankrecht, 1998.

– Bankrecht – Aktuelle höchst- und obergerichtliche Rechtsprechung, RWS-Skript 261, 1999.

Nußbaum, Arthur Kommentar zum Börsengesetz für das Deutsche Reich, 1910.

Ostrowski, Markus Die Offenlegung der Jahresabschlüsse von im Freiverkehr an der Börse gehandelten Aktiengesellschaften, ZBB 1999, 19.

Paskert, Dierk Informations- und Prüfungspflichten bei Wertpapieremissionen, 1991.

Pötzsch, Thorsten Der Diskussionsentwurf des Dritten Finanzmarktförderungsgesetzes, AG 1997, 193.

– Das Dritte Finanzmarktförderungsgesetz, WM 1998, 949.

Potthoff, Volker/Stuhlfauth, Jutta Der Neue Markt: Ein Handelssegment für innovative und wachstumsorientierte Unternehmen – kapitalmarktrechtliche Überlegungen und Darstellung des Regelwerkes, WM 1997, Sonderbeilage Nr. 3.

Rebmann, Kurt/Säcker, Franz Jürgen (Hrsg.) Münchener Kommentar zum Bürgerlichen Gesetzbuch, Band 3, 3. Auflage, 1995. (zitiert: MünchKomm/Bearbeiter)

Rehm, Hermann Kommentar zum Börsengesetz, 1909.

Roller, Horst Die Prospekthaftung im Englischen und im Deutschen Recht, 1991.

Rössner, Michael/Lachmair, Michael Urteilsanmerkung zu LG Frankfurt am Main, Urteil vom 24. November 1986 – 2/21 O 130/86, WuB I G 5.–2.87.

Schäfer, Frank A. Grundzüge des Börsenrechts, ZIP 1987, 953.

– Emission und Vertrieb von Wertpapieren nach dem Wertpapierverkaufsprospektgesetz, ZIP 1991, 1557.

– Die Verjährung von Ersatzansprüchen nach § 37 a WpHG, in: Horn, Norbert/Lwowski, Hans-Jürgen/Nobbe, Gerd (Hrsg.), Festschrift für Herbert Schimansky, 1999 S. 699.

– Zulässigkeit und Grenzen der Kurspflege, WM 1999, 1345.

Schäfer, Frank A. (Hrsg.) Wertpapierhandelsgesetz, Börsengesetz mit BörsZulV, Verkaufsprospektgesetz mit VerkprospV, 1999. (zitiert: Bearbeiter in: Schäfer, WpHG, BörsG, VerkProspG)

Schiemann, Gottfried Urteilsanmerkung zu BGH, Urteil vom 21.10.1991 – II ZR 204/90, EWiR 1992, 33.

Schimansky, Herbert/Bunte, Hermann-Josef/Lwowski, Hans-Jürgen (Hrsg.) Bankrechts-Handbuch, Band I und III, 1997. (zitiert: Bearbeiter in: Schimansky/Bunte/Lwowski)

Schmidt, Detlef/Weidert, Stefan Zur Verjährung von Prospekthaftungsansprüchen bei geschlossenen Immobilienfonds, DB 1998, 2309.

Schulz, Wolfgang Das deutsche Börsengesetz: die Entstehungsgeschichte und wirtschaftlichen Auswirkungen des Börsengesetzes von 1896, 1994.

Schwark, Eberhard Die Haftung aus dem Prospekt über Kapitalanlagen, BB 1979, 897.

– Zur Haftung der Emissionsbank bei Aktienemissionen – Börsen-, bilanz-, und gesellschaftsrechtliche Aspekte –, ZGR 1983, 162.

– Das neue Kapitalmarktrecht, NJW 1987, 2041.

– Urteilsanmerkung zu LG Frankfurt am Main, Urteil vom 6. Oktober 1992 – 3/11 O 173/91 (Bond) EWiR 1993, 143.

– Börsengesetz, 2. Auflage, 1994.

– Prospekthaftung und Kapitalerhaltung in der AG, in: Schmidt, Karsten/Schwark, Eberhard (Hrsg.) Festschrift für Peter Raisch, 1995 S. 269.

– Urteilsanmerkung zu OLG Frankfurt am Main, Urteil vom 27. März 1996 – 21 U 92/95 (Bond) WuB I G 8.–3.96.

– Urteilsanmerkung zu OLG Frankfurt am Main, Urteil vom 17. Dezember 1996 – 5 U 178/95 (Sachsenmilch) WuB I G 8.–2.97.

– Urteilsanmerkung zu BGH, Urteil vom 14. Juli 1998 – XI ZR 173/97 (Elsflether Werft) WuB I G 8.–4.98.

– Wertpapier-Verkaufsprospektgesetz und Freiverkehr, in: Horn, Norbert/Lwowski, Hans-Jürgen/Nobbe, Gerd (Hrsg.) Festschrift für Herbert Schimansky, 1999 S. 739.

Schwintowski, Hans-Peter/Schäfer, Frank A. Bankrecht, 1997.

Seibel, Claudia/Westphalen, Friedrich Graf von Prospekthaftung beim Immobilien-Leasing, BB 1998, 169.

Siol, Joachim Beratungs- und Aufklärungspflichten der Discount Broker, in: Horn, Norbert/Lwowski, Hans-Jürgen/Nobbe, Gerd (Hrsg.) Festschrift für Herbert Schimansky, 1999 S. 781.

Sittmann, Jörg W. Die Aktivlegitimation bei der börsengesetzlichen Prospekthaftung, DB 1997, 1701.

– Die Prospekthaftung nach dem Dritten Finanzmarktförderungsgesetz, NZG 1998, 490.

– Modernisierung der börsengesetzlichen Prospekthaftung, NJW 1998, 3761.

Soergel, Theodor Bürgerliches Gesetzbuch mit Einführungsgesetz und Nebengesetzen, Band 3, Schuldrecht II, §§ 433 – 515, 12. Auflage, 1991. (zitiert: Soergel/Bearbeiter)

Staab, Peter Urteilsanmerkung zu OLG Frankfurt am Main, Urteil vom 27. März 1996 – 21 U 92/95 (Bond) EWiR 1996, 697.

Staudinger, Julius von Kommentar zum Bürgerlichen Gesetzbuch mit Einführungsgesetz und Nebengesetzen, Zweites Buch, Recht der Schuldverhältnisse, §§ 433–534, 13. Bearb., 1995. (zitiert: Staudinger/Bearbeiter)

Stebut, Dietrich von Aufklärungspflichten und Haftungsrisiken von Finanzdienstleistern, ZIP 1992, 1698.

Steuer, Stephan Umfang der Prospekthaftung nach dem Börsengesetz, Die Bank 1982, 490.

Süßmann, Rainer Wertpapier-Verkaufsprospektgesetz und Verkaufsprospekt-Verordnung, EuZW 1991, 210.

Technau, Konstantin Rechtsfragen bei der Gestaltung von Übernahmeverträgen („Underwriting Agreements") im Zusammenhang mit Aktienemissionen, AG 1998, 445.

Vaupel, Christoph F. Zum Tatbestandsmerkmal der erheblichen Kursbeeinflussung bei der Ad hoc Publizität, WM 1999, 521.

Waldeck, Michael / Süßmann, Rainer Die Anwendung des Wertpapier-Verkaufsprospektgesetzes, WM 1993, 361.

Werner, Rüdiger Urteilsanmerkung zu OLG Bremen, Urteil vom 21. Mai 1997 – 1 U 132/96 (Elsflether Werft) EWiR 1998, 453.

Werner, Horst S. / Machunsky, Jürgen Rechte und Ansprüche geschädigter Kapitalanleger, 3. Auflage, 1991.

Westphalen, Friedrich Graf von Zusammenhang zwischen Prospekthaftung und der Haftung aus der individuellen Anlageberatung, BB 1994, 85.

Ziegenhain, Hans-Jörg / Helms, Dietmar Der rechtliche Rahmen für das Going Public mittelständischer Unternehmen, WM 1998, 1417.

Zöllner, Wolfgang (Hrsg.) Kölner Kommentar zum Aktiengesetz, Band 5/1, 2. Auflage, 1995. (zitiert: Bearbeiter in: Kölner Kommentar zum Aktiengesetz)

Zugehör, Horst Die Verjährung der Berufshaftung der Rechtsanwälte, NJW 1995, Beilage zu Heft 21.

I. Einleitung

Der XI. Zivilsenat des Bundesgerichtshofes[1] hatte 1998 im Elsflether-Werft-Fall seit längerem wieder Gelegenheit, zur Börsenprospekthaftung Stellung zu nehmen. Es war zugleich das erste höchstrichterliche Judikat zur Unternehmensberichtshaftung des durch das Börsenzulassungsgesetz[2] ab 1. Mai 1987 eingeführten geregelten Marktes. Das ist kein Zufall, sondern beruht darauf, daß immer mehr Unternehmen an die Börse gehen. Noch im Jahr 1995 lag Deutschland mit nur zwanzig Börsengängen weit unter dem internationalen Durchschnitt.[3] Im Jahr 1998 wurde mit einundsiebzig neuen Emissionen bis dahin ein Rekord erzielt. Davon entfielen sechzehn auf den amtlichen Handel, dreizehn auf den geregelten Markt und zweiundvierzig auf den Neuen Markt.[4] Mit einem Emissionsvolumen von über sechs Milliarden DM allein bei Erstplazierungen an der Börse (sog. IPOs von Initial Public Offering) gehörte das Jahr 1998 wieder zu einem Spitzenjahr der Neuemissionen. Rechnet man die Kapitalerhöhungen börsennotierter Unternehmen hinzu, so überschreitet das Gesamtemissionsvolumen allein bei Aktienemissionen die Grenze von zwanzig Milliarden DM.[5] Am Start des neuen Handelssegments Smax (von: small caps exchange) an der Frankfurter Börse am 26. April 1999 haben sich einundneunzig Unternehmen beteiligt.[6] Im Jahr 1999 fanden insgesamt 160 Unternehmen den Weg an die Börse; für das Jahr 2000 liegt die Schätzung bei 200 Neuemissionen.[7] Für diesen Boom spielen im wesentlichen drei Faktoren eine Rolle:

1. An erster Stelle ist die emissionsfreundliche Gesetzgebung der letzten Jahre zu nennen. Bereits 1986 sind durch das Börsenzulassungsgesetz[8] mit der Einführung des geregelten Marktes und der Eröffnung der

---

1 BGH, Urt. v. 14.7.1998 – XI ZR 173/97, BGHZ 139, 225 ff. = ZIP 1998,1528 ff (Elsflether Werft); dazu *Koller* EWiR 1998, 835 und *Ellenberger* WM 1999 Sonderbeilage Nr. 2 S. 26, *ders.* Festschrift für Schimansky, 591 ff.

2 Börsenzulassungsgesetz vom 16.12.1986, BGBl I S. 2478 ff.

3 *Potthoff/Stuhlfaut* WM 1997 Sonderbeilage Nr. 3 S. 3.

4 *Hoffmann* AG Report 1999, R 124, R 126.

5 *Groß* AG 1999, 199 m.w.N.

6 Handelsblatt vom 26.4.1999 S. 43–44.

7 Frankfurter Allgemeine Zeitung vom 28. Januar 2000 S. 13.

8 Börsenzulassungsgesetz vom 16.12.1986, BGBl I S. 2478 ff.

Möglichkeit des börsenmäßigen Freiverkehrs die Hürden für den Börsengang erheblich gesenkt worden. Hinzu kommt, daß auch die Zulassungskosten erheblich gesenkt wurden.

2. Zweitens eröffnet auf der Emittentenseite der Börsengang eine starke Alternative zur Kreditaufnahme, um den Kapitalbedarf für Investitionen zu decken.
3. Drittens stehen die Kapitalanleger einem Engagement in Aktien vermehrt positiv gegenüber,[9] wofür es wiederum mehrere Gründe gibt. Zum einen ist durch die Telekom-Emission ins öffentliche Bewußtsein gerückt, daß man durch den Erwerb von Aktien Gewinn erwirtschaften kann. Zum anderen lag die Kurssteigerung im Jahr 1998 zwischen 17,4% am amtlichen Markt und 30% am Neuen Markt, während die Renditen konservativer Kapitalanlagen in den Keller gefallen sind. So werden beispielsweise auf Spareinlagen weniger als 2% Zinsen p.A. gezahlt. Hinzu kommt, daß die traditionellen Sparformen durch die Einführung der Quellensteuer an Ansehen verloren haben, während der Veräußerungsgewinn bei Aktien grundsätzlich steuerlich neutral ist.

Wenn man sich vor Augen hält, daß im Jahr 1998 das Geldvermögen der privaten Haushalte in Deutschland 5.683 Milliarden DM betrug, von dem 1.194 Milliarden DM auf Spareinlagen, aber nur 492 Milliarden DM auf Aktien entfielen, wird ein erhebliches Umschichtungspotential sichtbar.

Die hohe Zahl von Neuemissionen wird vermehrt zu Totalverlusten der Kapitalanleger führen, wenn nämlich das emittierende Unternehmen insolvent wird. Es läßt sich daher auch ohne hellseherische Fähigkeiten eine Zunahme der Prospekthaftungsfälle voraussagen. Durch das Inkrafttreten des Dritte Finanzmarktförderungsgesetzes[10] am 1. April 1998 sind die Vorschriften über die Prospekthaftung umfassend geändert worden. Ziel der Gesetzesänderung war es, durch verbesserte Rechtssicherheit und erhöhte Berechenbarkeit sowie durch die Verkürzung der Verjährungsfristen für Regreßansprüche die Attraktivität des Börsengangs junger Unternehmen zu steigern, das Emissionsgeschäft der Kreditwirtschaft zu fördern und damit den deutschen Kapitalmarkt zu stärken.[11] Das wird zum

---

9 *Lambsdorff* WM 1997, 510.

10 Gesetz zur weiteren Fortentwicklung des Finanzplatzes Deutschland (Drittes Finanzmarktförderungsgesetz – 3. FMFG) vom 24. März 1998, BGBl I S. 529ff.

11 Regierungsbegründung zum Dritten Finanzmarktförderungsgesetz, BT-Drucks. 13/8933 S. 54, 55f.

Anlaß genommen, die unterschiedlichen Prospekthaftungen im Zusammenhang mit dem Handel von Wertpapieren unter besonderer Berücksichtigung der Börsenprospekthaftung zu untersuchen und insbesondere die Unterschiede und Gemeinsamkeiten des alten und des neuen Rechts aufzuzeigen.

II. Zum Begriff der Prospekthaftung

Unter einem Prospekt über Kapitalanlagen versteht man einen schriftlichen Bericht, der Angaben enthält, die der Beurteilung von Vermögensanlagen – Wertpapieren, Gesellschaftsanteilen oder ähnlichen Kapitalanlagen – ermöglichen soll.[12] Sein näherer Inhalt ist nur dort vorgeschrieben, wo an unrichtige oder unvollständige Angaben eine gesetzliche Prospekthaftung geknüpft wird. Dabei handelt es sich um die Prospekte, die nach dem Börsengesetz, dem Wertpapier-Verkaufsprospektgesetz, dem Kapitalanlagegesellschaftengesetz und den Auslandsinvestmentgesetz zu veröffentlichen sind. Als Prospekt in diesem Sinn ist in der Regel jedes Dokument anzusehen, das dem Anleger in Erfüllung der jeweiligen Prospektpflicht ausgehändigt wird.[13] Bei der allgemeinen zivilrechtlichen Prospekthaftung war Ausgangspunkt der Entwicklung die Haftung für Werbeprospekte. Auch das bereitet keine Schwierigkeiten bei der Einordnung, weil die größte Anzahl der Anlagen im nichtorganisierten Kapitalmarkt schon aus Wettbewerbsgründen anhand von Hochglanzbroschüren vertrieben wird, in denen sich die wesentlichen Aussagen über das angebotene Produkt befinden. Nicht so einfach ist die Einordnung dann, wenn Anbieter mit einfachen Handzetteln, Anzeigen in Zeitungen und Magazinen, Serienbriefen oder dem Versenden von vorgefertigten Vertragsentwürfen für ihr Produkt werben. Da der Phantasie der Anbieter bei der Art und Weise, wie sie an Anleger herantreten, um sie zum Kauf einer Anlage zu veranlassen, keine Grenzen gesetzt sind, kann die Frage, was ein Prospekt ist, nicht ohne Rückgriff auf die Prospekthaftung beantwortet werden. Auch kann nicht jede individualisierte oder mündliche Kommunikation zwischen Anbieter und Anleger der Prospekthaftung unterworfen werden. Der Prospekt ist marktbezogen, er wendet sich daher nicht an bestimmte Vertragspartner, sondern an einen meist unbestimmten Personenkreis, der sich vielleicht am Kapitalmarkt engagieren möchte. Es handelt sich daher um ein Medium der Marktinformation.[14] Als Prospekte sind daher nur solche Schriftstücke anzusehen, die bei den Adressaten zumindest den Eindruck erwecken, als enthielten sie die für die Beurteilung der Anlage wesentlichen Angaben.[15] Ob Zeitungsanzeigen, Kurzex-

---

[12] *Schwark* BB 1979, 897.

[13] *Assmann* Prospekthaftung, 314.

[14] *Assmann* Festschrift für Kübler, 317, 330.

[15] *Siol* in: Schimansky/Bunte/Lwowski § 45 Rn 47; *Assmann* in: Assmann/Schütze § 7 Rn 57; BT-Drucks. 10/318 S. 23, betreffend den Prospektbegriff des § 264 a StGB.

poses, Handzettel und Serienbriefe als Prospekte angesehen werden können, läßt sich nur im Einzelfall anhand dieses Kriteriums beantworten.[16]

1. Erscheinungsformen der Prospekthaftung

Die Prospekthaftung ist im Zusammenhang mit fehlgeschlagenen steuerlichen Abschreibungsmodellen der breiten juristischen Öffentlichkeit bekannt geworden. Daß es sich hierbei um eine richterrechtliche „Erfindung" handelt, deren rechtlicher Ahnherr die Börsenprospekthaftung ist, wird oft nur beiläufig erwähnt. Die Prospekthaftung wurde erstmals im Börsengesetz von 1896 gesetzlich normiert. Die Börsenprospekthaftung verfiel aber alsbald in einen langen Dornröschenschlaf. Im Jahr 1912 hatte das Reichsgericht letztmals zu ihr Stellung genommen,[17] bevor der spektakuläre Zusammenbruch der Beton- und Monierbau AG (BuM) im Jahr 1979 drei Entscheidungen des Bundesgerichtshofs veranlaßte.[18] Instanzgerichtliche Entscheidungen zur Bond-[19], Sachsenmilch-[20] und MHM-Mode-Emission[21] komplettieren die wenigen Judikate zu diesem Problemfeld.

Ende der sechziger Jahre, im Gefolge des Zusammenbruchs der von Bernie Cornfeld gesteuerten Investment Overseas Services (IOS), führte der Gesetzgeber Prospekthaftungen auch in §§ 19, 20 des Gesetzes über die Kapitalanlagegesellschaften (KAGG) und in § 12 des neu geschaffenen Gesetzes über den Vertrieb ausländischer Investmentanteile und über die

---

16 Ähnlich *Siol* in: Schimansky/Bunte/Lwowski § 45 Rn 47; *Assmann* in: Assmann/Schütze § 7 Rn 57f; für eine generelle Einstufung als Prospekt: *Werner/Machunsky* Rechte und Ansprüche geschädigter Kapitalanleger, 179f.

17 RG, Urt. v. 11.10.1912 – II 106/12, RGZ 80, 196ff.

18 BGH, Urteile v. 12.7.1982 – II ZR 175/81, ZIP 1982, 923ff (BuM) und II ZR 172/81, ZIP 1982, 930 (BuM) sowie BGH, Urt. v. 11.11.1985 – II ZR 109/84, BGHZ 96, 231ff = ZIP 1986, 14ff (BuM).

19 OLG Frankfurt, Urt. v. 27.3.1996 – 21 U 92/95, ZIP 1996, 1037f (Bond) und Urt. v. 14.5.1997 – 21 U 117/96, ZIP 1997, 1105f = NJW-RR 1998, 122 (Bond); LG Frankfurt, Urt. v. 6. Oktober 1992 – 3/11 O 173/91, WM 1992, 1768ff = ZIP 1993, 184ff (Bond); vgl. dazu *Schwark* EWiR 1993, 143.

20 OLG Frankfurt, Urt. v. 17.12.1996 – 5 U 178/95, WM 1997, 361ff = ZIP 1997, 107ff (Sachsenmilch); LG Frankfurt, Urt. v. 26.6.1995 – 3/11 O 222/94, WM 1996, 525f (Sachsenmilch); vgl. dazu *Hoeren* EWiR 1995, 1081.

21 OLG Frankfurt, Urt. v. 17.3.1999 – 21 U 260/97, ZIP 1999, 1005ff (MHM Mode), rkr. BGH, Nichtannahmebeschluß v. 25.1.2000 – XI ZR 110/99; LG Frankfurt, Urt. v. 7.10.1997 – 3/11 O 44/96, ZIP 1998, 641ff (MHM Mode) mit zust. Anm. *Huber*.

Besteuerung der Erträge aus ausländischen Investmentanteilen (AuslInvestmG) ein, die aber ebenfalls das Dasein von Mauerblümchen fristen. Durch das bereits erwähnte Dritte Finanzmarktförderungsgesetz ist die Börsenprospekthaftung diesen Regelungen angeglichen worden.[22]

Bekanntheit erlangte der Begriff der Prospekthaftung erst durch die im Zusammenhang mit sogenannten Publikumsgesellschaften aus der Taufe gehobenen bürgerlich-rechtlichen Prospekthaftung. Außer dem Namen hat diese jedoch mit den normierten Fällen der Prospekthaftung wenig gemein. Sie ist auch nicht in Analogie zu den spezialgesetzlichen Prospekthaftungen, sondern als eine besondere Ausprägung der Rechtsfigur des Verschuldens bei Vertragsverhandlungen geschaffen worden. Dabei entwickelte die Rechtsprechung zwei Varianten der Prospekthaftung. Zum einen die „Prospekthaftung im engeren Sinne" für das durch Herausgabe eines Prospekts typischerweise in Anspruch genommene Vertrauen. Zum anderen die „Prospekthaftung im weiteren Sinne", die diejenigen trifft, denen aufgrund der Inanspruchnahme persönlichen Vertrauens Aufklärungspflichten auferlegt sind und die sich zur Erfüllung dieser Aufklärungspflichten eines von Dritten erstellten Prospektes bedienen. Während die erste Fallgruppe noch Ähnlichkeiten mit der normierten Börsenprospekthaftung aufweist, insbesondere hinsichtlich der kurzen Verjährungsfrist (in Anlehnung an § 20 Abs. 5 KAGG und § 12 Abs. 5 AuslInvestmG beträgt sie sechs Monate ab Kenntnis von der Unrichtigkeit, maximal drei Jahre ab Erwerb der Kapitalanlage – ähnlich jetzt auch § 47 BörsG n.F.), ist die zweite Fallgruppe lediglich eine Unterart der Haftung für Verschulden bei Vertragsverhandlungen.

Durch den am 1. August 1986 in Kraft getretenen § 264a Abs. 1 StGB werden täuschende Angaben im Zusammenhang mit dem Vertrieb von Kapitalanlagen unter Strafe gestellt. Da diese Vorschrift Schutzgesetz im Sinne von § 823 Abs. 2 BGB ist,[23] spricht man insofern von einer deliktischen Prospekthaftung.

2. Konzept der Prospekthaftung

Um eine Aktienemission erfolgreich zu machen, warben die Emittenten schon in der Frühzeit des Aufkommens von Aktiengesellschaften mit Prospekten für ihr Projekt.[24] Die Emission von zu Anlagezwecken untaugli-

---

22 *Sittmann* NZG 1998, 490.

23 BGH, Urt. v. 21.10.1991 – II ZR 204/90, BGHZ 116, 7ff = ZIP 1991, 1597ff, vgl. dazu *Schiemann* EWiR 1992, 33.

24 *Schulz* Das deutsche Börsengesetz, 367.

chen Papieren hatte vor Erlaß des Börsengesetzes immer wieder die Gemüter erregt. Es waren Anleihen illiquider Schuldner plaziert worden. Ferner waren auch Scheinaktiengesellschaften gegründet worden und das eingezahlte Kapital veruntreut worden.[25] Eine Haftung der Gründer gab es nur bei Täuschung über Tatsachen. Der Anspruch war deliktsrechtlicher Natur.[26] Eine Haftung gegen die Emissionshäuser wegen unvollständiger oder fehlerhafter Prospekte war nach Gemeinem Recht lediglich anerkannt bei dolosem Verhalten einerseits und für gegebene Zusicherung andererseits.[27] Im Jahr 1896 wurde die Prospektpflicht und die Prospekthaftung in das neu geschaffene Börsengesetz mit aufgenommen. Künftig war ein Prospekt für die Zulassung eines Papiers obligatorisch, für dessen Angaben die Emissionshäuser einzustehen hatten. Diese Prospekthaftung stellt einen hart umkämpften Kompromiß zwischen den Anforderungen an einen effektiven Anlegerschutz und denen an einen florierenden Kapitalmarkt dar. Der Prospekt ist danach nicht nur ein Werbemittel, sondern darüber hinaus auch ein Medium der vorvertraglichen Aufklärungspflichten.[28] Die Prospekthaftung verlagert daher den Anlegerschutz in das Vorfeld der Anlageentscheidung und formalisiert die Informationspflicht. Ähnliche Überlegungen liegen etwa dem Informationsmodell des § 53 Abs. 2 BörsG[29] oder auch den Regelungen der §§ 2 Abs. 1 AGBG, 2 HWiG, 4 VerbrKrG zugrunde. Die über hundert Jahre alte Börsenprospekthaftung entspricht daher der heute modernen Auffassung von Anlegerschutz.[30]

3. Dogmatische Einordnung der Prospekthaftung

Um die dogmatische Einordnung der Börsenprospekthaftung wird seit langem gestritten. Hierbei spielt eine Rolle, daß dem historischen Gesetzgeber von 1896 eine Vertrauenshaftung aus Verschulden bei Vertragsverhandlungen nach heutigem Stand der Rechtsprechung und Wissenschaft fremd war. Ferner spielt eine Rolle, daß eine vertragliche und deliktsrechtliche Haftung vom historischen Gesetzgeber nach Gemeinem Recht für

---

25 *Mues* ZBB 1997, 15, 19.

26 *Schulz* Das deutsche Börsengesetz, 368 f.

27 *Mues* ZBB 1997, 15, 20.

28 *Assmann* in: Assmann/Schütze § 7 Rn 8.

29 Regierungsbegründung zur Börsengesetznovelle 1989, BT-Drucks. 11/4177 S. 19, kritisch *Brandner* Festschrift für Schimansky, 581, 584 ff.

30 Baumbach/*Hopt* Handelsgesetzbuch 30. Aufl. § 53 BörsG Rn 7; *Horn* in: Festschrift für Schimansky, 653 f.

nicht gegeben angesehen wurde. Um die Schwierigkeiten des seinerzeitigen Vertrags- und Deliktsrechts bei der Herausbildung von Haftungsregeln in bezug auf Prospekterklärungen zu überwinden, wurde eine Spezialhaftung eingeführt, ohne daß eine Einordnung in bekannte Haftungsschemata erfolgte.[31]

a) Deliktshaftungstheorie

Eine Meinung sieht in der Prospekthaftung eine rein deliktsrechtliche Haftung.[32] Dabei wird angenommen, es handele sich um die Haftung entweder für Verletzung bestimmter Berufspflichten im Sinne deliktischer Verkehrspflichten[33] oder aber für die Verletzung kapitalmarktbezogener Informationspflichten.[34] Zumindest die Haftung der Emissionsbank sei eine Sonderdeliktshaftung. Die Garantenstellung der Emissionsbank für die Richtigkeit der Prospektangaben honoriere originär deliktische Schutzerwartungen des Publikums vor betrügerischen Emissionen.[35] Gemeinsamer Ausgangspunkt dieser Ansätze ist vor allem die Überlegung, in der stetigen und überzogenen Weiterentwicklung der culpa in contrahendo werde genuines Deliktsrecht nach vertraglichen Grundsätzen betrieben und dementsprechend liefen auch die zur Begründung einer Prospekthaftung herangezogenen Gesichtspunkte der Sache nach auf eine deliktische Haftung der Prospektverantwortlichen gegenüber dem Anlegerpublikum hinaus.

b) Vertragshaftungstheorie

Eine andere Meinung sieht in der Prospekthaftung des Emittenten eine Vertragshaftung.[36] Der Prospekt enthalte eine bindendes Versprechen für eine Vielzahl künftiger Individualverträge, das bei Abschluß des Individualvertrages als Eigenschaftszusicherung aktualisiert werde.[37] Dem stehe nicht entgegen, daß die Prospektverantwortlichen häufig nicht Partei des späteren Individualvertrages werden, weil sich aus ihrer ökonomischen Rolle im Rahmen des Absatzes der Kapitalanlage ergebe, daß sie eine eigene rechtsgeschäftliche Erklärung abgeben.[38]

---

31 *Assmann* Prospekthaftung, 53ff, 60ff.

32 *Assmann* Prospekthaftung, 252ff., 273ff.; *ders.* in: Assmann/Schütze § 7 Rn 37; *v. Bar* ZGR 1983, 476, 496ff; *Kiss* WM 1999, 117, 123; *Roller* Die Prospekthaftung im Englischen und im Deutschen Recht, 163ff.

33 *v. Bar* ZGR 1983, 476, 507ff.

34 *Assmann* Prospekthaftung, 252ff., 273ff.

35 *Köndgen* AG 1983, 120, 125.

36 *Köndgen* AG 1983, 85, 90ff.

37 *Köndgen* AG 1983, 85, 91.

38 *Köndgen* AG 1983, 85, 95.

c) Vertrauenshaftungstheorie

Die wohl herrschende Meinung qualifiziert die Prospekthaftung als eine kraft Gesetzes eintretende Vertrauenshaftung.[39] Die Ende des 19. Jahrhunderts eingeführte Prospekthaftung habe ihren Grund darin, daß vertragliche Beziehungen zwischen Prospektersteller und Anleger häufig nicht bestehen und das Deliktsrecht nicht als ausreichend zum Schutz des Anlegers angesehen worden seien. Die Prospekthaftung nehme auf diese Weise neuere Entwicklungen des Schadensrechts voraus, die zwischen Vertrag und Delikt eine dritte Ebene der gesetzlichen Vertrauenshaftung einschiebe.[40]

d) Eigene Stellungnahme

Die Qualifizierung als Deliktshaftung ist aus systematischen Gründen abzulehnen. Das geltende Deliktsrecht gewährt den Ersatz primärer Vermögensschäden nur unter den engen Voraussetzungen der §§ 826 und § 823 Abs. 2 BGB. Diesen Vorschriften ist die börsengesetzliche Prospekthaftung sowohl dogmatisch als auch hinsichtlich ihres Unrechtsgehalts nicht vergleichbar.[41] Eine reine deliktsrechtliche Prospekthaftung ergibt sich aus § 823 Abs. 2 BGB in Verbindung mit § 264 a StGB. Auch die Neufassung des § 48 BörsG, nach der ausdrücklich neben den Prospekthaftungsansprüchen auch Ansprüche aus vorsätzlicher unerlaubter Handlung geltend gemacht werden können, spricht dafür, daß der Gesetzgeber die Prospekthaftung nicht als deliktische Haftung begreift.

Die Börsenprospekthaftung kann auch nicht als vertragliche Haftung angesehen werden. Eine rechtsgeschäftliche Beziehung zwischen den Prospektverantwortlichen und dem Anleger wird bei der Prospekthaftung nicht vorausgesetzt.[42] Anspruchsvoraussetzung ist allein, daß der Anspruchsteller die Wertpapiere erworben hat, wobei es nicht erforderlich ist, daß er sie von dem Prospektverantwortlichen erworben hat.

Richtig ist es, die Börsenprospekthaftung als einen gesetzlich umschriebenen Sonderfall des Verschuldens bei Vertragsverhandlungen anzusehen. Daß kein rechtsgeschäftlicher Kontakt zwischen Anspruchsteller und An-

---

39 *Canaris* Bankvertragsrecht 2. Aufl. Rn 2277; *Schwark* Börsengesetz §§ 45, 46 Rn 5; *Hopt* Die Verantwortlichkeit der Banken bei Emissionen Rn 133; *Lehmann* WM 1985, 181, 183 f.; *Hamann* in: Schäfer, WpHG, BörsG, VerkProspG §§ 45, 46 BörsG a.F. Rn 16; *Claussen/Erne* Bank- und Börsenrecht § 9 Rn 80.

40 *Schwark* BB 1979, 897, 902.

41 *Canaris* Bankvertragsrecht 2. Aufl. Rn 2276; *Schwark* Börsengesetz §§ 45, 46 Rn 5; *Hamann* in: Schäfer, WpHG, BörsG, VerkProspG §§ 45, 46 BörsG a.F. Rn 16.

42 *Canaris* Bankvertragsrecht 2. Aufl. Rn 2276.

spruchsverpflichteten besteht, hindert eine Einordnung als Fall der Vertrauenshaftung nicht, da die besondere Teilnahme am rechtsgeschäftlichen Verkehr die Vertrauenshaftung begründet.[43] Im übrigen ist weitgehend anerkannt, daß eine Haftung wegen der Inanspruchnahme typisierten Vertrauens auch ohne rechtsgeschäftlichen Kontakt möglich ist.[44] Auch § 46 Abs. 3 BörsG a.F. bzw. § 46 Abs. 2 Nr. 3 BörsG n.F. spricht für dieses dogmatische Verständnis, da ein Anspruch bei fehlendem Vertrauen auf die Richtigkeit der Prospektangaben nicht gewährt wird.

[43] *Canaris* Bankvertragsrecht 2. Aufl. Rn 2277 f.
[44] BGH, Urt. v. 5.7.1993 – II ZR 194/92, BGHZ 123, 106, 109.

III. Börsenprospekthaftung des amtlichen Handels

Die Börsenprospekthaftung des amtlichen Börsenhandels ist in §§ 45 bis 49 BörsG geregelt. Die Vorschriften betreffen unmittelbar nur die Börsenprospekthaftung im amtlichen Handel, haben aber durch Legalverweisungen auch für den geregelten Markt und den Freihandel Bedeutung. Die seit Inkrafttreten des Börsengesetzes im Jahr 1896 inhaltlich unverändert geltenden Vorschriften wurden durch das Dritte Finanzmarktförderungsgesetz[45] mit Wirkung vom 1. April 1998 grundlegend umgestaltet. Damit sollten einerseits die Voraussetzungen eines effizienten Kapitalmarktes geschaffen werden. Ziel der Modernisierung war es, durch verbesserte Rechtssicherheit und damit erhöhte Berechenbarkeit sowie Verkürzung der Verjährungsfristen bei Prospekthaftungsansprüchen die Attraktivität des Börsengangs junger Unternehmen zu steigern, das Emissionsgeschäft zu fördern und damit den deutschen Kapitalmarkt zu stärken.[46] Andererseits sollte aber auch ein wirksamer Anlegerschutz zur Verfügung stehen, um das Vertrauen des Publikums in den Kapitalmarkt zu stärken. Zur weiteren Verbesserung des Anlegerschutzes und zur weiteren Erleichterung des Börsengangs kleiner und mittlerer Unternehmen plant die Bundesregierung bereits ein Viertes Finanzmarktförderungsgesetz, das aber nicht unmittelbar eine Änderung der Vorschriften über die Börsenprospekthaftung vorsieht.[47]

1. Börsenprospekt

Gegenstand der Haftung nach dem Börsengesetz ist der Prospekt. Die für die börsengesetzliche Prospekthaftung maßgeblichen §§ 45 ff BörsG begründen eine Haftung nur für solche Schriftstücke, die als Börsenzulassungsprospekte im Sinne von §§ 36 Abs. 3 Nr. 2, 38 Abs. 1 BörsG in Verbindung mit §§ 13 ff BörsZulV anzusehen sind und aufgrund derer die fraglichen Wertpapiere zum Börsenhandel zugelassen wurden.[48] Andere

---

[45] Gesetz zur weiteren Fortentwicklung des Finanzplatzes Deutschland (Drittes Finanzmarktförderungsgesetz) vom 24. März 1998, BGBl I S. 529 ff.

[46] Regierungsbegründung zum Dritten Finanzmarktförderungsgesetz, BT-Drucks. 13/8933, 54, 55 f.

[47] *Bury* WM 1999, 1362, 1363.

[48] *Assmann* in: Assmann/Schütze § 7 Rn 48.

schriftliche Angebote wie etwa die der Zeichnung vorausgehenden Zeichnungsaufforderungen oder vergleichbare Publikationen sind keine Börsenprospekte.[49] Auch sonstige Vorveröffentlichungen vor der eigentlichen Zulassung sind Prospekten im Sinne des § 45 BörsG nicht gleichzustellen, das gilt insbesondere für Presseveröffentlichungen, auch wenn deren Wortlaut vom Emittenten oder der Emissionsbank stammt.[50] An dieser Rechtslage hat sich durch die Neufassung des § 45 BörsG nichts geändert. Vielmehr ist in § 45 Abs. 1 Satz 1 BörsG n.F. ausdrücklich ausgesprochen, daß nur solche Erwerbsgeschäfte erfaßt werden, die nach Veröffentlichung eines Börsenzulassungsprospektes getätigt werden.

Fraglich ist, ob die Börsenprospekthaftung eine Prospektpflicht voraussetzt, oder ob es ausreicht, daß auch ohne Prospektpflicht die Zulassung der Wertpapiere zur Börse erfolgte. Das betrifft die Fälle, in denen der Emittent eine Befreiung von der Prospektpflicht beantragen könnte, sich aber entschließt, statt dessen einen Prospekt zu erstellen, aufgrund dessen dann die Zulassung erfolgt. Beschließen etwa bei einer Kapitalerhöhung von weniger als 10% die Prospektverantwortlichen die Befreiung nach § 45 Nr. 3 b BörsZulV nicht zu beantragen, sondern einen Börsenzulassungsprospekt zu erstellen, aufgrund dessen die Aktien dann tatsächlich zugelassen werden, so handelt es sich um einen ganz normalen Börsenzulassungsprospekt, der der Börsenprospekthaftung unterfällt.[51]

a) Prospektinhalt

Während § 38 Abs. 1 Nr. 2 BörsG nur Hinweise auf die wesentlichen Punkte des Prospektinhalts enthält, sind die Einzelheiten in §§ 13 ff BörsZulV geregelt. Der Prospekt hat die Angaben zu enthalten, die notwendig sind, um den Anlegern und ihren Beratern ein fundiertes Urteil über die Vermögens-, Finanz- und Ertragslage und Entwicklungsaussichten des Emittenten sowie über die mit den Wertpapieren verbundenen Rechte zu gestatten.[52]

Die BörsZulV sieht eine sehr weitgehende Informationspflicht vor, die im Bereich der Kapitalstruktur, Geschäftstätigkeit sowie der Vermögens-, Finanz- und Ertragslage mit den Geheimhaltungsbedürfnissen des Emittenten kollidieren kann. Nach dem Börsengesetz ist die Kollision grundsätzlich zugunsten des Informationsbedürfnisses des Publikums zu lösen. Jedoch ist es Aufgabe der Zulassungsstellen, im Einzelfall dem Geschäfts-

---

49 *Assmann* in: Assmann/Schütze § 7 Rn 49.

50 OLG Frankfurt, Urt. v. 14.5.1997 – 21 U 117/96, ZIP 1997, 1105, 1106 = NJW-RR 1998, 122 (Bond); *Schwark* Börsengesetz §§ 45, 46 Rn 9.

51 *Groß* AG 1999, 199, 200.

52 *Schwark* NJW 1987, 2041, 2044.

geheimnis des Emittenten den Vorrang zu gewähren.[53] Hierfür steht den Zulassungsstellen nach § 38 Abs. 2 BörsG in Verbindung mit § 47 BörsZulV die Möglichkeit offen, den Emittenten von der Veröffentlichung einzelner Angaben zu befreien.[54] Hinsichtlich des Geheimhaltungsinteresses kommt eine Befreiung nach § 47 Nr. 3 BörsZulV in Betracht, wonach die Zulassungsstelle gestatten kann, daß Angaben nicht in den Prospekt aufgenommen werden, wenn sie der Auffassung ist, daß die Verbreitung dieser Angaben dem Emittenten erheblichen Schaden zufügt, sofern die Nichtveröffentlichung das Publikum nicht über die für die Beurteilung der zuzulassenden Wertpapiere wesentlichen Tatsachen und Umstände täuscht. Aus dieser Regelung ergibt sich einerseits, daß der Emittent nicht in eigener Regie entscheiden darf, ob er von ihm als geheimhaltungsbedürftig angesehene Angaben nicht veröffentlicht. Anderseits scheidet eine Prospekthaftung wegen Unvollständigkeit oder Unrichtigkeit in bezug auf solche Angaben aus, deren Nichtveröffentlichung die Zulassungsstelle gestattet hat.

Auf alle Einzelheiten der zu veröffentlichten Tatsachen kann hier nicht eingegangen werden.[55] Beispielhaft soll eine Pflichtangabe herausgegriffen werden, die Streitgegenstand im Elsflether-Werft-Fall war. In dem Prospekt ist über Rechtsstreitigkeiten zu informieren, die Einfluß auf den Wert der Aktien haben können. Das trifft insbesondere für Anfechtungsklagen gegen den Kapitalerhöhungsbeschluß zu, der gesellschaftsrechtliche Grundlage der Neuemission ist. Hat eine solche Anfechtungsklage Erfolg, ist der Kapitalerhöhungsbeschluß nichtig mit der Folge, daß alle Zeichnungen unwirksam sind und die ausgegebenen neuen Aktien keine Mitgliedschaftsrechte an der Gesellschaft verbriefen. Auf diese Rechtsfolge ist in dem Zulassungsprospekt unmißverständlich hinzuweisen.[56]

Die Aufnahme freiwilliger Angaben in den Prospekt war nach den Bestimmungen der Börsenzulassungsbekanntmachung[57] (BörsZulassBek) nicht statthaft. Alle Angaben, die nicht nach den Bestimmungen der BörsZulassBek vorgeschrieben waren, mußten nach § 13 Abs. 3 BörsZulassBek gestrichen werden. Eine solche Vorschrift fehlt in der seit dem 1. Mai 1987

53 *Nußbaum* Börsengesetz § 38 II c) (S. 172).

54 *Ziegenhain/Helms* WM 1998, 1417, 1424.

55 Siehe dazu *Paskert* Informations- und Prüfungspflichten bei Wertpapieremissionen, 33 ff.

56 BGH, Urt. v. 14.7.1998 – XI ZR 173/97, BGHZ 139, 225, 231 = ZIP 1998, 1528, 1530 (Elsflether Werft).

57 Bekanntmachung betreffend die Zulassung von Wertpapieren zum Börsenhandel (BörsZulassBek) vom 4. Juli 1910, RGBl. S. 917 abgedruckt in Baumbach/Duden/*Hopt* Handelsgesetzbuch 28. Aufl.

in Kraft getretenen Börsenzulassungsverordnung (BörsZulV).[58] Wenn es in § 13 Abs. 2 Satz 1 BörsZulV heißt, der Prospekt müsse insbesondere die anschließend aufgeführten Angaben enthalten, spricht das dafür, daß der Prospektinhalt in der Börsenzulassungsverordnung nicht abschließend geregelt ist, sondern daneben freiwillige Angaben zulässig sind. Da aber alle Angaben dem Zweck des Prospektes entsprechen müssen, ist die Zulässigkeit freiwilliger Angaben auch danach zu beurteilen, ob der Kapitalanlegerschutz gewahrt bleibt. Plakative Werbeaussagen ohne Informationsgehalt laufen dem Zweck des Prospektes, dem Anleger eine auf Tatsachengrundlage beruhende Entscheidungshilfe zu sein, zuwider. Sie haben daher im Prospekt nichts verloren. Dagegen ist eine informative Selbstdarstellung des Emittenten, in der das unternehmerische Selbstverständnis oder die Grundzüge der Unternehmenspolitik erläutert werden, mit dem Kapitalanlegerschutz vereinbar, da der Anleger Informationen erhält, die das Gesamtbild seiner Beurteilung des Emittenten abrunden können.[59]

b) Zulassungsvoraussetzungen

Der Börsenprospekt wird gem. § 37 Abs. 1 BörsG von der Zulassungsstelle der Börse vor Zulassung der Wertpapiere zum amtlichen Handel geprüft. Die Zulassungsstelle ist die „Herrin des Zulassungsverfahrens". Als Organ der Börse ist sie als Behörde im verwaltungstechnischen Sinn bzw. als beliehene Stelle anzusehen.[60] Sie entscheidet über die Zulassung der Wertpapiere auf der Grundlage des eingereichten Prospektes durch Beschluß. Hierbei handelt es sich um einen begünstigenden Verwaltungsakt für die beantragende Emittentin.[61] Ihr kommt damit die Pflicht zur Prüfung der Prospektangaben zu, auch wenn eine solche im Gesetz nicht explizit kodifiziert ist.[62]

Seit Erlaß des Börsengesetzes ist die Frage des Umfangs der Prüfungspflicht der Zulassungsstelle immer wieder diskutiert worden, da im Börsengesetz keine explizite Prüfungsvorschrift enthalten ist und der Umfang der Prüfung aus den Anforderungen an die Zulassung abgeleitet wird. In der juristischen Literatur haben sich mit der Befürwortung einer rein for-

---

58 Verordnung über die Zulassung von Wertpapieren zur amtlichen Notierung an einer Wertpapierbörse (Börsenzulassungsverordnung – BörsZulV) vom 15.4.1987, BGBl. I S. 1234.

59 *Paskert* Informations- und Prüfungspflichten bei Wertpapieremissionen, 99 f.

60 *Kunz* Die Börsenprospekthaftung nach Umsetzung der EG-Richtlinien in innerstaatliches Recht, 37.

61 *Eickhoff* WM 1988, 1713, 1714.

62 *Paskert* Informations- und Prüfungspflichten bei Wertpapieremissionen, 136.

mellen Prüfungspflicht (Prospekttheorie) und der Forderung nach einer materiellen Prüfungspflicht zwei Gegenpole gebildet. Die Befürworter der Prospekttheorie fordern von der Zulassungsstelle lediglich die Prüfung der Vollständigkeit der Prospektangaben.[63] Die extreme Gegenansicht befürwortet eine materielle Prüfungspflicht, die auch die Richtigkeit der Angaben und die Bonität des Emittenten umfaßt.[64]

Weder die Prospekttheorie noch die Theorie von der materiellen Prüfungspflicht sind mit dem Gesetz zu vereinbaren. Nach § 36 Abs. 3 BörsG sind Wertpapiere zum amtlichen Handel nur zuzulassen,

- wenn der Emittent und die Wertpapiere den Bestimmungen entsprechen, die zum Schutz des Publikums und für einen ordnungsgemäßen Börsenhandel gemäß § 38 BörsG erlassen worden sind,
- wenn dem Antrag ein Prospekt mit den nach § 38 BörsG erforderlichen Angaben beigefügt ist, der dem Publikum ein Urteil über den Emittenten und die Wertpapiere ermöglicht, und
- wenn der Zulassungsstelle keine Umstände bekannt sind, die zu einer Schädigung des Publikums oder erheblicher allgemeiner Interessen führen.

Danach beschränkt sich die Prüfung des Emittenten und der Sicherheit der zuzulassenden Papiere durch die Zulassungsstelle auf den Inhalt und die formale Vollständigkeit der Unterlagen, die ihr vom Emittenten und der Emissionsbank vorgelegt werden, und auf solche Umstände, die der Zulassungsstelle zur Kenntnis kommen. Das Abstellen nur auf bekannte Umstände spricht gegen eine Nachforschungs- und Überprüfungspflicht über die formelle Ordnungsgemäßheit des Prospektes hinaus.[65] Eigene Ermittlungen hat sie danach nicht durchzuführen.[66] Die im Rahmen des Zulassungsverfahrens vorgenommene Prüfung ist deshalb keine Bonitätskontrolle.[67] Die Zulassungsstelle verfügt auch gar nicht über die personellen Kapazitäten, eine Bonitätskontrolle vorzunehmen. Allerdings ergibt sich aus der Tatsache, daß die Zulassungsstelle die Zulassung nicht vornehmen darf, wenn ihr Umstände bekannt sind, die zu einer Schädigung des Publikums oder erheblicher allgemeiner Interessen führen, daß zumindest eine eingeschränkte materielle Prüfungspflicht besteht. Wenn nämlich

63 *Meyer/Bremer* Börsengesetz § 36 Nr. 6 (S. 91).

64 Nachweise bei *Paskert* Informations- und Prüfungspflichten bei Wertpapieremissionen, 138.

65 *Roller* Die Prospekthaftung im Englischen und im Deutschen Recht, 216.

66 Baumbach/*Hopt* Handelsgesetzbuch 30. Aufl. § 36 BörsG Rn 3.

67 BGH, Urt. v. 6.7.1993 – XI ZR 12/93, BGHZ 123, 126, 130 (Bond) = ZIP 1993, 1148, 1149; *Arendts* DZWir 1994, 185, 187.

der Zulassungsstelle durch Presseberichte oder Einstufungen von Ratingagenturen klare Zweifel an der Bonität des Emittenten kommen müssen, hat sie dem nachzugehen.[68]

Auf die Prospekthaftung des Emittenten und der Emissionsbank hat die Prüfungspflicht der Zulassungsstelle keinen Einfluß.[69] Insbesondere hat der Börsenprospekt zugelassener Wertpapiere nicht die Vermutung der Vollständigkeit und Richtigkeit für sich. Die zulassungsrechtlichen Voraussetzungen enthalten nur Mindestanforderungen an den Prospektinhalt, deren Erfüllung den Prospekt gleichwohl unrichtig machen können. Die haftungsrechtlichen Anforderungen an den Prospekt sind weitergehend als die zulassungsrechtlichen.[70] Auch die Tatsache, daß der Zulassungsausschuß der Börse den Prospekt billigt, obwohl er Kenntnis von dem Prospektmangel hat, entlastet die Prospektverantwortlichen nicht.[71] Es kommt dann lediglich eine zusätzlich zu der Haftung der Prospektverantwortlichen eintretende Haftung der Zulassungsstelle in Betracht.[72] Die Prüfungspflicht der Zulassungsstelle hat drittschützenden Charakter.[73] Verletzt die Zulassungsstelle ihre Prüfungspflicht schuldhaft, hat der geschädigte Anleger unter Umständen einen Schadensersatzanspruch gegen die Börse aus § 839 BGB in Verbindung mit Art. 34 GG wegen Amtspflichtverletzung.[74] Teilweise[75] wird die haftungsrechtliche Ungleichbehandlung des Bundesaufsichtsamtes für das Kreditwesen, das nach § 6 KWG keinem Amtshaftungsanspruch ausgesetzt ist, zu den Börsen beklagt. Diese Ungleichbehandlung ist jedoch vom Gesetzgeber so gewollt. Eine entsprechende Anwendung der Haftungsfreistellung auf die Börsenzulassungsstellen ist daher nicht möglich.

Die Börsenzulassung hat auch keinen Einfluß auf die einer Bank bei der Anlageberatung obliegenden Pflichten. Sie muß trotz Zulassung die

---

68 *Kunz* DZWir 1994, 199, 200; *Schwark* NJW 1987, 2041, 2043; *ders.* WuB I G 4.–9.93.

69 OLG Frankfurt, Urt. v. 1.2.1994 – 5 U 213/92, ZIP 1994, 282, 286 (Bond) mit zust. Anm. *Kunz* BB 1994, 738, 740; *Kümpel* Bank- und Kapitalmarktrecht 2. Aufl. Rn 9.299; *Schwark* WuB I G 9.–1.93; *Nassall* EWiR 1994, 349; *Jasper* WiB 1994, 243.

70 LG Frankfurt, Urt. v. 6.10.1992 – 3/11 O 173/91, ZIP 1993, 184, 186 (Bond); *Kunz* DZWir 1994, 199, 200 f.

71 *Jasper* WiB 1994, 243; *Schwark* ZGR 1983, 162, 167.

72 OLG Frankfurt, Urt. v. 1.2.1994 – 5 U 213/92, ZIP 1994, 282, 286 (Bond).

73 *Schäfer* ZIP 1987, 953, 959.

74 *Schwark* NJW 1987, 2041, 2043; *Schäfer* ZIP 1987, 953, 959; *Nassall* EWiR 1994, 349; *Kunz* DZWir 1994, 199, 200; *Jasper* WiB 1994, 243.

75 *Schäfer* ZIP 1987, 953, 959.

Prospektangaben auf ihre Richtigkeit überprüfen und sich anhand einschlägiger Publikationen ein eigenes Bild von der Bonität der Wertpapiere und des Emittenten machen.[76]

c) Veröffentlichungspflicht

Der Prospekt war gem. § 43 BörsZulV a.F. mindestens drei Werktage vor der Einführung der Wertpapiere zu veröffentlichen. Diese Frist ist durch die Neufassung des § 43 BörsZulV auf einen Werktag verkürzt worden. In besonderen Ausnahmefällen kann die Zulassungsstelle gestatten, daß der Prospekt nach der Eröffnung, aber vor Beendigung des Bezugsrechtehandels veröffentlicht wird. Der Prospekt darf erst veröffentlicht werden, wenn er von der Zulassungsstelle gebilligt worden ist (§ 43 Abs. 2 BörsZulV, § 36 Abs. 3a Satz 1 BörsG n.F.). Im Interesse einer beschleunigten Zulassung bestimmt § 36 Abs. 3a BörsG n.F., daß die Zulassungsstelle innerhalb von 15 Börsentagen nach Eingang des Prospektes über die Billigung zu entscheiden hat. Ebenfalls im Interesse der Verfahrensvereinfachung und -beschleunigung kann der Emittent, wenn er den Zulassungsantrag bei mehreren inländischen Börsen gleichzeitig stellt, die Zulassungsstelle bestimmen, die den Prospekt prüft und gegebenenfalls billigt (§ 36 Abs. 3a Satz 3 BörsG n.F.). Die anderen Zulassungsstellen sind an die von der bestimmten Zulassungsstelle ausgesprochene Billigung gebunden (36 Abs. 3a Satz 4 BörsG n.F.).

d) Aktualisierungspflicht

Der Prospekt hat zeitnah das zutreffende Bild von Emittent und Emission zu zeichnen, um dem Informationsbedürfnis potentieller Anleger zu genügen. Aus diesem Grund ist er von den Prospektverantwortlichen ständig auf dem Laufenden zu halten. Das Aktualisierungsgebot greift bereits bei Erstellung des Prospektes ein. Die aufgenommenen Angaben aus Bilanzen oder Berichten müssen berichtigt oder ergänzt werden, wenn sie nicht mehr zutreffend sind. Das Aktualisierungsgebot setzt sich nach Erstellung bis zur Veröffentlichung des Prospektes fort. Nach § 52 Abs. 2 BörsZulV muß jede Änderung der Umstände, die für die Beurteilung des Emittenten oder der einzuführenden Wertpapieren von wesentlicher Bedeutung sind, in einem Nachtrag veröffentlicht werden. Dies betrifft den Zeitraum zwischen Veröffentlichung des Prospektes und der Einführung der Wertpapiere.[77] Daran anschließend bis sechs Monate nach Einführung ergibt sich

---

[76] BGH, Urt. v. 6.7.1993 – XI ZR 12/93, BGHZ 123, 126, 131 (Bond) = ZIP 1993, 1148, 1150; *Arendts* DZWir 1994, 185, 187.

[77] *Schwark* WuB I G 8.–4.98; *Groß* AG 1999, 199, 204.

die Berichtigungspflicht aus §§ 45 Abs. 1 Satz 1, 46 Abs. 2 Nr. 4 BörsG.[78] Ein Nachtrag zum Prospekt ist nach Sinn und Zweck der Aktualisierungspflicht unverzüglich nach Bekanntwerden der neuen Tatsache zu veröffentlichen.[79] Nur so wird das Informationsinteresse des Publikums ausreichend gewahrt. Für den Verkaufsprospekt ist dies in § 11 VerkProspG n.F. nunmehr ausdrücklich gesetzlich geregelt.[80]

Unter die Aktualisierungspflicht fallen Tatsachen, die geeignet sind, den Börsenpreis der Aktie zu beeinflussen. Der Kurs einer Aktie wird sowohl von Ereignissen innerhalb des Tätigkeitsbereichs des Emittenten als auch von allgemeinen Marktentwicklungen außerhalb dieses Tätigkeitsbereichs beeinflußt. Mitzuteilen sind jedenfalls die Ereignisse, die innerhalb des Tätigkeitsbereichs des Emittenten geschehen.[81] Aber auch die Änderungen allgemeiner Markteinflüsse sind mitzuteilen, wenn sie Gegenstand des Prospektes waren. Dazu gehören auch solche Angaben, die nach § 15 WpHG zu veröffentlichen sind.

Die Pflicht zur Aktualisierung trifft in erster Linie den Emittenten. Aber auch die Emissionsbank ist zur permanenten Aktualisierung bis zum vollständigen Verkauf der Emission verpflichtet.[82] Es ist notwendig und den Banken zumutbar, zumindest bis zum Ende der Zeichnungsfrist Berichtigungen vorzunehmen. Der Aktualisierungspflicht der emissionsbegleitenden Bank stand § 44a BörsG a.F. nicht entgegen. Diese Vorschrift betraf die Ad-hoc-Publizitätspflicht des Emittenten, die unabhängig von einem veröffentlichten Prospekt und im Gegensatz zur Prospektpflicht nicht im Interesse der Anleger, sondern in dem eines funktionierenden Kapitalmarktes bestand. Ihr konnte daher nicht entnommen werden, daß die emissionsbegleitende Bank nach Einführung der Wertpapiere zum Börsenhandel börsenprospektrechtlich nicht zur Berichtigung unrichtig gewordener Angaben verpflichtet war.[83] Jetzt ist die Ad-hoc-Publizitäts-

---

78 *Groß* AG 1999, 199, 204.

79 BGH, Urt. v. 14.7.1998 – XI ZR 173/97, BGHZ 139, 225, 232 = ZIP 1998, 1528, 1531 (Elsflether Werft); *Hüffer* Das Wertpapier-Verkaufsprospektgesetz, 72f.

80 Gesetz zur weiteren Fortentwicklung des Finanzplatzes Deutschland (Drittes Finanzmarktförderungsgesetz) vom 24.3.1998, BGBl I S. 529, 534.

81 *Vaupel* WM 1999, 521, 531.

82 BGH, Urt. v. 14.7.1998 – XI ZR 173/97, BGHZ 139, 225, 232 = ZIP 1998, 1528, 1531 (Elsflether Werft); *Assmann* in: Assmann/Schütze § 7 Rn 71 und Fn. 161; *Grundmann* in: Schimansky/Bunte/Lwowski § 112 Rn 41; *Schwark* Börsengesetz §§ 45, 46 Rn 15; *Hopt* Verantwortlichkeit der Banken bei Emissionen Rn 213.

83 BGH, Urt. v. 14.7.1998 – XI ZR 173/97, BGHZ 139, 225, 233 = ZIP 1998, 1528, 1531 (Elsflether Werft).

pflicht des Emittenten in § 15 WpHG[84] geregelt, in dessen Abs. 6 Satz 1 ausdrücklich eine Schadensersatzpflicht ausgeschlossen wird. Nachdem der ursprüngliche Gesetzentwurf diesen Ausschluß noch nicht enthielt[85], wurde er später auf Vorschlag des Bundesrates eingefügt, um klarzustellen, daß § 15 WpHG kein Schutzgesetz im Sinne von § 823 Abs. 2 BGB ist, weil Schutzgut wie bei § 44 a BörsG a.F. ausschließlich der funktionierende Kapitalmarkt ist.[86] Normadressat des § 15 WpHG ist wie bei § 44 a BörsG a.F. nur der Emittent.[87] In § 46 Abs. 2 Nr. 4 BörsG n.F. ist nunmehr durch die Erwähnung einer Veröffentlichung nach § 15 WpHG neben vergleichbaren Bekanntmachungen auch vom Gesetzgeber klargestellt, daß die prospektrechtlich erforderlichen Nachträge unabhängig neben der Ad-hoc-Publizitätspflicht des Emittenten stehen.[88] Aus der Letzteren erwachsen dem Anleger keine prospektrechtlichen Ansprüche.[89]

Soweit Kort[90] die Ansicht vertritt, eine Pflicht der Emissionsbank zur nachträglichen Berichtigung sei allenfalls aus allgemeinen Haftungsgrundsätzen, nicht jedoch aus der spezialgesetzlich geregelten Prospekthaftung denkbar, ist das falsch. Wenn Kort meint, eine solche Pflicht ergebe sich nicht aus § 52 Abs. 2 BörsZulV, da diese Pflicht ausschließlich den Emittenten treffe, so verkennt er, daß diese Pflicht im Ersten Kapitel „Zulassung von Wertpapieren zur amtlichen Notierung" geregelt ist. Da die Zulassung zwingend nach § 36 Abs. 2 Satz 1 BörsG von dem Emittenten zusammen mit einem Emissionsbegleiter zu beantragen ist, treffen die in diesem Kapitel statuierten Pflichten sowohl den Emittenten als auch den Emissionsbegleiter. Auch die sich aus dem Umkehrschluß des § 46 Abs. 2 Nr. 4 BörsG n.F. ergebende Aktualisierungspflicht nach der Einführung der Wertpapiere trifft sowohl den Emittenten als auch den Emissionsbegleiter. §§ 45, 46 BörsG statuieren gleiche Pflichten für alle Prospektverantwortlichen. Nach dem Sinn und Zweck der Prospektverantwortung des Emissionsbegleiters, beim Going Public die Tätigkeit des Emittenten zu überwachen und als solventer Schuldner neben dem Emittenten das Vertrauen des Publikums in die Anlage zu fördern, ist es auch erforderlich, daß der Emissionsbegleiter ebenfalls zur Aktualisierung verpflichtet ist. Dies ist der Emissionsbank angesichts des kurzen Zeitraums von sechs

---

84 Wertpapierhandelsgesetz vom 26. Juli 1994, BGBl I S. 1749 ff in der Fassung des Gesetzes vom 9. September 1998, BGBl. I S. 2708 ff.
85 BT-Drucks. 12/6679, S. 9.
86 BT-Drucks. 12/7918, S. 102.
87 *Hopt* ZHR 159 (1995) 135, 151; *Jürgens/Rapp* Die Bank 1995, 97.
88 a.A. *Schwark* WuB I G 8.–4.98.
89 *Groß* AG 1999, 199, 200.
90 *Kort* AG 1999, 9, 15.

Monaten, in dem die Aktualisierungspflicht besteht, auch zumutbar. Darüber hinaus tritt ihre Haftung nur ein, wenn sie die nachträgliche Unvollständigkeit oder Unrichtigkeit des Prospektes gekannt hat oder ihre Unkenntnis auf grober Fahrlässigkeit beruht (§ 46 Abs. 1 BörsG n.F.). Hierdurch ist eine unüberschaubare oder eine verschuldensunabhängige Garantiehaftung ausgeschlossen.

Soweit die Emissionsbank zur Berichtigung ursprünglicher Prospektangaben verpflichtet ist, muß sie den Emittenten anhalten, seinerseits eine Berichtigung zu veröffentlichen. Geschieht dies nicht unverzüglich, ist der Emissionsbegleiter berechtigt, auch ohne Einverständnis des Emittenten einen Nachtragsprospekt zu veröffentlichen.[91]

Nach Ablauf von sechs Monaten besteht aufgrund der Prospektverantwortung keine Berichtigungspflicht mehr. Das ergibt sich aus der Tatsache, daß ab diesem Zeitpunkt keine Prospekthaftungsansprüche mehr entstehen können. Wenn der Prospekt als Haftungsgrundlage weggefallen ist, macht seine Berichtigung keinen Sinn mehr. Unberührt hiervon bleiben die Pflichten des Emittenten nach § 15 WpHG und die Pflicht eines Anlageverkäufers, im konkreten Beratungsgespräch auf die Änderung der Verhältnisse hinzuweisen. Daraus läßt sich auch die Frage beantworten, ob eine Berichtigungspflicht besteht, wenn nachträglich eine Abweichung von den im Prospekt angegebenen Projekten und Plänen des Emittenten eintritt. Treten die Änderungen der tatsächlichen Verhältnisse innerhalb der Sechsmonatsfrist ein, sind sie in einem Nachtrag zum Prospekt mitzuteilen, treten sie später ein, besteht keine Berichtigungspflicht. Voraussetzung hierfür ist natürlich, daß der Emittent ernsthaft die Absicht hatte, die mitgeteilten Projekte und Pläne auch tatsächlich zu verwirklichen und dies wegen unvorhergesehener Umstände nicht erfolgt ist. Bestand von Anfang an die Absicht, diese Projekte und Pläne nicht zu verwirklichen oder war deren Realisierbarkeit von vornherein nicht möglich, liegt eine anfängliche Unrichtigkeit des Prospektes vor, die in jedem Fall zu berichtigen ist.[92]

e) Ausnahmen von der Prospektpflicht

Nach § 38 Abs. 2 BörsG können in der BörsZulV Ausnahmen aufgenommen werden, bei denen von der Veröffentlichung eines Prospektes ganz oder teilweise oder von der Aufnahme einzelner Angaben in den Prospekt abgesehen werden kann, wenn dies im Hinblick auf das Informationsinteresse des Publikums, das öffentliche oder das Integritätsinteresse des Emittenten vertretbar oder geboten ist. Das betrifft vereinfacht gesagt die Fälle, in denen der Anleger dem Gesetzgeber nicht schutzwürdig erschien,

---

91 *Kort* AG 1999, 9, 16.
92 *Assmann* Prospekthaftung, 326.

weil er auf andere Weise über die Emission informiert ist oder aber der Emittent als besonders solvent und integer einzustufen ist. Die Börsenzulassungverordnung (§§ 45 ff BörsZulV) läßt demgemäß für eine Reihe von Fällen vereinfachte „Prospekte" ausreichen. Diese vereinfachten Darstellungen unterlagen nach § 45 BörsG a.F. nicht der Börsenprospekthaftung, da sie nicht als Börsenzulassungsprospekt angesehen werden konnten.[93] Dies wurde als empfindliche Schutzlücke empfunden, da eine Haftung für eine solche unrichtige und unvollständige schriftliche Darstellung auch nicht durch analoge Anwendung der §§ 45 ff BörsG oder durch die Anwendung der zivilrechtlichen Prospekthaftung zu begründen war.[94]

Nunmehr hat der Gesetzgeber mit dem Dritten Finanzmarktförderungsgesetz diese Schutzlücke geschlossen, indem er auch für solche Darstellungen, aufgrund deren Veröffentlichung eine Befreiung von der Pflicht erfolgt, einen Börsenzulassungsprospekt zu veröffentlichen, die Prospekthaftung eingeführt hat (§ 45 Abs. 4 BörsG n.F.). Das betrifft zum einen Darstellungen im Sinne des schon nach altem Recht geltende § 45 Nr. 1 BörsZulV. Trotz der Verwendung des Terminus „Darstellung" fällt hierunter jedoch nicht nur die in § 45 Nr. 1 BörsZulV ausdrücklich so bezeichnete Darstellung, sondern zum anderen ebenso alle in §§ 45 ff BörsZulV genannten Veröffentlichungen, aufgrund derer eine Befreiung von der Veröffentlichung eines Börsenzulassungsprospektes gewährt wird. Also insbesondere auch die im durch das Dritte Finanzmarktförderungsgesetz neu eingeführten § 45 a Abs. 1 Nr. 3 bis 5 BörsZulV[95] sowie auch die in § 45 Nr. 4 BörsZulV genannten Informationen.

Die inhaltlichen Anforderungen an diese Darstellungen richten sich nach der jeweiligen Ausnahmevorschrift. Die Richtigkeit und die Vollständigkeit dieser schriftlichen Darstellung ist allein anhand des gesetzlich speziell geforderten Inhalts zu prüfen und nicht nach den Maßstäben für einen Vollprospekt zu beurteilen.[96]

Voraussetzung für die Haftung ist aber immer, daß auch die prospektbefreiende Darstellung Grundlage einer Börsenzulassung ist. Das bedeutet, daß Bezugsangebote,[97] Zeichnungsaufforderungen, Werbemaßnah-

---

[93] *Assmann* AG 1996, 508, 509 f.

[94] *Assmann* AG 1996, 508, 513 f; *ders.* Festschrift für Kübler, 317, 353; *Kort* AG 1999, 9, 14; *Hamann* in: Schäfer, WpHG, BörsG, VerkProspG §§ 45, 46 BörsG a.F. Rn 20.

[95] Regierungsbegründung zum Dritten Finanzmarktförderungsgesetz, BT-Drucks. 13/8933 S. 79.

[96] *Groß* AG 1999, 199, 200.

[97] BGH, Urt. v. 12.7.1982 – II ZR 172/81, ZIP 1982, 930 f (BuM).

men,[98] Research-Reports, Zwischenberichte nach § 44 b BörsG, sonstige von § 44 Abs. 1 Nr. 1 BörsG in Verbindung mit §§ 63–68 BörsZulV geforderte Berichte und Ad-hoc-Mitteilungen nach § 15 WpHG nicht als Prospekte angesehen werden können.[99]

Ebenfalls keine Börsenprospekte sind Informationsmemoranden, die bei reinen Umplazierungen von bereits an einer inländischen Börse zugelassenen Aktien erstellt werden.[100] Da die zu plazierenden Aktien bereits börsenzugelassen sind, ist das Informationsmemorandum nicht die Grundlage für die bereits bestehende Börsenzulassung. Streitig ist, ob diese Memoranden als Darstellungen nach § 45 Abs. 4 BörsG anzusehen sind, die einen Börsenprospekt ersetzen.[101] Nach dem eindeutigen Wortlaut des § 45 Abs. 4 BörsG kann ein Informationsmemorandum nur dann als „Ersatzprospekt" angesehen werden, wenn aufgrund seiner Veröffentlichung eine Zulassung zur Börse erfolgte ist.

f) Geheimhaltungsinteresse

Die Pflicht zur Veröffentlichung eines vollständigen und richtigen Emissionsprospektes, der alle wertbildenden Faktoren bezüglich des Emittenten und der Emission enthält, kann mit dem vitalen Interesse des Emittenten an der Geheimhaltung seiner Geschäftsinterna kollidieren. Gerade was die logistische Struktur des Unternehmens oder der Stand seiner neuen Entwicklungen betrifft, könnten durch eine Veröffentlichung Nachteile entstehen, wenn Konkurrenten in der Lage sind, diese Dinge zu kopieren.

Aus diesem Grund wird teilweise angenommen, hinsichtlich der Ergebnisse der Forschungs- und Entwicklungstätigkeit eines Unternehmens oder seiner Pläne bezüglich verbesserter Beschaffungs- und Absatzstrategien sei ein Geheimhaltungsrecht des Emittenten anzuerkennen.[102] Würde man eine diesbezügliche Offenbarungspflicht bejahen, könnten die Kosten der Eigenkapitalbeschaffung so hoch werden, daß das Unternehmen sich nach anderen Finanzierungsquellen umsehen müßte, die keine Pflicht zur Aufdeckung von Innovation gegenüber Mitbewerbern nach sich ziehen.

Diese Ansicht ist abzulehnen. Nach dem Wortlaut und der Systematik des Börsengesetzes und der Börsenzulassungsverordnung ist kein Raum für ein eigenverantwortliches Geheimhaltungsrecht des Emittenten. Die

---

[98] OLG Frankfurt, Urt. v. 14.5.1997 – 21 U 117/96, ZIP 1997, 1105 f (Bond).

[99] *Assmann* in: Assmann/Schütze § 7 Rn 49 ff; *Schwark* Börsengesetz §§ 45, 46 Rn 9 f.

[100] *Groß* AG 1999, 199, 200.

[101] Dafür: *Krämer/Baudisch* WM 1998, 1161, 1170; dagegen *Groß* AG 1999, 199, 200.

[102] *Assmann* Prospekthaftung, 324 f.

vorgeschriebenen Pflichtangaben sind danach grundsätzlich vollständig und richtig in den Prospekt aufzunehmen. Das Börsenrecht stellt den Emittenten einen Ausweg aus dem Geheimhaltungsdilemma zur Verfügung, indem nach §§ 38 Abs. 2 Nr. 3 BörsG, 47 Nr. 3 BörsZulV auf Antrag die Börsenzulassungsstelle die Befreiung von der Veröffentlichung einzelner Angaben erteilen kann, wenn aus der Veröffentlichung dieser Angaben dem Emittenten ein erheblicher Schaden entsteht, sofern die Nichtveröffentlichung das Publikum nicht über die für die Beurteilung der zuzulassenden Wertpapiere wesentlichen Tatsachen und Umstände täuscht. Hieraus ergibt sich zwingend, daß die Zulassungsstelle und nicht der Emittent darüber entscheidet, ob eine geheimhaltungsbedürftige Tatsache verschwiegen werden darf oder nicht. Bei der Beantwortung dieser Frage ist das Geheimhaltungsinteresse des Emittenten gegen das Informationsbedürfnis der Anleger abzuwägen. Die Zulassungsstelle darf danach für solche Angaben keine Befreiung erteilen, die die Absatzchancen der Anlage negativ beeinflussen können. Erteilt die Zulassungsstelle eine Befreiung fälschlich, kann das einen Amtshaftungsanspruch gegen sie nach Art. 34 GG in Verbindung mit § 839 BGB begründen.

Für den Fall, daß ein Emittent es ablehnt, ein Geschäftsgeheimnis in den Prospekt aufzunehmen, kann sich die Emissionsbank ihrer Prospekthaftung nicht durch Berufung auf das Bankgeheimnis entziehen. Sie muß in einem solchen Fall auf die Veröffentlichung dringen oder Abstand von der Emissionsbegleitung nehmen.[103]

2. Prospektverantwortlichkeit

Nach § 45 Abs. 1 Satz 2 BörsG a.F. hafteten für den Bereich des Börsenhandels mit amtlicher Notierung diejenigen, die einen unvollständigen Prospekt für die Börsenzulassung erlassen hatten oder von denen der Erlaß ausging. Auch die Neuregelung unterscheidet zwischen den Prospekt-Erlassern (§ 45 Abs. 1 Satz 1 Nr. 1 BörsG n.F.), die für den Prospekt förmlich die Verantwortung übernommen haben (vgl. § 14 BörsZulV), und den Prospekt-Veranlassern (§ 45 Abs. 1 Satz 1 Nr. 2 BörsG n.F.), womit die im Hintergrund agierenden, nach außen nicht in Erscheinung tretenden tatsächlichen Urheber des Prospektes erfaßt werden sollen.[104] Hierunter sollen nur diejenigen Personen fallen, die ein eigenes geschäftliches Inter-

---

103 *Canaris* Bankvertragsrecht 2. Aufl. Rn 2279.
104 *Assmann* in: Assmann/Schütze Rn 204.

esse an der Emission haben.[105] Während die Nr. 2 des § 45 Abs. 1 Satz 1 BörsG n.F. unverändert die alte Fassung übernimmt, ist in Nr. 1 nunmehr klarstellend von der Übernahme der Verantwortung statt vom Erlaß des Prospektes die Rede. Eine Änderung der bisherigen Rechtslage ist mit dieser Klarstellung nach der Gesetzesbegründung nicht bezweckt.[106] Der Gesetzgeber hat lediglich die zur alten Fassung bereits gebräuchliche Definition des Erlassers ins Gesetz übernommen. Bei denjenigen, die nach außen erkennbar die Verantwortung für den Prospekt übernehmen, handelt es sich zum einen um die Unterzeichner des Prospektes, das sind zwingend der Emittent und der Emissionsbegleiter als Antragsteller der Börsenzulassung (§§ 36 Abs. 2 BörsG, 13 Abs. 1 Satz 5 BörsZulV). Zum anderen sind das diejenigen, die nach § 14 BörsZulV im Prospekt als für dessen Inhalt Verantwortliche aufgeführt sind.[107] Mehrere Prospektverantwortliche haften nach alter und nach neuer Fassung als Gesamtschuldner.

a) Haftung des Emittenten

Der Emittent übernimmt immer die Verantwortung für den Prospektinhalt, er ist regelmäßig „Erlasser" des Prospekts.[108] Er haftet grundsätzlich bei fehlerhaften Prospektangaben, da er „am nächsten dran" ist. Der Anspruch gegen den Emittenten ist aber in der Regel wirtschaftlich wertlos, weil dieser bei dramatischen Kursverlusten, die regelmäßig Grund für die Geltendmachung von Prospekthaftungsansprüchen sind, insolvent ist.

b) Haftung der emissionsbegleitenden Bank

Die fehlende Haftung der Emissionshäuser stand im ausgehenden 19. Jahrhundert unter den krisenhaften Erscheinungen bei den betrügerischen inländischen Bankrotten und den notleidend gewordenen ausländischen Anleihen im Zentrum der Kritik.[109] Ins Börsengesetz von 1896 wurde die gesamtschuldnerische Haftung der Emissionsbank aufgenommen, wobei der Prospekt als ausschlaggebendes Element der Verantwortlichkeit statt einer vertraglichen Haftung aus dem Wertpapierkauf ins

---

[105] Regierungsbegründung zum Dritten Finanzmarktförderungsgesetz, BT-Drucks. 13/8933, S. 54, 78; *Assmann* in: Assmann/Schütze § 7 Rn 204; *Schwark* Börsengesetz §§ 45, 46 Rn 7.

[106] Regierungsbegründung zum Dritten Finanzmarktförderungsgesetz, BT-Drucks. 13/8933, S. 54, 78, *Groß* AG 1999, 199, 200.

[107] Regierungsbegründung zum Dritten Finanzmarktförderungsgesetz, BT-Drucks. 13/8933, S. 54, 78; *Assmann* in: Assmann/Schütze § 7 Rn 202f; *Kort* AG 1999, 9, 10f; *Groß* AG 1999, 199, 200.

[108] *Schwark* Börsengesetz §§ 45, 46 Rn 6.

[109] *Schulz* Das deutsche Börsengesetz, 379.

Zentrum der Haftung gerückt wurde.[110] Die Einbeziehung der Emissionsbank in den Haftungsverbund rechtfertigt sich aus der über eine reine Sachverständigenfunktion hinausgehende Garantenstellung für die Seriosität der Aktienemission. Die Bank setzt beim Going public gerade ihr eigenes Standing ein, um die Neuemission bestmöglichst zu plazieren. Die Anleger vertrauen darauf, daß die Bank ihrem guten Ruf entsprechend die Emission und den Emittenten eingehend geprüft hat. Zudem ist die Einbeziehung des Emissionsbegleiters auch deshalb gerechtfertigt, weil er ein eigenes geschäftliches Interesse mit der Prospekterstellung verfolgt. Hierfür erhält er eine Börseneinführungsprovision, die nicht selten 0,5% und mehr des Nominalbetrages der eingeführten Wertpapiere beträgt.[111]

Zweifelhaft war in den Kindertagen des BörsG nur, ob die emissionsbegleitende Bank ebenfalls den Prospekt erläßt, auch wenn sie ihn nicht mitunterschreibt. Bereits das Reichsgericht hatte entschieden, daß ein Emissionshaus als Erlasser des Prospekts anzusehen ist, auch wenn es den Zulassungsprospekt nicht unterzeichnet hat, aber Einfluß auf den Inhalt des Prospektes genommen oder diesen vertrieben hat.[112] Der Bundesgerichtshof hat sich dem im Elsflether-Werft-Fall angeschlossen und ergänzend ausgeführt, daß derjenige den Prospekt erläßt, der nach außen erkennbar die Verantwortung dafür übernimmt. Dies ist nicht nur der Emittent, sondern ohne Rücksicht darauf, ob sie als Mitverfasserin des Prospekts aufgetreten und darin als mitverantwortlich aufgeführt ist, auch die emissionsbegleitende Bank, die zusammen mit dem Emittenten die Zulassung der Wertpapiere beantragt.[113] Die Mitantragstellung eines Emissionsbegleiters hat den Sinn, daß er die Angaben des Emittenten überprüfen soll. Abgesichert wird diese Pflicht durch die gesamtschuldnerische Haftung nach § 45 BörsG.[114] Nach der Neufassung unterfällt die emissionsbegleitende Bank dem § 45 Abs. 1 Satz 1 Nr. 1 BörsG n.F., weil sie für den Prospekt Verantwortung übernommen hat. Die Ausführungen des Bundesgerichtshofs im Elsflether-Werft-Fall haben daher auch für die Neufassung uneingeschränkt Gültigkeit.

---

110 *Schulz* Das deutsche Börsengesetz, 389.

111 *Schwintowski/Schäfer* Bankrecht § 15 Rn 80.

112 RG, Urt. v. 11.10.1912 – II 106/12, RGZ 80, 196, 198

113 BGH, Urt. v. 14.7.1998 – XI ZR 173/97, BGHZ 139, 225, 229 = ZIP 1998, 1528, 1529 (Elsflether Werft); so auch LG Frankfurt, Urt. v. 7.10.1997 – 3/11 O 44/96, ZIP 1998, 641, 642 (MHM Mode); *Assmann* in: Assmann/Schütze § 7 Rn 202; *Schwark* Börsengesetz §§ 45, 46 Rn 6; Baumbach/*Hopt* Handelsgesetzbuch 30. Aufl. § 36 BörsG Rn 2; *Steuer* Die Bank 1982, 490.

114 BGH, Urt. v. 6.7.1993 – XI ZR 12/93, BGHZ 123, 126, 131 (Bond) = ZIP 1993, 1148, 1149; Baumbach/*Hopt* Handelsgesetzbusch 29. Aufl. § 36 BörsG Rn 2; *ders.* WM 1985, 793, 802

Teilweise wird befürwortet, eine Haftung könne die Bank dadurch ausschließen, daß sie ihre bloße Finanzierungsrolle offen herausstelle, ohne sonstige emissionsbegleitende Tätigkeiten zu entfalten, wie es etwa im Rahmen eines „Underwriting Agreements“ geschehen könne.[115] Dem kann so nicht zugestimmt werden. Richtig ist zwar, daß bei einer bloßen Kreditierung einer Emission keine das Emissionsgeschäft charakterisierende Tätigkeit ausgeübt wird. Eine Parallele gibt es zur Rechtslage bei der bürgerlichrechtlichen Prospekthaftung. Zu der ist anerkannt, daß eine Bank nicht für die Richtigkeit der Prospektangaben haftet, wenn sie lediglich als Finanzier tätig ist und in dieser Funktion im Prospekt genannt wird.[116] Wenn die Bank aber gemeinsam mit dem Emittenten den Antrag auf Zulassung der Wertpapiere zum Börsenhandel stellt, übernimmt sie die volle Verantwortung für den Prospekt und kann ihre Haftung nicht unter Hinweis auf eine bloße Finanzierungstätigkeit beschränken.

c) Haftung des Emissionskonsortiums

Das Emissionskonsortium ist ein Zusammenschluß von mehreren Kreditinstituten zu einer Gesellschaft bürgerlichen Rechts (§§ 705 ff. BGB).[117] Die gemeinschaftliche Geschäftsführung und Vertretung (§§ 709, 714 BGB) wird regelmäßig abbedungen und einem Mitglied des Konsortiums übertragen. In der Regel ist das die Hausbank des Emittenten. Dieses federführende Kreditinstitut vertritt das Konsortium nach außen und koordiniert die Emissionsabwicklung. Treten alle Konsorten nach außen hin auf, greift für jeden von ihnen die gesamtschuldnerische Haftung als Prospekterlasser nach § 45 Abs. 1 Satz 1 Nr. 1 BörsG n.F. (entsprechendes galt für § 45 BörsG a.F.) ein.[118] Dabei ist nicht entscheidend, ob das jeweilige Konsortialmitglied in den Prozeß der Prospekterstellung eingeschaltet ist.[119] Aber selbst wenn ein Konsorte nicht nach außen in Erscheinung tritt, wird in der Regel seine Haftung als Prospektveranlasser nach § 45 Abs. 1 Satz 1 Nr. 2 BörsG n.F. zu bejahen sein, weil der Prospekt auch von den im Hintergrund agierenden Konsorten ausgeht. Im Innenverhältnis zum Emittenten wird regelmäßig ein Freistellungsanspruch der Emissionsbanken im Hinblick auf die Prospekthaftung nach §§ 45 ff BörsG vereinbart.[120] Ebenfalls wird im In-

115 *Schwark* Börsengesetz §§ 45, 46 Rn 6; *Kort* AG 1999, 9, 17.

116 *Siol* in: Schimansky/Bunte/Lwowski § 45 Rn 33, 37.

117 *Canaris* Bankvertragsrecht 2. Aufl. Rn 2248; *De Meo* Bankenkonsortien, 54.

118 *Kunz* Die Börsenprospekthaftung nach Umsetzung der EG-Richtlinien in innerstaatliches Recht, 127; *Bosch* in: Hellner/Steuer Stand 12/97 Rn 10/145; *Groß* AG 1999, 199, 201.

119 *Groß* AG 1999, 199, 201; a.A. *Sittmann* NZG 1998, 490, 493.

120 *De Meo* Bankenkonsortien, 151 f.

nenverhältnis häufig die Haftung der Konsortialführerin gegenüber den übrigen Konsorten eingeschränkt.[121] Diese Haftungsregelungen im Innenverhältnis haben jedoch keinen Einfluß auf die Börsenprospekthaftungsansprüche der Anleger. Die Bildung von Emissionskonsortien bedeutet damit eine erhebliche Haftungserweiterung und ein Mehr an Sicherheit für den Anleger.[122]

d) Haftung der Wirtschaftsprüfer

Der Wirtschaftsprüfer nimmt neben dem Emittenten und der Emissionsbank im Prospekt eine herausragende Stellung ein. Schließlich ist ein zentraler Inhalt des Prospekts der von ihm testierte Jahresabschluß (§ 30 Abs. 1 BörsZulV). Ob und in welchem Umfang der Wirtschaftsprüfer den Kapitalanlegern für fehlerhafte Testate, die Bestandteil eines Prospektes sind, haftet, ist eine vieldiskutierte Frage, die noch nicht abschließend geklärt ist.

aa) Einbeziehung in die Prospekthaftung

Es wird die Ansicht vertreten, der Wirtschaftsprüfer sei in die Börsenprospekthaftung mit einzubeziehen.[123] Begründet wird dies damit, daß der vom Abschlußprüfer testierte Jahresabschluß einen ganz wesentlichen Teil des Prospektes ausmache und daß gerade die Bestätigungsvermerke nach § 30 Abs. 1 Satz 2 BörsZulV in ihrer durch das KonTraG[124] erweiterten Form beim Anlegerpublikum ein Vertrauen in die Richtigkeit der Darstellung der Vermögens-, Finanz- und Ertragslage des Unternehmens erzeuge. Zudem sei eine Prospektverantwortlichkeit der Wirtschaftsprüfer in anderen Rechtsordnungen – etwa den USA – unbestritten.[125] Die Prospektverantwortlichkeit setze nicht voraus, daß Verantwortung für den gesamten Prospekt übernommen werde. Eine europarechtskonforme Auslegung des § 14 BörsZulV ergebe, daß die Verantwortung auf bestimmte Abschnitte des Prospekts beschränkt werden könne. Die Nummern 1.1. und 1.2. der Kapitel 1 der Schemata A und B des Anhangs zur Börsenzulassungsrichtlinie[126] ließen eine Beschränkung auf bestimmte Abschnitte des

121 *Bosch* in: Hellner/Steuer Stand 12/97 Rn 10/149.

122 *Kunz* Die Börsenprospekthaftung nach Umsetzung der EG-Richtlinien in innerstaatliches Recht, 128.

123 *Groß* AG 1999, 199, 201.

124 Gesetz zur Kontrolle und Transparenz im Unternehmensbereich vom 27.4.1998, BGBl. I S. 786.

125 *Groß* AG 1999, 199, 201.

126 Richtlinie vom 17.3.1980 zur Koordinierung der Bedingungen für die Erstellung, die Kontrolle und die Verbreitung des Prospektes, der für die Zulassung von Wertpapieren zur amtlichen Notierung an einer Wertpapierbörse zu veröffentlichen ist, RL 80/390/EWG, ABl. EG Nr. L 100 vom 17.3.1980 S. 1.

Prospektes zu. Der Begriff desjenigen, der für den Prospekt Verantwortung übernommen hat, sollte auch auf denjenigen ausgedehnt werden, von dem nur Teile des Prospektes stammen. Die Verantwortlichkeit müsse sich dann aber auch auf diese Teile beschränken.[127]

Demgegenüber steht die überwiegende Meinung auf dem Standpunkt, der Gesetzgeber habe den Wirtschaftsprüfer nicht der Prospekthaftung unterworfen, da dieser nicht für die Richtigkeit des gesamten Prospektes, sondern nur für den Jahresabschluß verantwortlich sei.[128]

Der überwiegenden Meinung ist zuzustimmen. Die Konzeption der Börsenprospekthaftung als gesamtschuldnerische Haftung der Prospektverantwortlichen für den gesamten Prospekt schließt es aus, die Haftung in verschiedene Teilbereiche aufzuspalten. Eine Haftung des Wirtschaftsprüfers aus §§ 45 ff BörsG kommt daher nur in Betracht, wenn er Verantwortung für den gesamten Prospekt übernommen hat oder wenn dieser von ihm ausgeht. Beides ist je nach Lage des Einzelfalles zu prüfen. Eine generelle Einbeziehung des Wirtschaftsprüfers in die Prospekthaftung wegen des Testats des Jahresabschlusses scheidet jedenfalls aus. Auch eine richtlinenkonforme Auslegung zwingt nicht dazu, Wirtschaftsprüfer einer beschränkten Börsenprospekthaftung zu unterwerfen. Selbst wenn die Richtlinie eine auf einzelne Teile des Prospektes beschränkte Haftung zuließe, heißt das nicht, daß der nationale Gesetzgeber eine solche Teilhaftung vorsehen muß. Der deutsche Gesetzgeber hat sich im Interesse des Anlegerschutzes für eine umfassende Prospekthaftung der Prospektverantwortlichen entschieden, die eine partielle Haftung ausschließt.

bb) Haftung aufgrund anderer Rechtsvorschriften

Eine andere Frage ist, ob der Wirtschaftsprüfer aufgrund anderer Rechtsvorschriften den Anlegern haftet. Dagegen könnte sprechen, daß Ansprüche aus fehlerhafter Tätigkeit des Wirtschaftsprüfers allein der Kapitalgesellschaft zustehen (§ 323 Abs. 1 HGB). Eine Vertrauens- oder Berufshaftung gegenüber den auf das Testat vertrauenden Dritten wird durch § 323 HGB als lex specialis innerhalb seines Anwendungsbereichs grundsätzlich ausgeschlossen.[129]

---

127 *Bosch* ZHR 163 (1999) 274, 281 f.

128 *Kunz* Die Börsenprospekthaftung nach Umsetzung der EG-Richtlinien in innerstaatliches Recht, 129; *Köndgen* AG 1983, 120, 125; *Sittmann* NZG 1998, 490, 493.

129 BGH, Urt. v. 2.4.1998 – III ZR 245/98, BGHZ 138, 257, 260; LG Hamburg, Urt. v. 22.6.1998 – 402 O 70/97, WM 1999, 139, 141; Baumbach/*Hopt* Handelsgesetzbuch 30. Aufl. § 323 Rn 8; *Bosch* ZHR 163 (1999) 274, 281.

(1) Vertrag mit Schutzwirkung zugunsten Dritter
Allerdings kommt ein Anspruch des Anlegers unter dem Gesichtspunkt des Vertrages mit Schutzwirkung zugunsten Dritter in Betracht, wenn sich für den Wirtschaftsprüfer nur hinreichend deutlich ergibt, daß von ihm anläßlich einer Pflichtprüfung eine besondere Leistung begehrt wird, von der gegenüber einem Dritten Gebrauch gemacht werden soll.[130] Wegen der in § 323 HGB zum Ausdruck kommenden gesetzgeberischen Intention, das Haftungsrisiko des Abschlußprüfers angemessen zu begrenzen, ist aber erforderlich, daß die Vertragspartner des Prüfvertrages bei Auftragserteilung, gegebenenfalls auch zu einem späteren Zeitpunkt, übereinstimmend davon ausgehen, daß die Prüfung auch im Interesse eines bestimmten Dritten durchgeführt wird, dem das Ergebnis als Entscheidungsgrundlage dienen soll.[131]

(2) Bürgerlich-rechtliche Prospekthaftung
Im Rahmen der bürgerlich-rechtlichen Prospekthaftung haften Personen, die mit eigenen Erklärungen – Expertisen, Gutachten, Testaten oder bloßen Wissensbekundungen – im Prospekt aufgeführt sind, wenn sie kraft Amtes oder Berufes oder mit Rücksicht auf eine besondere Sachkunde oder eine allgemein anerkannte oder herausgehobene berufliche oder wirtschaftliche Stellung eine Garantenstellung einnehmen. Diese Personen haften jedoch nur für die Richtigkeit der Prospektangaben soweit sie sich auf sie beziehen und ihnen demgemäß zugerechnet werden können.[132] Zu diesem Personenkreis der Berufsgaranten gehören auch die Wirtschaftsprüfer, deren Prüfvermerk im Prospekt abgedruckt ist.[133] Zu den Einzelheiten dieser Haftung und ihrer dogmatischen Begründung wird auf die Ausführungen zur bürgerlich-rechtlichen Prospekthaftung verwiesen.

Fraglich ist, ob diese bürgerlich-rechtliche Prospekthaftung der Wirtschaftsprüfer durch Angaben in einem Börsenprospekt begründet werden kann. Dem könnte entgegenstehen, daß die spezialgesetzlich geregelte Börsenprospekthaftung die Prospektverantwortlichen abschließend festlegt. Da die Berufsgaranten nach oben Gesagtem grundsätzlich nicht der Börsenprospekthaftung unterfallen, kann auch die Spezialität der Börsenprospekthaftung einer allgemeinen zivilrechtlichen Prospekthaftung der Wirtschaftsprüfer nicht entgegenstehen. Es ist zudem kein Grund ersichtlich, einen Wirtschaftsprüfer, der ein falsches Testat für einen Börsenpro-

---

130 BGH, Urt. v. 2.4.1998 – III ZR 245/98, BGHZ 138, 257, 261.

131 BGH, Urt. v. 2.4.1998 – III ZR 245/98, BGHZ 138, 257, 262; *Kropff* in: Geßler/Hefermehl/Eckardt/Kropff § 168 Rn 32.

132 *Assmann* Prospekthaftung, 350.

133 *Assmann* Prospekthaftung, 350 f.

spekt erteilt, besser zu stellen als einen, der ein falsches Testat für ein Bauherrenmodell abgibt. Da es sich hier um eine Haftung aus der Verletzung von Berufspflichten handelt, kommen die Argumente, die für die Haftungsprivilegierung der Börsenprospektverantwortlichen herangezogen werden, bei den Wirtschaftsprüfern auch nicht zum tragen. Ihre Haftung fußt nicht auf den speziellen Risiken und den besonderen Umständen des Emissionsgeschäfts. Es ist daher festzuhalten, daß ein Wirtschaftsprüfer für ein falsches Testat in einem Börsenzulassungsprospekt nach den für Berufsgaranten entwickelten Regeln der bürgerlich-rechtlichen Prospekthaftung haftet.

(3) Deliktische Ansprüche

Ansprüche des Anlegers können sich bei vorsätzlicher falscher Testierung sowohl aus § 826 BGB als auch aus § 823 Abs. 2 BGB in Verbindung mit § 332 HGB ergeben. Da § 332 HGB auch den Schutz des Anlegers bezweckt, ist er – im Gegensatz zu § 323 HGB[134] – Schutzgesetz im Sinne von § 823 Abs. 2 BGB.[135] Es unterliegt keinem Zweifel, daß deliktische Ansprüche nicht durch die Börsenprospekthaftung der Prospektverantwortlichen ausgeschlossen sind. Wenn nach § 48 Abs. 2 BörsG n.F. schon die Prospektverantwortlichen neben der Prospekthaftung – zumindest bei vorsätzlicher Begehungsweise – der Deliktshaftung ausgesetzt sind, muß das erst Recht für die Wirtschaftsprüfer gelten, für die die Beschränkungen der börsenrechtlichen Haftung ohnehin nicht gelten.

e) Haftung der Prospektveranlasser

Nach § 45 Abs. 1 Satz 1 Nr. 2 BörsG n.F. haften auch diejenigen, von denen der Erlaß des Prospektes ausgeht (Prospektveranlasser), das entspricht der Rechtslage zu § 45 BörsG a.F. Hierunter fallen diejenigen, die nicht nach § 45 Abs. 1 Satz 1 Nr. 1 BörsG n.F. Verantwortung für die Richtigkeit des Prospektes übernommen haben, aber Einfluß auf ihn genommen haben. Bei dieser Vorschrift handelt es sich um einen Auffangtatbestand, um im Hintergrund agierende Urheber, die hinter dem Prospekt stehen, in die Haftung mit einzubeziehen.[136] Voraussetzung für die Veranlasserhaftung ist, daß der Inanspruchgenommene hinter dem Emittenten steht und neben der Geschäftsleitung besonderen Einfluß ausübt.[137]

---

134 LG Hamburg, Urt. v. 22.6.1998 – 402 O 70/97, WM 1999, 139, 143.

135 Baumbach/*Hopt* Handelsgesetzbuch 30. Aufl. § 323 Rn 8, § 332 Rn 1.

136 *Kort* AG 1999, 9, 10.

137 *Hamann* in: Schäfer, WpHG, BörsG, VerkProspG §§ 45, 46 BörsG a.F. Rn 42; *Assmann* in: Assmann/Schütze § 7 Rn 204; *Kunz* Die Börsenprospekthaftung nach Umsetzung der EG-Richtlinien in innerstaatliches Recht, 133.

Durch diese Regelung soll eine Lücke bei den Haftungsverpflichteten geschlossen werden, die dann entsteht, wenn ein solventer spiritus rector einen illiquiden „Erlasser" vorschickt.[138] Das können die Konzernmuttergesellschaft, der seine Beteiligung veräußernde Großaktionär oder die die Prospektherstellung maßgeblich steuernden Beirats- oder Aufsichtsratsmitglieder sein.[139] Eine konsortialführende Bank ist jedoch immer Prospekterlasser, nicht Prospektveranlasser.[140] Dagegen kann eine im Hintergrund agierende Bank Prospektveranlasser sein. Denkbar ist etwa, daß eine Gläubigerbank zur Sicherung ihrer Forderungen zwecks Kapitalzufuhr eine Emission initiiert und fördert, ohne selbst nach außen als Emissionsbegleiter und Konsortialmitglied aufzutreten.

3. Haftungstatbestände

Entsprechend der Konzeption der Prospekthaftung müssen die Prospektverantwortlichen für die Fehlerhaftigkeit des Prospektes einstehen. Diese kann darin begründet sein, daß einzelne Angaben falsch sind oder daß notwendige Angaben fehlen. Hierbei kommt insbesondere die Unrichtigkeit oder das Fehlen von Pflichtangaben in Betracht. Sinnvollerweise kann aber die Unrichtigkeit oder das Fehlen von Marginalien nicht die volle Wucht der Prospekthaftung nach sich ziehen. Es müssen daher einigermaßen gewichtige Fehler des Prospektes gegeben sein.

a) Unrichtigkeit der Prospektangaben

Haftungsbegründender Tatbestand ist sowohl nach der alten als auch nach der neuen Fassung des § 45 BörsG die Unrichtigkeit der Prospektangaben. Unrichtig sind die Angaben, die nicht der Wahrheit entsprechen. Zu § 45 BörsG a.F. wurde teilweise die Meinung vertreten, mit Angaben seien nur Tatsachen gemeint, die eines Beweises zugänglich seien, nicht jedoch Werturteile.[141] Werturteile und Prognosen würden sich im haf-

---

[138] *Nußbaum* Börsengesetz § 46 II (S. 191, 193); *Kunz* Die Börsenprospekthaftung nach Umsetzung der EG-Richtlinien in innerstaatliches Recht, 133 f.

[139] *Schwark* Börsengesetz §§ 45, 46 Rn 7; *Nußbaum* Börsengesetz § 46 II b (S. 193); *Kunz* Die Börsenprospekthaftung nach Umsetzung der EG-Richtlinien in innerstaatliches Recht, 134; *Brondics/Mark* AG 1989, 389, 342; *Groß* AG 1999, 199, 201.

[140] OLG Frankfurt, Urt. v. 1.2.1994 – 5 U 213/92, ZIP 1994, 282, 287 (Bond); fälschlich anders ohne Begründung LG Frankfurt, Urt. v. 6.10.1992 – 3/11 O 173/91, ZIP 1993, 184, 186 (Bond).

[141] LG Düsseldorf, Urt. v. 24.10.1980 – 1 O 148/80, WM 1981, 102, 103 (BuM); *Koester* Kreditwesen 1983, 699, 700; *Meyer/Bremer* Börsengesetz § 45 Anm. 3.

tungsfreien Meinungsbereich bewegen. Demgegenüber hat der Bundesgerichtshof in seinem grundlegenden Urteil zur Beton- und Monierbau AG (BuM) vom 12. Juli 1982 betreffend die Anforderungen an den Inhalt eines Emissionsprospektes eine Haftung auch für Werturteile und Prognosen statuiert.[142] Der Bundesgerichtshof hat festgestellt, daß die im Prospekt wiedergegebene Abschlußbilanz zwar alle bilanztechnischen Spielräume ausgenutzt hatte, sich aber noch im rechtlich erlaubten Bereich bewegte. So waren etwa stille und offene Rücklagen weitgehend verbraucht, künftige und nicht endgültig verdiente Gewinne waren durch vorgezogene Aktivierungen teilweise schon vorweggenommen. Diese bilanztechnisch zulässige aber tatsächlich „geschönte" Bilanz nahm die BuM zum Anlaß, eine positive Zukunftsprognose aufzustellen. Diese Prognose war fehlerhaft. Wenn ein Jahresabschluß unter Ausnutzung bilanztechnischer Spielräume erstellt und dadurch ein zu positives Gesamtbild erzeugt wird, ist im Prospekt auf die damit verbundenen Risiken hinzuweisen. Sofern der Bilanzgewinn aus der Auflösung stiller Reserven oder offener Rücklagen stammt, ist dies im Prospekt offenzulegen.[143] Im Anschluß hieran wird heute allgemein die Ansicht vertreten, daß auch für die Richtigkeit wertender Angaben über die wirtschaftliche Lage eines Unternehmens oder seine voraussichtliche künftige Entwicklung gehaftet wird.[144] Das ist auch sachgerecht, da für den Anleger gerade wertende Aussagen, die sich auf die gegenwärtige und künftige Lage des Emittenten beziehen, von großer Bedeutung sind.

Neben der Richtigkeit aller Pflichtangaben muß der Prospekt insbesondere ein zutreffendes Gesamtbild über die wirtschaftliche Lage des emittierenden Unternehmens geben.[145] Stellt ein Emissionsprospekt in Verbindung mit einer Bilanz und deren Auswertung die Aussichten eines Unternehmens günstig dar, so kann sich der Anleger darauf verlassen, daß es sich um keine bloßen Mutmaßungen handelt, sondern um Schlußfolgerungen aus nachgeprüften Tatsachen oder Wertfeststellungen, die auf einer sorgfältigen Analyse aller hierfür maßgeblichen Voraussetzungen beruhen. Das Gesetz will das Vertrauen des Publikums schützen, das sich aufgrund des Prospektes oder der durch seine Veröffentlichung erzeugten Anlage-

---

142 BGH, Urt. v. 12.7.1982 – II ZR 175/81, ZIP 1982, 923, 927 f (BuM).

143 *Groß* AG 1999, 199, 203.

144 *Assmann* Prospekthaftung, 319 f; *Kümpel* Bank- und Kapitalmarktrecht 2. Aufl. Rn 9.297; *Schwark* Börsengesetz §§ 45, 46 Rn 13; *Canaris* Bankvertragsrecht 2. Aufl. Rn 2279; *Hamann* in: Schäfer, WpHG, BörsG, VerkProspG §§ 45, 46 BörsG a.F. Rn 73; *Ehricke* DB 1980, 2429 ff.

145 LG Frankfurt, Urt. v. 7.10.1997 – 3/11 O 44/96, ZIP 1998, 641, 642 (MHM Mode); *v. Westphalen* BB 1994, 85, 86 f.

stimmung dazu entschließt, die eingeführten Papiere zu erwerben. Hierfür sind aber gerade auch solche Angaben von Bedeutung, die sich allgemein auf die gegenwärtige und künftige Lage des Unternehmens und damit auf Umstände beziehen, die den inneren Wert einer Beteiligung wesentlich mitbestimmen. Da an solche Hinweise nicht zuletzt Gewinnerwartungen geknüpft werden, pflegt sich ein Anleger bei seiner Entscheidung auch oder sogar in erster Linie von ihnen leiten zu lassen.[146]

Nach alter Rechtslage war weitere Haftungsvoraussetzung im Fall der Unrichtigkeit, daß die fehlerhaften Angaben für die Beurteilung des Wertes erheblich waren. In der Neufassung ist diese Erheblichkeit durch das Erfordernis der Wesentlichkeit ersetzt. Damit ist ein sprachlicher Gleichklang zur Haftung wegen unvollständiger Angaben hergestellt worden, für die schon bisher entscheidend war, daß für die Beurteilung der Wertpapiere die Unvollständigkeit wesentlich ist. Eine sachliche Änderung der Rechtslage hat sich hierdurch nicht ergeben. Bereits zur alten Rechtslage war unstreitig, daß die sprachliche Unterscheidung nicht sinnvoll war, weil in beiden Fällen dasgleiche gemeint war.[147] Wesentliche Angaben sind nach einer Formulierung *Assmanns*[148] solche, die ein durchschnittlicher, verständiger Anleger „eher als nicht" bei seiner Anlageentscheidung berücksichtigen würde. Die Unterscheidung zwischen einer wesentlichen und einer unwesentlichen Angabe läßt sich regelmäßig nur am konkreten Fall treffen. Jedenfalls sind neben den in der BörsZulV genannten Angaben alle Informationen anzugeben, die objektiv zu den wertbildenden Faktoren einer Anlage gehören und die für eine sachliche und fundierte Anlageentscheidung notwendig sind.[149] Dazu gehören z. B. nicht die Angaben über Zahl- und Hinterlegungsstellen.[150]

Abzustellen für die Frage der Unrichtigkeit von Prospektangaben ist auf den Empfängerhorizont. Dabei ist streitig, welche Anforderungen an die Kenntnisse und das Verständnis des Prospektadressaten zu stellen sind.[151]

---

146 BGH, Urt. v. 12.7.1982 – II ZR 175/81, ZIP 1982, 923, 928 (BuM).

147 *Hamann* in: Schäfer, WpHG, BörsG, VerkProspG §§ 45, 46 BörsG n.F. Rn 31.

148 *Assmann* Prospekthaftung, 319.

149 *Hamann* in: Schäfer, WpHG, BörsG, VerkProspG §§ 45, 46 BörsG n.F. Rn 31; *Assmann* in Assmann/Schütze § 7 Rn 66; *Sittmann* NZG 1998, 490, 491.

150 Regierungsbegründung zum Dritten Finanzmarktförderungsgesetz, BT-Drucks. 13/8933 S. 54, 76.

151 Zum Meinungsstand *Schwark* Börsengesetz §§ 45,46 Rn 12 Fn. 40; *Assmann* in Assmann/Schütze § 7 Rn 64 Fn. 138, 139.

Die „anlegerfreundliche" Meinung stellt auf den unkundigen Kleinaktionär ab.[152] Die „emissionsfreundliche" Meinung stellt auf den kundigen Leser ab, der sich – soweit erforderlich – durch Sachkundige beraten läßt.[153] Der Bundesgerichtshof vertritt eine vermittelnde Meinung. Er stellt auf das Verständnis eines durchschnittlichen Anlegers ab, der zwar eine Bilanz zu lesen versteht, aber nicht unbedingt mit der in eingeweihten Kreisen gebräuchlichen Schlüsselsprache vertraut zu sein braucht.[154]

Der vermittelnden Linie des Bundesgerichtshofs ist zuzustimmen. Angesichts dessen, daß sich gerade in letzter Zeit Emittenten gezielt auf das unkundige, börsenunerfahrene Publikum ausrichten, kann als Maßstab nicht der in solchen Geschäften erfahrene und mit der Materie vertraute Anleger gewählt werden. Den unkundigen Kleinaktionär als Maßstab zu wählen, steht wiederum die Gesetzessystematik entgegen. Wenn in § 21 Abs. 1 Nr. 1 BörsZulV zur Verdeutlichung der Vermögens-, Finanz- und Ertragslage des Unternehmens in erster Linie die Bilanz zu veröffentlichen ist, zeigt das, daß das Gesetz davon ausgeht, daß der Adressat des Prospektes auch in der Lage ist, die erforderlichen Informationen einer Bilanz zu entnehmen. Das heißt andererseits nicht, daß ein Prospektersteller sich für Unklarheiten in seinem Prospekt mit dem Hinweis exkulpieren kann, diese hätten doch mit einem Blick in die Bilanz beseitigt werden können.[155] Auch wenn der nicht fachkundige Anleger durch einen Prospekt nicht jenes Maß an Markttransparenz erlangen kann, das für eine optimale Anlageentscheidung notwendig wäre, so ist es doch Aufgabe des Prospektes, die Risiken der angebotenen Anlageentscheidung so deutlich zu machen, daß der Anleger sich keines professionellen Beistands bedienen muß.

Soweit die Prospektverantwortlichen Angaben machen, deren Aufnahme in den Prospekt nicht verpflichtend ist, sondern freiwillig erfolgt, müssen diese richtig sein. Diese Angaben unterliegen ebenfalls der Börsenprospekthaftung.[156] Grundsätzlich bestehen auch keine Bedenken gegen die Aufnahme von werbenden Angaben in den Prospekt, wenn sie wahr-

---

[152] *Canaris* Bankvertragsrecht 2. Aufl. Rn 2279; *Ehricke* DB 1980, 2429, 2432; *Brondics/Mark* AG 1989, 339, 341 f.

[153] LG Düsseldorf, Urt. v. 24.10.1980 – 1 O 148/80, WM 1981, 102, 106 (BuM).

[154] BGH, Urt. v. 12.7.1982 – II ZR 175/81, ZIP 1982, 923, 924 (BuM); auch OLG Düsseldorf, Urt. v. 5.4.1984 – 6 U 239/82, ZIP 1984, 549, 552 ff (BuM); OLG Frankfurt, Urt. v. 1.2.1994 – 5 U 213/92, ZIP 1994, 282, 286 (Bond); LG Frankfurt, Urt. v. 7.10.1997 – 3/11 O 44/96, ZIP 1998, 641, 643 (MHM Mode).

[155] *Assmann* Prospekthaftung, 318.

[156] *Krämer/Baudisch* WM 1998, 1161, 1173.

heitsgemäß sind. Werbliche Übertreibungen in einem Prospekt sind dann unzulässig, wenn sie den Gesamteindruck des Emittenten oder der Emission verzerren.[157]

b) Unvollständigkeit des Prospektes

Nach der alten Fassung des § 45 BörsG wurde ferner gehaftet, wenn der Prospekt infolge des Weglassens von Tatsachen unvollständig war. Die Neufassung erstreckt die Haftung auch auf die Unvollständigkeit infolge des Fehlens von Angaben. Das ist eine Erweiterung der Haftung, da zu den Angaben im Sinne von § 45 BörsG nicht nur Tatsachen gehören, sondern auch Werturteile oder Prognosen. Die Unvollständigkeit stellt einen Unterfall der Unrichtigkeit dar.[158] Unvollständig ist ein Prospekt nur, wenn Angaben fehlen, die für den Anlageentschluß eines durchschnittlichen Investors ausschlaggebend sind. Dazu gehören insbesondere auch diejenigen Tatsachen, die den Vertragszweck vereiteln können sowie Umstände, von denen zwar noch nicht sicher ist, aber mit einiger Wahrscheinlichkeit gesagt werden kann, daß sie den vom Anleger verfolgten Zweck gefährden werden. Der Sinn des Gesetzes, das Vertrauen des Publikums zu schützen, das sich aufgrund des Prospektes dazu entschließt, das angebotene Wertpapier zu erwerben, erfordert gerade die Veröffentlichung solcher Angaben, die allgemein Einfluß auf die gegenwärtige und künftige Lage des Unternehmens haben und damit dessen inneren Wert mitbestimmen.[159]

Beispielhaft sei auf den Elsflether-Werft-Fall[160] verwiesen, bei dem es um die Erhebung einer Anfechtungsklage ging. Allein die Tatsache, daß auf der Hauptversammlung von einem Aktionär eine Anfechtungsklage angekündigt wird, gehört nicht in den Prospekt. Hierbei handelt es sich zunächst nur um eine Absichtserklärung eines Aktionärs, die noch keinen Einfluß auf den Wert der Aktien hat. Was ungewiß in der Zukunft liegt, muß nicht mitgeteilt werden.[161] Die Erhebung von Widersprüchen gegen Hauptversammlungsbeschlüsse und die Androhung von Anfechtungskla-

---

[157] *Assmann* Prospekthaftung, 321.

[158] *Groß* AG 1999, 199, 202.

[159] BGH, Urt. v. 26.9.1991 – VII ZR 376/89, WM 1991, 2092, 2094 = ZIP 1992, 552, 554, insofern nicht in BGHZ 115, 213 ff abgedruckt; BGH, Urt. v. 21.10.1991 – II ZR 204/90, BGHZ 116, 7, 12 m.w.N. = ZIP 1991, 1597, 1598; *Assmann* in: Assmann/Schütze § 7 Rn 76; *Kümpel* Bank- und Kapitalmarktrecht 2. Aufl. Rn 9.297.

[160] BGH, Urt. v. 14.7.1998 – XI ZR 173/97, BGHZ 139, 225 ff = ZIP 1998, 1528 ff (Elsflether Werft).

[161] *Kunz* Die Börsenprospekthaftung nach Umsetzung der EG-Richtlinien in innerstaatliches Recht, 93.

gen geben auch keine Hinweise auf die Unternehmensentwicklung, die laufende Geschäftslage und die Geschäftsaussichten des Unternehmens, die für eine Anlageentscheidung relevant sind. Hierbei handelt es sich auch nicht um zukunftsbezogene Informationen, die in den Prospekt aufzunehmen sind.[162] Zu den mitteilungspflichtigen Angaben gehört aber, daß Anfechtungsklage gegen den Kapitalerhöhungsbeschluß erhoben ist und bei erfolgreicher Anfechtungsklage die Aktien wertlos sind. Nach § 246 Abs. 4 AktG hat der Vorstand der Aktiengesellschaft die Erhebung einer Anfechtungsklage unverzüglich in den Geschäftsblättern – also gem. § 25 AktG jedenfalls im Bundesanzeiger – bekanntzumachen. Diese Vorschrift hat Warnfunktion. Die Öffentlichkeit soll davon unterrichtet werden, daß mit fortdauernder Gültigkeit des Hauptversammlungsbeschlusses nicht zuverlässig gerechnet werden kann.[163] Wenn das Gesetz eine Veröffentlichungspflicht in den Gesellschaftsblättern vorschreibt, gehört diese Information auch und gerade in den Börsenprospekt. Allgemein kann man sagen, daß der Prospekt unvollständig ist, wenn die Bedeutung von Rechtsstreitigkeiten für den Emittenten und deren Einfluß auf die Wertpapiere nicht hinreichend deutlich gemacht wird.[164]

Fraglich ist, inwieweit negative Mitteilungen Dritter – z. B. von Ratingagenturen oder der Wirtschaftspresse – im Prospekt wiedergegeben werden müssen. Teilweise wird die Ansicht vertreten, solche negativen Berichte müßten in den Prospekt aufgenommen werden.[165] Dem kann nicht zugestimmt werden. Daß ein Rating vorliegt, ist zwar eine Tatsache.[166] Der Inhalt solcher Mitteilungen ist aber nicht zwingend eine Tatsache, sondern oft subjektive Einschätzung der Ratingagentur. Der Umstand, daß solche Mitteilungen bestehen, kann den Wert der Aktien beeinflussen, trotzdem handelt es sich wegen des subjektiven Elements nicht um eine Tatsache, die auf jeden Fall in den Prospekt aufzunehmen ist.[167] Es darf aber nicht wahrheitswidrig der Eindruck in dem Prospekt erweckt werden, das emittierende Unternehmen verfüge über ein positives Rating oder es lägen durchweg positive Berichte der Wirschaftspresse vor. Wenn

162 a.A. offenbar *Kort* AG 1999, 9, 17.

163 *Hüffer* AktG, 4. Aufl. § 246 Rn 40.

164 *Kunz* Die Börsenprospekthaftung nach Umsetzung der EG-Richtlinien in innerstaatliches Recht, 95f; *Schwark* ZGR 1983, 162, 178.

165 dafür LG Frankfurt, Urt. v. 6.10.1992 – 3/11 O 173/91, ZIP 1993, 184, 186 (Bond), *Köndgen* WuB I G 9. – 1.93.

166 *Schwark* EWiR 1993, 143, 144; *Köndgen* WuB I G 9.–1.93; *Altmeppen* DB 1993, 84, 85.

167 *Assmann* in: Assmann/Schütze § 7 Rn 85; *Groß* AG 1999, 199, 203; *Altmeppen* DB 1993, 84, 85; wohl auch *Schwark* EWiR 1993, 143, 144.

der Prospekt auf solche Dinge eingeht, müssen der Vollständigkeit und Richtigkeit wegen alle – auch die negativen – Bewertungen mitgeteilt werden.

c) Prospektgestaltungsmängel

Ein Prospekt ist auch dann unrichtig, wenn sich im redaktionellen und drucktechnischen Verfahren sinnentstellende Auslassungen, Ergänzungen oder Schreib- und Druckfehler einschleichen. Diese führen zur Prospekthaftung, da die Prospektverantwortlichen auch hinsichtlich solcher Fehler eine Kontroll- und Korrekturpflicht haben.[168]

Abgesehen von solchen sinnentstellenden Fehlern gilt zunächst als Grundsatz: Soweit das Börsengesetz und die Börsenordnungen keine Vorgaben über die äußere Gestaltung eines Prospektes machen, ist ein Prospekt nicht allein deswegen unrichtig, weil er formale oder stilistische Gestaltungsmängel aufweist.[169] Teilweise wird die Ansicht vertreten, Gestaltungsmängel könnten überhaupt nicht zur Unrichtigkeit des Prospektes führen. Weil der Anleger zur sorgfältigen und eingehenden Lektüre verpflichtet sei, müsse er auch erkennen, wenn einzelne Angaben an anderer Stelle des Prospektes relativiert würden.[170]

Dem ist nicht zuzustimmen. Auch wenn ein Prospekt alle erforderlichen Angaben enthält, kann er durch eine unübersichtliche Gestaltung einen unrichtigen Gesamteindruck hinterlassen.[171] Von einem durchschnittlichen Anleger kann nicht erwartet werden, daß er selbständig die Beziehung zwischen verstreut im Prospekt verteilten Angaben herstellt. In diesem Sinne läßt sich durchaus vom Prospektierungsgrundsatz der Prospektklarheit und -übersichtlichkeit sprechen.[172] Die Klarheit der Informationsvermittlung wird durch drei Attribute bestimmt, nämlich die Übersichtlichkeit, die Prägnanz und die Verständlichkeit der Information. Die Übersichtlichkeit impliziert, daß die Gesamtheit der Prospektangaben dem Kapitalanleger einen nachvollziehbaren Überblick bietet. Die Angaben sind als prägnant zu bezeichnen, wenn sie eindeutig sind und dem Kapitalanleger einen Rückschluß auf die Realität ermöglichen. Die Verständlichkeit der Angaben richtet sich nach den Kenntnissen eines durch-

---

168 *Assmann* Prospekthaftung, 326 f.

169 *Assmann* in: Assmann/Schütze § 7 Rn 92; *Groß* AG 1999, 199, 204.

170 *Groß* AG 1999, 199, 204.

171 LG Frankfurt, Urt. v. 7.10.1997 – 3/11 O 44/96, ZIP 1998, 641, 643 f (MHM Mode); OLG Frankfurt, Urt. v. 17.3.1999 – 21 U 260/97, ZIP 1999, 1005, 1006 (MHM Mode); *Krämer/Baudisch* WM 1998, 1161, 1173.

172 *Assmann* in: Assmann/Schütze § 7 Rn 92; *Paskert* Informations- und Prüfungspflichten bei Wertpapieremissionen, 100.

schnittlichen Anlegers.[173] Es kann für die Prospektgestaltung kein geringerer Maßstab gelten als für die Aufklärungspflicht gewerblicher Vermittler von Börsentermingeschäften. Für diese hat der Bundesgerichtshof ausgesprochen, daß die Darstellung zutreffend, vollständig und gedanklich geordnet sein muß; wichtige Informationen dürfen drucktechnisch oder durch ihre Plazierung nicht in den Hintergrund treten.[174] Auch der Prospekthersteller muß daher für den Durchschnittsanleger das nackte Tatsachenmaterial so aufbereiten und kommentieren, daß diese Informationen einem Anlageinteressenten einen zutreffenden Gesamteindruck verschaffen.[175]

4. Kausalität

a) Haftungsbegründende Kausalität

Die haftungsbegründende Kausalität erfordert, daß die Wertpapiere aufgrund des Prospektes gekauft worden sein müssen. Die Kausalität eines fehlerhaften Prospektes ist ausgeschlossen, wenn Wertpapiere vor Veröffentlichung eines Zulassungsprospektes erworben wurden. Wer aufgrund von Pressemitteilungen vor Veröffentlichung eines Prospektes bereits Kauforder erteilt, hat keinen Anspruch aus der Börsenprospekthaftung.[176] Wenn bereits vor Prospektveröffentlichung die Stimmung für den Erwerb der Anlage günstig ist, muß dies andere Ursachen haben als den zu diesem Zeitpunkt noch nicht veröffentlichten Prospekt.

Teilweise wird die Meinung vertreten, daß eine Prospekthaftung auch auf fehlerhafte Vorabinformationen erstreckt werden müßte.[177] Wenn der Fehler der Vorabinformation sich im Prospekt wiederfinde, sei § 45 BörsG analog anzuwenden.[178] Sei nur die Vorabinformation unrichtig, nicht aber der Prospekt, scheide eine analoge Anwendung des § 45 BörsG aus. In diesem Fall sei die bürgerlich-rechtliche Prospekthaftung anwendbar. Da die Börsenprospekthaftung nur in ihrem Anwendungsbereich der zivilrechtlichen Prospekthaftung vorgehe, sei deren Anwendung auf Bezugsan-

---

173 *Paskert* Informations- und Prüfungspflichten bei Wertpapieremissionen, 41.

174 BGH, Urt. v. 6.6.1991 – III ZR 116/90, WM 1991, 1410, 1411 f.; BGH, Urt. v. 17.3.1992 – XI ZR 204/91, WM 1992, 770, 771 f.

175 *Assmann* Prospekthaftung, 320 f; *Lehmann* WM 1985, 181, 183; *Brondics/Mark* AG 1989, 339, 342.

176 OLG Frankfurt, Urt. v. 14.5.1997 – 21 U 117/96, ZIP 1997, 1105, 1106 (Bond); *Nassall* EWiR 1997, 783 f.; *Sittmann* NZG 1998, 490, 492; *Groß* AG 1999, 199, 205.

177 *Brondics/Mark* AG 1989, 339, 344; auch *Meyer-Cording* BB 1984, 2092, 2093.

178 *Brondics/Mark* AG 1989, 339, 345.

gebote, Zwischenberichte und ähnliche Publikationen zulässig. Allerdings dürfe diese Haftung nicht weiter gehen als die nach dem Börsengesetz.[179]

Diese Meinung ist abzulehnen, da eine analoge Anwendung der Börsenprospekthaftung auf Vorveröffentlichungen nach dem eindeutigen Wortlaut des Gesetzes ausgeschlossen ist. Ob für fehlerhafte Vorabinformationen nach anderen Rechtsvorschriften gehaftet wird, ist im Einzelfall zu prüfen. Da Wertpapiere erst nach ihrer Zulassung, die eine Prospektveröffentlichung erfordert, endgültig erworben werden können, ist eine Börsenprospekthaftung bei Veröffentlichung eines zutreffenden Prospektes jedenfalls nach § 46 Abs. 2 Nr. 4 BörsG n.F. ausgeschlossen. Der Anleger kann seine Kauforder bis zur endgültigen Zuteilung frei widerrufen. Tut er das trotz der Veröffentlichung eines zutreffenden Prospektes nicht, kann er sich nicht darauf berufen, er habe den Kauf aufgrund einer fehlerhaften Vorabinformation getätigt.

aa) Anlagestimmung nach alter Rechtslage

Nach §§ 45, 46 BörsG a.F. war der Anleger nach allgemeinen Grundsätzen dafür darlegungs- und beweispflichtig, daß er die Papiere aufgrund des Prospektes erworben hatte. Wegen der damit verbundenen Schwierigkeiten billigte ihm die Rechtsprechung Beweiserleichterungen zu. Der ursächliche Zusammenhang zwischen Prospektangaben und der dadurch erzeugten Anlagestimmung einerseits sowie dem Erwerb der Wertpapiere andererseits wurde vermutet, soweit die Aktien nach Prospektveröffentlichung erworben worden waren. Dabei war es unerheblich, ob der Aktienkäufer den Inhalt des Prospektes kannte. Ausschlaggebend war, daß der Prospekt die Einschätzung eines Wertpapiers in Fachkreisen mitbestimmt und damit eine Anlagestimmung erzeugt hatte. Diese Stimmung konnte der Erwerber für sich in Anspruch nehmen.[180] Die Dauer der von einem Prospekt ausgehenden Anlagestimmung wurde nicht allgemeingültig festgelegt. Der Bundesgerichtshof hat angenommen, daß sie in aller Regel ein Jahr nicht überstieg.[181] Die Stimmung als Grundlage der Kausalitätsver-

---

179 *Brondics/Mark* AG 1989, 339, 346.

180 BGH, Urt. v. 14.7.1998 – XI ZR 173/97, BGHZ 139, 225, 233 = ZIP 1998, 1528, 1531 (Elsflether Werft); OLG Düsseldorf, Urt. v. 5.4.1984 – 6 U 239/82, WM 1984, 586, 591 = ZIP 1984, 549, 552 (BuM); OLG Frankfurt, Urt. v. 1.2.1994 – 5 U 213/92, ZIP 1994, 282, 287 (Bond), mit zust. Anm. *Kunz* BB 1994, 738, 740; *Kümpel* Bank- und Kapitalmarktrecht, 1995, Rn 11.186; *Assmann* in Assmann/Schütze § 7 Rn 215.; *Grundmann* in: Schimansky/Bunte/Lwowski § 112 Rn 54; a.A. nur *Ehricke* DB 1980, 2429, 2430.

181 BGH, Urt. v. 14.7.1998 – XI ZR 173/97, BGHZ 139, 225, 234 = ZIP 1998, 1528, 1531 (Elsflether Werft).

mutung endete, wenn im Laufe der Zeit andere Faktoren für die Einschätzung der Wertpapiere bestimmend wurden, etwa eine wesentliche Änderung des Börsenindex[182], der Konjunktureinschätzung oder aber neuere Unternehmensdaten wie etwa ein Jahresabschluß. Wenn gravierende negative Veränderungen der Börsenindizes vorlagen, konnte bereits nach vier Monaten die Anlagestimmung verflogen sein.[183] Dabei kam es nicht entscheidend darauf an, ob der Anleger tatsächlich Kenntnis von dem Kursverfall hatte, sondern allein darauf, daß die Anlagestimmung als Grundlage der Kausalitätsvermutung nicht mehr bestand.[184]

bb) Neuregelung des § 45 Abs. 1 Satz 1 BörsG n.F.

Der Gesetzgeber hat diese tatsächliche Vermutung nunmehr modifiziert ins Gesetz integriert. Nach der neuen Rechtslage ab 1. April 1998 ist erforderlich, daß die Wertpapiere gegen Entgelt innerhalb von sechs Monaten nach ihrer erstmaligen Einführung und nach der Veröffentlichung des Prospektes erworben werden (§ 45 Abs. 1 Satz 1 BörsG n.F.). Die Vermutung der Ursächlichkeit der Anlagestimmung wird nunmehr also auf sechs Monate begrenzt. Danach entfällt die Prospekthaftung völlig. Diese zeitliche Begrenzung bietet Emittenten und Emissionsbegleitern eine überschaubare Zeitspanne, um Planungssicherheit und Risikokalkulation im Hinblick auf mögliche Regreßansprüche zu gewähren. Die Prospektverantwortlichen können die Vermutung gemäß § 46 Abs. 2 Nr. 1 BörsG n.F. widerlegen, indem sie beweisen, daß die Wertpapiere nicht aufgrund des Prospekts erworben wurden.[185] Die Sechsmonatsgrenze ist auch nach neuem Recht keine absolute, sondern lediglich eine Höchstgrenze. In der Gesetzesbegründung heißt es ausdrücklich, daß mit § 46 Abs. 2 Nr. 1 BörsG n.F. die Überlegungen der Rechtsprechung zur Anlagestimmung aufgegriffen werden.[186] Es ist also auch nach neuem Recht nicht ausgeschlossen, daß die Anlagestimmung bereits vor Ablauf von sechs Monaten durch gegenläufige Faktoren zerstört wird.[187] Dabei spielt es keine Rolle, ob der Anleger diese Faktoren positiv kennt, es handelt sich um ein

182 *Nassall* EWiR 1994, 349, 350 will das bereits bei 76,5% des Ausgabekurses annehmen.

183 OLG Frankfurt, Urt. v. 27.3.1996 – 21 U 92/95, ZIP 1996, 1037, 1038 (Bond); *Schwark* WuB I G 8.–3.96.

184 *Staab* EWiR 1996, 697, 698.

185 Das übersieht *Sittmann* NZG 1998, 490, 494.

186 Regierungsbegründung zum Dritten Finanzmarktförderungsgesetz, BT-Drucks. 13/8933 S. 54, 76, 78.

187 *Kort* AG 1999, 9, 13; *Groß* AG 1999, 199, 205; a.A. ohne Begründung offenbar *Koller* EWiR 1998, 835, 836 „praktisch unwiderlegliche Vermutung".

rein objektives Zurechnungskriterium im Rahmen der Prospekthaftung.[188]

Bei der Berechnung der Sechsmonatsfrist ist auf den Zeitpunkt des schuldrechtlichen Erwerbsgeschäfts abzustellen, auf den sachenrechtlichen Vollzug kommt es nicht an.[189] Da die Sechsmonatsfrist mit dem Zeitpunkt der erstmaligen Einführung der Wertpapiere beginnt, führt eine etwaige zusätzliche Einführung von bereits an einer inländischen Börse im amtlichen Handel notierten Wertpapieren an einer anderen inländischen Börse unter Verwendung des ursprünglichen Prospektes nach § 39 Abs. 4 Satz 1 BörsG nicht zur Verlängerung der Frist.[190] Der Emittent kann daher sein Haftungsrisiko verringern, indem er zunächst eine Börseneinführung in geringem Umfang an einer Regionalbörse vornimmt, um dann innerhalb eines halben Jahres eine umfängliche Einführung an einem bedeutenden Handelsplatz zu betreiben.[191]

Die Sechsmonatsfrist bleibt hinter dem Standard zurück, der nach altem Recht durch die Elsflether-Werft-Entscheidung des Bundesgerichtshofs gesetzt worden war.[192] Nach dieser Entscheidung war von einer einjährigen Anlagestimmung auszugehen. Ebenfalls 12 Monate beträgt die vergleichbare Vermutung des Artikel 11 des Securities Act 1933 der Vereinigten Staaten von Amerika. Die Gesetzesbegründung dafür, daß der deutsche Gesetzgeber hinter diesem Standard zurückbleibt, vermag nicht zu überzeugen. Danach soll die kürzere Frist angezeigt sein, weil die amerikanischen Regeln besonders streng seien und beispielsweise eine verschuldensunabhängige Prospekthaftung vorsähen.[193] Diese Begründung ist in sich widersprüchlich. Wenn in den USA trotz einer strengeren Prospekthaftung auch noch eine längere Frist gilt, müßte die Frist bei einer milderen Prospekthaftung in Deutschland eher länger als kürzer sein – zumindest aber erst recht genauso lang sein wie in den USA. Angesichts des trotz dieser strengen Haftung weitaus besser entwickelten Risikokapitalmarktes in den USA vermag auch die Hilfsbegründung nicht zu überzeugen, die Verbesserung der rechtlichen Rahmenbedingungen am Risiko-

---

188 OLG Frankfurt, Urt. v. 27.3.1996 – 21 U 92/95, ZIP 1996, 1037, 1038 (Bond).

189 Regierungsbegründung zum Dritten Finanzmarktförderungsgesetz, BT-Drucks. 13/8933 S. 54, 77; *Sittmann* NZG 1998, 490, 492.

190 Regierungsbegründung zum Dritten Finanzmarktförderungsgesetz, BT-Drucks. 13/8933 S. 54, 77; *Groß* AG 1999, 199, 205.

191 *Sittmann* NZG 1998, 490, 492.

192 BGH, Urt. v. 14.7.1998 – XI ZR 173/97, BGHZ 139, 225, 234 = ZIP 1998, 1528, 1531 (Elsflether Werft).

193 Regierungsbegründung zum Dritten Finanzmarktförderungsgesetz, BT-Drucks. 13/8933 S. 77.

kapitalmarkt in Deutschland erfordere die kürzere Frist. Es erscheint sehr zweifelhaft, ob es sinnvoll ist, hinter internationalen Standards des Anlegerschutzes zurückzubleiben, um so Risikokapital anzulocken. Ein Wettlauf der Märkte beim Abbauen von Anlegerschutz führt letztlich dazu, daß wegen zu erwartender sanktionsloser Manipulationen das Vertrauen der Anleger in den Finanzmarkt insgesamt erschüttert wird. Damit ist niemanden gedient. De lege ferenda sollte daher die Frist auf ein Jahr verlängert werden.

b) Haftungsausfüllende Kausalität

Für die haftungsausfüllende Kausalität zwischen Prospektmangel und Schaden genügte es nach alter Rechtslage, wenn der Mangel ursächlich für den Kaufentschluß des Anlegers war. Als Schaden wurde bereits der Erwerb der Wertpapiere angesehen. Es wurde regelmäßig vermutet, daß der betroffene Anleger bei Kenntnis der Unrichtigkeit oder Unvollständigkeit des Prospektes die Wertpapiere nicht erworben hätte.[194] Diese Vermutung konnte widerlegt werden.[195] Die Prospekthaftung griff auch dann ein, wenn die im Prospekt unrichtig dargestellten Risiken nicht mit denjenigen identisch waren, die später zur Entwertung oder zum Verlust der Wertpapiere führten.[196]

Nach der Neufassung ist diese widerlegliche Vermutung in modifizierter Form Gesetz geworden. Den Prospektverantwortlichen obliegt der Beweis dafür, daß der Sachverhalt, über den unrichtige oder unvollständige Angaben im Prospekt enthalten sind, nicht zu einer Minderung des Börsenpreises der Wertpapiere beigetragen hat (§ 46 Abs. 2 Nr. 2 BörsG n.F.). Gelingt ihnen der Beweis, besteht kein Prospekthaftungsanspruch der Anleger.

5. Verschulden

Nach § 45 Abs. 1 Satz 1 BörsG a.F. gab es unterschiedliche Anforderungen an den Verschuldensmaßstab, je nach dem, ob Unrichtigkeit oder Unvollständigkeit des Prospektes vorlag. Eine Haftung für unrichtige Angaben

---

194 BGH, Urt. v. 5.7.1993 – II ZR 194/92, BGHZ 123, 106, 111 ff = ZIP 1993, 1467, 1469 f; OLG Düsseldorf, Urt. v. 5.4.1984 – 6 U 239/82, ZIP 1984, 549, 559 (BuM); *Schwark* Börsengesetz §§ 45, 46 Rn 38.

195 BGH, Urt. v. 5.7.1993 – II ZR 194/92, BGHZ 123, 106, 114 = ZIP 1993, 1467, 1470.

196 BGH, Urt. v. 5.7.1993 – II ZR 194/92, BGHZ 123, 106, 111 ff = ZIP 1993, 1467, 1469 f; *Kümpel* Bank- und Kapitalmarktrecht, 1995, Rn 11.187 f.

trat nur bei Vorsatz und grober Fahrlässigkeit ein. Als Verschuldensmaßstab war hinsichtlich unvollständiger Prospekte zumindest „bösliches" Verhalten gefordert. Die Verschuldensform des böslichen Verhaltens stammt aus der Zeit vor Inkrafttreten des BGB, konnte jedoch nicht als systemwidrig und veraltet abgetan werden.[197] Sie erforderte zumindest bewußte grobe Fahrlässigkeit und kam in etwa dem bedingtem Vorsatz gleich.[198] Wer die Beweislast für das Verschulden hatte, war streitig. Nach allgemeinen Grundsätzen traf sie den Anleger.[199] Die Gegenansicht befürwortete jedoch eine Beweislastumkehr entsprechend §§ 282, 285 BGB, zumindest für die Fälle, in denen die Umstände, die den Verschuldensvorwurf begründen konnten, im Einfluß- und Risikobereich des Prospektverantwortlichen lagen.[200]

Nunmehr ist in § 46 Abs. 1 BörsG n.F. einheitlich für Unrichtigkeits- und Unvollständigkeitshaftung zumindest grobe Fahrlässigkeit erforderlich. Trotz fundiert geäußerter Kritik[201] an der Begrenzung der Haftung auf grobe Fahrlässigkeit, hat der Gesetzgeber sie im Interesse der Förderung von Emissionen bestätigt.[202] Grobe Fahrlässigkeit liegt vor, wenn die im Verkehr erforderliche Sorgfalt in besonders schwerem Maße verletzt wird, schon einfachste, ganz naheliegende Überlegungen nicht angestellt werden und das nicht beachtet wird, was im gegebenen Fall jedem einleuchten mußte.[203] Dabei ist der Sorgfaltsmaßstab des Emittenten ein anderer als der der emissionsbegleitenden Bank.[204] Der Kenntnisstand der möglichen Prospektverantwortlichen – Emittent, Emissionsbegleiter, Konsortialmitglied – ist unterschiedlich, so daß die Beurteilung des jeweiligen Verhaltens unterschiedlich ausfallen muß. Je näher der Prospektver-

---

[197] *Canaris* Bankvertragsrecht 2. Aufl. Rn 2280.

[198] BGH, Urt. v. 14.7.1998 – XI ZR 173/97, BGHZ 139, 225, 235 = ZIP 1998, 1528, 1531 (Elsflether Werft); LG Frankfurt, Urt. v. 6.10.1992 – 3/11 O 173/91, WM 1992, 1768, 1773 = ZIP 1993, 184, 189 (Bond) und Urt. v. 7.10.1997 – 3/11 O 44/96, ZIP 1998, 641, 644 (MHM Mode); *Kümpel* Bank- und Kapitalmarktrecht, 1995, Rn 11.190; *Assmann* in: Assmann/Schütze § 7 Rn 114.

[199] *Schwark* Börsengesetz §§ 45,46 Rn 26.

[200] *Assmann* in: Assmann/Schütze § 7 Rn 227.

[201] *Assmann* Festschrift Kübler, 317, 342.

[202] Regierungsbegründung zum Dritten Finanzmarktförderungsgesetz, BT-Drucks. 13/8933 S. 80.

[203] BGH, Urt. v. 11.5.1953 – IV ZR 170/52, BGHZ 10, 14, 17; BGH, Urt. v. 5.12.1983 – II ZR 252/82, BGHZ 89, 153, 161; *Schwark* Börsengesetz §§ 45, 46 Rn 20.

[204] *Hamann* in: Schäfer, WpHG, BörsG, VerkProspG §§ 45, 46 BörsG n.F. Rn 34; *Groß* AG 1999, 199, 206.

antwortliche dem Ursprung der Informationen ist, desto größer ist seine Verantwortlichkeit für die richtige und vollständige Darstellung dieser Informationen im Prospekt.[205]

a) Sorgfaltspflicht des Emittenten

Die Anforderungen an die Sorgfaltspflichten sind beim Emittenten am höchsten, da der Prospekt ihn und seine Geschäftstätigkeit beschreibt. Für ihn liegen die Daten des Rechnungswesens und die Unternehmenslage offen. Er kann aus seinem Rechnungswesen die für den Prospekt erforderlichen Angaben entnehmen und aus seiner Kenntnis der unternehmerischen Risiken, der branchenspezifischen Marktentwicklung und der Geschäftspartner Aussagen über bilanzrechtliche Bewertungen und die Lage des Unternehmens machen.[206] Er ist nicht nur am nächsten dran, sondern „quasi mittendrin".[207] Dabei hat der Emittent nach § 31 BGB für das Verschulden seiner Organe einzutreten.

Eine Meinung überträgt den Sorgfaltsmaßstab des Vorstandes nach § 93 AktG auf die Sorgfalt, die bei der Erstellung des Prospektes zu beachten ist.[208] Nach § 93 Abs. 1 AktG haben die Vorstandsmitglieder sich bei der Geschäftsführung der Sorgfalt eines ordentlichen Kaufmanns zu befleißigen. Dem wird entgegengehalten, es könne nicht ohne weiteres der nur im Innenverhältnis geltende Maßstab des § 93 AktG dem börsengesetzlichen Sorgfaltsmaßstab gleichgesetzt werden. Für einen binären Maßstab sei in § 93 AktG kein Raum. Auch auf die Beweislastregel des § 93 Abs. 2 Satz 2 AktG komme es an.[209]

Dem letzten Argument ist spätestens durch die auch im Börsengesetz (§ 46 Abs. 1 BörsG n.F.) ausdrücklich geregelte Beweislastumkehr der Boden entzogen. Die aktienrechtliche und die börsenrechtliche Beweislastverteilung sind nunmehr parallel geregelt. Im übrigen ist der Gleichschaltung der Sorgfaltsanforderungen zuzustimmen. Es gehört zur Sorgfalt eines ordentlichen und gewissenhaften Vorstandes, über die Situation des eigenen Unternehmens einschließlich seiner Tochtergesellschaften informiert zu sein.[210] Diese Kenntnis hat er – soweit es der Grundsatz der Vollständigkeit und Richtigkeit der Prospektangaben erfordert – in den Prospekt aufzu-

---

205 *Sittmann* NZG 1998, 490, 494; *Groß* AG 1999, 199, 206.

206 *Schwark* ZGR 1983, 162, 172; Regierungsbegründung zu Dritten Finanzmarktförderungsgesetz, BT-Drucks. 13/8933 S. 80.

207 *Groß* AG 1999, 199, 206.

208 LG Frankfurt, Urt. v. 7.10.1997 – 3/11 O 44/96, ZIP 1998, 641, 644 (MHM Mode).

209 *Hommelhoff/van Aerssen* EWiR 1998, 579, 580.

210 *Krämer/Baudisch* WM 1998, 1161, 1171

nehmen. Verletzt er seine Informationspflicht und fehlen deswegen notwendige Angaben im Prospekt, kann sich die Gesellschaft gegenüber den Anlegern nicht auf einen geringeren Sorgfaltsmaßstab berufen als er dem Vorstand in ihrem Interesse obliegt. Hierbei handelt es sich im untechnischen Sinne um eine Art Sorgfalt in eigenen Angelegenheiten, die jedenfalls auch gegenüber den Anlegern einzuhalten ist. Dies entspricht auch der in § 277 BGB zum Ausdruck kommenden gesetzlichen Wertung, daß an die Sorgfalt in eigenen Angelegenheiten sogar regelmäßig geringere Anforderungen zu stellen sind als an die Sorgfalt, die gegenüber Dritten besteht.

Soweit der Emittent den Kauf eines weiteren Unternehmens plant und dies im Prospekt mitteilt, muß auch die wirtschaftliche Lage des zu übernehmenden Unternehmens zutreffend wiedergegeben werden. Teilweise wird die Ansicht vertreten, es müsse beim Beteiligungskauf eine detaillierte Due Diligence des Zielunternehmens durchgeführt und das Ergebnis im Prospekt mitgeteilt werden.[211] Kritiker halten dem entgegen, es gebe die „Due Diligence" nicht. Deren Güte und Umfang variierten zum Teil erheblich. Ferner wäre noch zu klären, wie sich das Verschulden eines Beraters, der die Due Diligence durchgeführt habe, auswirke.[212] Dies kritischen Einwände vermögen nicht zu überzeugen. Da es mittlerweile üblich ist, bei einem Unternehmenskauf das Zielunternehmen im Rahmen einer Due Diligence zu durchleuchten, entspricht es auch der Sorgfalt eines ordentlichen Vorstandes, eine solche durchzuführen, wenn nicht ausnahmsweise gewichtige unternehmerische Gründe, wozu auch Zeitdruck zu zählen ist, entgegenstehen.[213] Zeitdruck wird im Rahmen einer Prospekterstellung aber kaum ein Argument für einen nach unten abweichenden Sorgfaltsmaßstab sein. Der Prozeß des Going public ist langfristig angelegt und wird von professionellen Beratern begleitet, so daß im Vorfeld der Prospekterstellung auch alle unternehmensrelevanten Fakten einer eingehenden Überprüfung unterzogen werden.

b) Sorgfaltspflicht eines Aktionärs

Ein Aktionär des Emittenten wird regelmäßig nicht Prospekterlasser im Sinne von § 45 Abs. 1 Satz 1 Nr. 1 BörsG n.F. sein. Die Prospektverantwortlichkeit eines Aktionärs als Prospektveranlasser nach § 45 Abs. 1 Satz 1 Nr. 2 BörsG n.F. ist durchaus denkbar. Sie setzt voraus, daß der Prospekt von ihm ausgeht im Sinne von § 45 Abs. 1 Satz 1 Nr. 2 BörsG n.F. Er muß also maßgeblich auf die Erstellung des Prospektes Einfluß

---

211 LG Frankfurt, Urt. v. 7.10.1997 – 3/11 O 44/96, ZIP 1998, 641, 644 (MHM Mode).

212 *Hommelhoff/van Aerssen* EWiR 1998, 579, 580.

213 *Krämer/Baudisch* WM 1998, 1161, 1171.

genommen und ein eigenes wirtschaftliches Interesse an der Emission haben. Ein solchermaßen einflußnehmender und interessierter Aktionär wird aufgrund seiner Stellung bei dem Emittenten einen ähnlich hohen Informationsstand wie dieser haben. Ihn trifft daher dann auch ein ähnlich hoher Sorgfaltsmaßstab in bezug auf die Prospektangaben.[214]

c) Sorgfaltspflicht der emissionsbegleitenden Bank

Die Emissionsbegleiterin besitzt in der Regel einen geringeren Einblick in die Unternehmensdaten als der Emittent. Eine Sorgfaltspflichtverletzung kann daher nur insoweit vorliegen, als sie zur Prüfung und Berichtigung der ihr vom Emittenten übermittelten Daten verpflichtet ist.[215] Unstreitig darf sich die Emissionsbank zwar nicht auf die reine „Beglaubigung" zurückziehen, die Angaben im Prospekt stammten vom Emittenten.[216] Der Umfang der Prüfungspflicht im einzelnen ist jedoch streitig.[217]

aa) Emissionsfreundliche Meinung

Die emissionsfreundliche Meinung lehnt eine generelle Verpflichtung zur Überprüfung der Buchführung des Emittenten durch die Emissionsbank ab. Eine Pflicht ergebe sich nur, wenn konkrete Anhaltspunkte für die Unrichtigkeit von Angaben bestünden.[218] Das wird damit begründet, die Emissionsbank habe aus eigener Kenntnis keinen Einblick in das Innenleben des Emittenten. Sie könne daher nur die ihr vom Emittenten vorgelegten Daten auf Plausibilität und Richtigkeit überprüfen. Es würde zu einem unverhältnismäßigen personellen und finanziellen Aufwand führen, wenn die Bank eine eigene Überprüfung des emittierenden Unternehmens vornehmen müßte.

bb) Anlegerschützende Meinung

Nach der anlegerschützenden Meinung ist die Bank verpflichtet, in gewissem Umfang Angaben im Prospekt selbst zu prüfen.[219] Dies wird damit

---

[214] *Groß* AG 1999, 199, 206.

[215] *Canaris* Bankvertragsrecht 2. Aufl. Rn 2280 a; *Schwark* ZGR 1983, 162, 172.

[216] RG, Urt. v. 11.10.1912 – II 106/12, RGZ 80, 196, 198ff; *Rehm* Börsengesetz § 45 Rn 4; *Köndgen* AG 1983, 120, 127; *Schwark* Börsengesetz §§ 45, 46 Rn 21; ders. ZGR 1983, 162, 173; *Hopt* Verantwortlichkeit der Banken bei Emissionen Rn 190ff; *Assmann* in: Assmann/Schütze § 7 Rn 218.

[217] Meinungsstand bei *Schwark* Börsengesetz §§ 45,46 Rn 21 ff.

[218] RG, Urt. v. 11.10.1912 – II 106/12, RGZ 80, 196, 199; *Schwark* Börsengesetz §§ 45,46 Rn 21 ff; ders. ZGR 1983, 162, 173f; *Kort* AG 1999, 9, 18; *Groß* AG 1999, 199, 206; *Altmeppen* DB 1993, 84, 85.

[219] *Rehm* Börsengesetz § 45 Anm. 4 (S. 171); *Hamann* in: Schäfer, WpHG, BörsG, VerkProspG §§ 45, 46 BörsG n.F. Rn 34; *Köndgen* AG 1983, 120, 127.

begründet, daß die Emissionsbanken im Börsenbereich wegen ihrer notwendigen Einschaltung zur Erlangung der Börsenzulassung eine mächtige Stellung gegenüber dem Emittenten hätten. Ihr Emissionskredit trage ganz wesentlich zum Gelingen des Börsengangs bei. Die Anleger vertrauten im wesentlichen auf den Emissionskredit der Bank. Sie verließen sich vollkommen auf die Richtigkeit des Prospektes und hätten keine Möglichkeit zur Prüfung, ob die Angaben des Emittenten oder Dritter, die im Prospekt stünden, richtig seien. Aus dieser Situation folge eine derartige Gefährdung der Anleger durch die ungeprüfte Übernahme von Angaben des Emittenten oder Dritter durch die Emissionsbank, daß dieser eine Prüfungspflicht auferlegt werden müsse, die über die erkennbaren Widersprüche oder Unvollständigkeiten der Drittangaben hinausgehe. Dabei sei im Einzelfall darauf abzustellen, ob Rückfragen für die Emissionsbank durchsetzbar und weitergehende Prüfungen zumutbar seien. Eine Pflicht zu ganz umfangreichen Nachprüfungen bestehe aber nicht.[220]

cc) Eigene Stellungnahme
Sicherlich ist es mit der Stellung einer Emissionsbank nicht vereinbar, ihr lediglich eine Plausibilitätskontrolle abzuverlangen. Der Sinn und Zweck der gesamtschuldnerischen Mithaft des Emissionsbegleiters ist gerade darin begründet, daß der Emittent kontrolliert wird. Diese Kontrolle wäre unzureichend, wenn sie sich in dem Rahmen bewegen würde, in dem sich beispielsweise die Zulassungsstelle bewegt. Ob danach die Bank verpflichtet ist, den Emittenten im Rahmen einer Due Diligence zu durchleuchten, erscheint zu weitgehend. Es ist zwar vielfach Praxis, daß die Emissionsbank den Emittenten, den sie an die Börse bringt, auf Herz und Nieren untersucht, um nicht im Fall einer gescheiterten Emission ihren guten Ruf und damit Verdienstmöglichkeiten zu verlieren. Diese im eigenen Interesse vorgenommene Überprüfung kann jedoch nicht Maßstab für die im Anlegerinteresse vorzunehmende Prüfungstätigkeit sein. Insofern muß es ausreichend sein, daß die Bank die Emittentenangaben durch ihre Emissionsabteilung auf Richtigkeit und Vollständigkeit überprüft, wozu auch die Überprüfung der Bilanzangaben gehören muß. Externe Sachverständige muß sie jedoch nicht einschalten.

d) Sorgfaltspflicht der Emissionskonsorten
Auch bezüglich der Sorgfaltsanforderungen, die an die Emissionskonsorten zu stellen sind, herrscht Streit. Der Streit entzündet sich an der Frage, ob alle Emissionskonsorten denselben Sorgfaltsanforderungen unterliegen

---

[220] *Roller* Die Prospekthaftung im Englischen und im Deutschen Recht, 226f.

und ob eine Sorgfaltspflichtverletzung der Konsortialführerin den anderen – möglicherweise nur zu einem geringen Umfang beteiligten – Konsorten zugerechnet werden kann.

Nach einer Meinung unterliegen alle Konsortialmitglieder aufgrund der Prospektverantwortung einem einheitlichen Sorgfaltsmaßstab.[221] Zwar übernehme die Konsortialführerin regelmäßig die Prospektredaktion. Diese Aufgabendelegation habe jedoch nur interne Wirkung und enthebe die anderen Konsortialmitglieder nicht der Pflicht, den vorgelegten Prospektentwurf selbständig zu überprüfen. Unterließen sie diese Prüfung, hafteten sie aus eigenem Verschulden, eine Zurechnung des Verschuldens der Konsortialführerin bedürfe es nicht.

Nach der Gegenmeinung sind an die Prüfungspflichten der Konsortialmitglieder weniger hohe Anforderungen zu stellen.[222] Da die einfachen Konsortialmitglieder den Prospektentwurf in der Regel allenfalls wenige Tage vor Prospektveröffentlichung erhielten und an einer Prüfung des Emittenten und der einzelnen Prospektangaben nicht beteiligt seien und auch keinen Zugang zum Emittenten und den vorhanden Informationen hätten, beschränke sich die Prüfungspflicht auf eine einfache Plausibilitätskontrolle des Prospektes und auf die Überwachung des Konsortialführers, ob dieser die Prospektpflichten ordnungsgemäß erfülle. Die Überwachungspflicht des einfachen Konsortialmitgliedes folge aus der in Anbetracht der Delegation von Verantwortlichkeit gerechtfertigten analogen Anwendung des § 831 BGB. Die Zurechnung des Verschuldens des Konsortialführers erfolge mangels Rechtsgrundlage nicht.

Dem Gesetzeswortlaut und der Gesetzesbegründung läßt sich eine derartige Minderhaftung der Konsortialmitglieder nicht entnehmen. Nach Sinn und Zweck der angeordneten gesamtschuldnerischen Haftung aller Prospektverantwortlichen hat für alle auch der gleiche Verschuldensmaßstab zu gelten. Ein individueller Sorgfaltsmaßstab je nach Größe und Kompetenz des Konsorten sowie seiner Position innerhalb des Konsortiums liefe auf einen subjektiven Sorgfaltsbegriff hinaus. Der Sorgfaltsbegriff des deutschen Zivilrechts ist jedoch ein objektiver.[223] Maßgebend ist die im Verkehr erforderliche Sorgfalt bei der Erstellung eines Emissionsprospektes. Diese ist für alle Banken, die Verantwortung für den Prospekt übernommen haben, gleich zu beurteilen. Jede der beteiligten Ban-

---

221 *Assmann* Prospekthaftung, 356; *Schwark* Börsengesetz §§ 45,46 Rn 24; *Hopt* Die Verantwortlichkeit der Banken bei Emissionen Rn 116; *Köndgen* AG 1983, 120, 127; *Sittmann* NZG 1998, 490, 494; ähnlich *Paskert* Informations- und Prüfungspflichten bei Wertpapieremissionen, 120 f.

222 *Groß* AG 1999, 199, 207; *Bosch* in: Hellner/Steuer Stand 12/97 Rn 10/146.

223 *Bosch* in: Hellner/Steuer Stand 12/97 Rn 10/146.

ken setzt ihr Emissionsstanding ein. Durch die Aufführung der Konsortialmitglieder im Prospekt wird dem Anleger suggeriert, es sei eine erhöhte Sicherheit durch das Mehraugenprinzip und auch eine vermehrte Haftungsmasse vorhanden. Dieser Anschein würde durch die Zulassung einer verminderten Haftung enttäuscht. Ein Hinweis auf eine verminderte Haftung eines Konsorten im Prospekt wäre unzulässig, da es nach dem Börsengesetz einem Prospektverantwortlichen nicht gestattet ist, seine Haftung zu beschränken.

Danach ist das Argument entkräftet, jeder Gesamtschuldner hafte nach § 425 BGB nur für sein eigenes Verschulden. Aber selbst wenn man unterschiedliche Verschuldensmaßstäbe der Konsorten zulassen wollte, würde sich im Ergebnis an der Haftung der Konsorten nichts ändern, da sie sich dann das Verschulden der Konsortialführerin zurechnen lassen müßten. Richtig ist zwar, daß eine Zurechnung nach § 278 BGB regelmäßig am Fehlen eines Vertragsverhältnisses zwischen der Gesamtheit der Konsorten und den Anlegern und eine solche nach § 831 BGB daran scheitert, daß die Prospekthaftung keine Deliktshaftung ist.[224] Jedoch bedarf es einer solchen Zurechnung nicht. Nach § 425 BGB ist bei Gesamtschuldnern nur im Zweifel das jeweilige Verschulden eines Gesamtschuldners maßgeblich, wenn sich nicht aus dem Schuldverhältnis ein anderes ergibt. Etwas anders kann sich insbesondere aus dem Rechtsverhältnis ergeben, in dem die Gesamtschuldner zueinander stehen. Bei einer Gesellschaft bürgerlichen Rechts kann im Zweifel angenommen werden, daß jeder Gesellschafter für das Verschulden der Partner mit einstehen soll.[225] In anderem Zusammenhang, bei der Übernahme einer Emission nach § 186 Abs. 5 AktG durch ein Emissionskonsortium, hat der Bundesgerichtshof[226] ausgesprochen, daß eine grundsätzlich mögliche Beschränkung der Haftung in BGB-Gesellschaften bei der Beteiligung der BGB-Gesellschaft an einer Aktiengesellschaft nicht möglich sei, weil dem zwingende aktienrechtliche Prinzipien entgegenstünden.[227] Vergleichbar verhält es sich beim Emissionskonsortium. Eine Beschränkung der Haftung einzelner Konsorten steht im Widerspruch zur vom Börsengesetz als unbeschränkt konzipierten Haftung des Emissionsbegleiters.

e) Übernahme von Angaben sachkundiger Dritter

Es ist noch nicht abschließend geklärt, inwieweit die Prospektverantwortlichen haften, wenn sie sich auf testierte Informationen sachkundiger Drit-

---

224 *Bosch* in: Hellner/Steuer Stand 12/97 Rn 10/145.
225 *Beuthien* DB 1975, 773.
226 BGH, Urt. v. 13.4.1992 – II ZR 277/90, BGHZ 118, 83, 100.
227 vgl. dazu ablehnend *Groß* AG 1993, 108, 117.

ter verlassen, ohne diese selbst auf ihre Richtigkeit zu überprüfen. Als Dritte in diesem Sinne kommen In erster Linie Revisoren und Wirtschaftsprüfer, Rechtsanwälte, Notare und Steuerfachleute in Frage.[228] Nach § 45 Abs. 2 BörsG a.F. war die Ersatzpflicht der Prospektverantwortlichen nicht dadurch ausgeschlossen, daß Angaben im Prospekt als von einem Dritten herrührend bezeichnet wurden. Die ersatzlose Streichung dieser Bestimmung durch das Dritte Finanzmarktförderungsgesetz besagt nicht ohne weiteres, daß die Prospektverantwortlichen nunmehr ihrer Haftung durch die Übernahme von Angaben Dritter vermeiden können. In der Gesetzesbegründung wird auf die Streichung überhaupt nicht eingegangen.[229] Nach der Begründung zu § 46 Abs. 1 BörsG n.F. soll sich die Verpflichtung des Emissionsbegleiters ausschließlich auf die Überprüfung der ihm von Emittenten oder von Dritter Seite vorgelegten Daten im Hinblick auf ihre Richtigkeit und Vollständigkeit beziehen.[230] Damit ist inzident ausgesagt, daß nach dem Willen des Gesetzgebers die von dritter Seite – also auch von Wirtschaftsprüfern und Sachverständigen – stammenden Unterlagen von den Prospektverantwortlichen inhaltlich überprüft werden müssen. Nach dem Willen des Gesetzgebers ist daher eine Freizeichnung durch den Hinweis auf die Dritturheberschaft nach der Neufassung ebensowenig möglich wie nach § 45 Abs. 2 a.F. BörsG.

aa) Angaben von Wirtschaftsprüfern

Ein blindes Vertrauen auf die Angaben Dritter entlastet die Prospektverantwortlichen nicht. Allerdings besteht grundsätzlich für den Emittenten und die emissionsbegleitende Bank keine Veranlassung, einem uneingeschränkten Testat des Jahresabschlusses zu mißtrauen.[231] Es kann vor allem von der Emissionsbank nicht verlangt werden, die Richtigkeit der Buchführung und der Bilanzen des Emittenten nachzuprüfen. Eine Nachprüfungspflicht ist aber bei offensichtlich erkennbaren Fehlern zu bejahen.[232]

---

228 *Hopt* Die Verantwortlichkeit der Banken bei Emissionen Rn 193.

229 Regierungsbegründung zum Dritten Finanzmarktförderungsgesetz, BT Drucks. 13/8933 S. 55 ff, 76 ff.

230 Regierungsbegründung zum Dritten Finanzmarktförderungsgesetz, BT Drucks. 13/8933 S. 80.

231 RG, Urt. v. 11.10.1912 – II 106/12, RGZ 80, 196, 198 f; *Canaris* Bankvertragsrecht 2. Aufl. 2280 a; *Kümpel* Bank- und Kapitalmarktrecht, 1995, 11.193; *Hopt* Die Verantwortlichkeit der Banken bei Emissionen Rn 193/195; *Kort* AG 1999, 9, 17.

232 *Canaris* Bankvertragsrecht 2. Aufl. Rn 2280 a; *Assmann* in: Assmann/Schütze § 7 Rn 219; *Hopt* Die Verantwortlichkeit der Banken bei Emissionen Rn 195; *Kort* AG 1999, 9, 17; *Paskert* Informations- und Prüfungspflichten bei Wertpapieremissionen, 128.

Die MHM-Mode-Entscheidungen des Landgerichts[233] und des Oberlandesgerichts Frankfurt am Main[234] gehen in diese Richtung. Das Landgericht Frankfurt hat ausgeführt, daß die in der BörsZulV statuierte Pflicht zur Aufnahme des letzten veröffentlichten Jahresberichts nicht bedeute, daß ein eindeutig unrichtiger Lagebericht nur deshalb kommentarlos in den Prospekt aufgenommen werden könne, weil dieser einen uneingeschränkten Abschlußvermerk enthalte. Vielmehr müßten die falschen Passagen im Lagebericht deutlich kenntlich gemacht und korrigiert werden. Ein zur Berichtigung angehängter „Als-ob-Abschluß" reiche zur Kenntlichmachung nicht aus.[235] Bei der Prüfung der Sorgfaltspflichtverletzung der Emittentin führt das Landgericht Frankfurt aus, auch im Rahmen der §§ 45 ff. BörsG sei der Sorgfaltsmaßstab des § 93 Abs. 1 AktG maßgeblich, so daß auch grobfahrlässige Unkenntnis von falschen Prospektangaben von der Emittentin zu vertreten sei. Zum Sorgfaltsmaßstab des § 93 Abs. 1 AktG gehöre es, daß zu übernehmende Unternehmen im Rahmen einer Due Diligence detailliert zu überprüfen seien.[236] Das Oberlandesgericht Frankfurt hat diese Entscheidung auf die Berufung der Prospektverantwortlichen bestätigt und ergänzend zur Haftung der emissionsbegleitenden Bank ausgeführt, von dieser könne erwartet werden, daß sie mit ihrem eigenen Fachpersonal den Unternehmensbericht in seinen Einzelheiten überprüfe und jedenfalls bei Widersprüchen und fehlender Plausibilität auf Klärung und Korrektur dringe. Diejenigen Widersprüche und fehlenden Zusammenhänge, deren Erkennen man von einem durchschnittlichen Anleger nicht erwarten darf, müßten einer Bank und ihrem Fachpersonal auffallen. Besonderes Augenmerk habe die Bank auf die Kreditsicherheiten zu richten, weil ein durchschnittlicher Anleger von einer Bank erwarte, daß sie in ihrem geschäftlichen Handeln auf Sicherheiten für ausstehende Forderungen besonders bedacht sei.[237]

Die Annahme des Landgerichts Frankfurt, daß eine fehlende Due Diligence grundsätzlich Prospekthaftungsansprüche begründen kann, hat überwiegend Zustimmung gefunden[238], ist aber auch auf Kritik gestoßen.

---

233 LG Frankfurt, Urt. v. 7.10.1997 – 3/11 O 44/96, WM 1998, 1181 = ZIP 1998, 641 (MHM Mode).

234 OLG Frankfurt, Urt. v. 17.3.1999 – 21 U 260/97, ZIP 1999, 1005 (MHM Mode).

235 LG Frankfurt, Urt. v. 7.10.1997 – 3/11 O 44/96, ZIP 1998, 641, 643 (MHM Mode).

236 LG Frankfurt, Urt. v. 7.10.1997 – 3/11 O 44/96, ZIP 1998, 641, 644 (MHM Mode).

237 OLG Frankfurt, Urt. v. 17.3.1999 – 21 U 260/97, ZIP 1999, 1005, 1007 (MHM Mode).

238 *Krämer/Baudisch* WM 1998, 1161, 1171.

Die Kritiker bringen vor, daß es zum einen eine typische Due Diligence nicht gebe, deren Umfang und Intensität vielmehr nach Art und Größe des Zielunternehmens und der Höhe der angestrebten Beteiligung variiere. Auch erfolge ein Unternehmenskauf häufig unter großem Zeitdruck, so daß eine umfassende Ermittlung aller zur Verfügung stehenden Informationen nicht immer möglich sei. Zum anderen sei höchst fraglich, ob der Sorgfaltsmaßstab des § 93 AktG auch automatisch den Sorgfaltsmaßstab der börsenrechtlichen Prospekthaftung bilde.[239]

Den Judikaten zum MHM-Mode-Fall ist zuzustimmen. Würde man der Meinung folgen, daß im Falle eines falschen Prospektes, der auf einem vom Abschlußprüfer für die Prospektverantwortlichen nicht erkennbaren fahrlässig falschen Testat beruht, keine Prospekthaftungsansprüche gegeben sind, würde eine Haftungslücke entstehen. In diesem Fall besteht auch kein Anspruch gegen den Abschlußprüfer. Nur die Emittentin hat einen Anspruch nach § 323 HGB.

Die Fruchtbarmachung der aktienrechtlichen Sorgfaltspflichten für den Haftungsmaßstab der Börsenprospekthaftung ist zu begrüßen. Durch die Beweislastumkehr in § 46 Abs. 1 BörsG n.F. ist durch die Neufassung die börsenrechtliche Beweislastverteilung ebenso wie in § 93 Abs. 2 AktG geregelt. Zu beachten ist aber, daß die Haftung nach § 93 Abs. 1 AktG bereits bei einfacher Fahrlässigkeit eintritt.[240] Es kann nicht sein, daß die börsenprospektrechtliche Beschränkung auf grobe Fahrlässigkeit durch die Anwendung von § 93 Abs. 1 AktG unterlaufen wird. Maßgeblich ist daher § 95 Abs. 5 Satz 2 AktG, der für den Eintritt der Ausfallhaftung des Vorstandes gegenüber Gesellschaftsgläubigern eine gröbliche Verletzung der Sorgfalt eines ordentlichen gewissenhaften Geschäftsleiters fordert. Durch die Beschränkung auf grobe Pflichtverletzungen stellt sich auch die Frage nicht, ob es bei unternehmerischen Entscheidungen, die naturgemäß unter Zeitdruck und Unsicherheit getroffen werden, trotz Fahrlässigkeit haftungsfreie Fehlentscheidungen geben müsse.[241] Wird in dem Prospekt der Erwerb eines dritten Unternehmens angekündigt, so hat der Emittent dieses Unternehmen gewissenhaft zu überprüfen und darf sich nicht auf die Angaben dieses Unternehmens verlassen.

Für die Emissionsbank gilt das nur in eingeschränkter Form. Von ihr kann eine Due Diligence nicht verlangt werden. Jedoch hat sie durch ihre Emissionsabteilung auch die Wirtschaftsprüfertestate eigenständig auf Vollständigkeit und Richtigkeit zu überprüfen.[242]

---

239 *Erwe* WuB I G 8. – 2.98; Hommelhoff/v. Aerssen, EWiR 1998, 579f.

240 *Horn* ZIP 1997, 1129, 1132.

241 *Horn* ZIP 1997, 1129, 1133.

242 So auch BGH, Urt. v. 12.7.1982 – II ZR 175/81, ZIP 1982, 923, 926 (BuM).

bb) Angaben sonstiger Sachverständiger

Anderes gilt jedoch hinsichtlich der Informationen, die von naturwissenschaftlichen und technischen Sachverständigen stammen. Hierbei handelt es sich etwa um Bodengutachten und Aussagen über technische Anlagen. Diese kann der Emittent und die Emissionsbank ohne eigene Prüfung übernehmen, wenn nicht Anhaltspunkte vorliegen, die eine Prüfung geradezu aufdrängen.[243]

Ähnlich verhält es sich bei Bewertungen von Rating-Agenturen. Ratings beurteilen die Rückzahlungswahrscheinlichkeit der emittierten Schuldverschreibungen. Dieses hängt maßgeblich von der weiteren geschäftlichen Entwicklung des Emittenten ab. Es ist daher naheliegend, im Emissionsprospekt ein erfolgtes Rating mit aufzuführen. Aus der Sicht des Emittenten ist das bei einem guten Rating sogar empfehlenswert.[244] Ist das Rating falsch, haften hierfür die Prospektverantwortlichen nur, wenn sie das erkennen konnten. Jedoch ist der Emittent nicht verpflichtet, das Urteil, zu dem andere gelangt sind, zu recherchieren und mitzuteilen.[245]

f) Bankinterne Wissenszurechnung

Fraglich ist, ob der Bank sämtliches in ihren verschiedenen Abteilungen vorhandenes Wissen zuzurechnen ist. So verfügt die Kreditabteilung der Emissionsbank über Informationen, die nicht unbedingt der Emissionsabteilung zur Verfügung stehen. Teilweise wird die Ansicht vertreten, eine solche Wissenszurechnung sei nicht möglich, da das Bankgeheimnis auch bankintern bestehe und die Kreditabteilung daher nicht ohne Zustimmung des Kunden Informationen an die Prospektabteilung weitergeben dürfe.[246]

Dieser Meinung kann nicht zugestimmt werden. Nach Canaris ist das Wissen aller Wissensvertreter eines Unternehmens zusammenzurechnen.[247] Der Bundesgerichtshof nimmt ebenfalls eine Wissenszurechnung vor, weil der Verkehrsschutz eine Pflicht zur ordnungsgemäßen gesellschaftsinternen Kommunikation erfordere.[248] Dies entspricht auch der neueren Rechtsprechung des Bundesgerichtshofs zur groben Fahrlässig-

---

243 *Canaris* Bankvertragsrecht 2. Aufl. Rn 2280 a; *Assmann* in: Assmann/Schütze § 7 Rn 221; *Schwark* Börsengesetz §§ 45, 46 Rn 23; *Hopt* Verantwortlichkeit der Banken bei Emissionen Rn 193; *Groß* AG 1999, 199, 207.

244 *Ebenroth/Daum* WM 1992 Sonderbeilage Nr. 5 S. 15.

245 *Assmann* Festschrift für Kübler, 317, 351.

246 *Groß* AG 1999, 199, 206.

247 *Canaris* Bankvertragsrecht Erster Teil 3. Aufl. Rn 106.

248 BGH, Urt. v. 2.2.1996 – V ZR 239/94, BGHZ 132, 30, 37.

keit bei der Hereinnahme disparischer Schecks.[249] Der Bundesgerichtshof hat in diesem Zusammenhang ausgeführt, derjenige, der es mit einer Organisation wie einer Bank zu tun habe, dürfe nicht schlechter, aber auch nicht besser gestellt werden als derjenige, der einer natürlichen Person gegenüberstehe. Die Nutzung einmal erlangten Wissens stehe daher nicht im Belieben der Bank. Informationen, deren Relevanz für spätere Geschäftsvorgänge für den konkret wissenden Angestellten erkennbar seien, müßten dokumentiert und über einen gewissen Zeitraum verfügbar gehalten werden. Außerdem müsse sichergestellt werden, daß die Informationsmöglichkeit auch genutzt werde.[250] Diese Ausführungen haben auch für die vorliegende Fallkonstellation Gültigkeit. Die §§ 45 ff BörsG statuieren eine Haftung der emissionsbegleitenden Bank für alle von ihr zu vertretenden Prospektmängel. Diese Haftung kann sie nicht dadurch umgehen, daß sie die Prospektabteilung von sämtlichen internen Informationssträngen abschneidet. Die Prospektabteilung ist daher verpflichtet, die bankintern vorhandenen Informationen abzurufen.[251] Ein bankinternes Bankgeheimnis ist in diesem Zusammenhang – unabhängig davon ob so etwas überhaupt zu befürworten wäre – abzulehnen. Aufgrund des Emissionsvertrages zwischen Emittent und Emissionsbank ist der Emittent verpflichtet, der Bank sämtliche für den Börsengang erforderlichen Daten vollständig und richtig zur Verfügung zu stellen. Selbst wenn man ein bankinternes Bankgeheimnis befürworten wollte, so hat der Emittent durch den Emissionsvertrag zumindest stillschweigend sein Einverständnis zur Verwertung der der Bank bekannten Informationen erteilt.

g) Zurechnung des Wissens von Aufsichtsratsmitgliedern

Eine andere Frage ist, ob der Bank auch das Wissen zugerechnet werden kann, das ihre Organe als Mitglieder des Aufsichtsrates des Emittenten erlangt haben. Hierzu wird die Meinung vertreten, der erhöhte Informationsstand des Aufsichtsratsmitgliedes könne der Bank wegen der aktienrechtlichen Verschwiegenheitspflicht nicht zugerechnet werden.[252]

---

[249] *Nobbe* Bankrecht – Aktuelle höchst- und obergerichtliche Rechtsprechung Rn 307 ff.

[250] BGH, Urt. v. 15.4.1997 – XI ZR 105/96, BGHZ 135, 202, 205 ff; Urt, v. 4.11.1997 – XI ZR 270/96, ZIP 1998, 330, 331.

[251] So auch *Schwark* Börsengesetz §§ 45,46 Rn 23; *ders.* ZGR 1983, 162, 177.

[252] *Schwark* Börsengesetz §§ 45,46 Rn 23; ders. ZGR 1983, 162, 176; *Canaris* Bankvertragsrecht Erster Teil 3. Aufl. Rn 106; *Groß* AG 1999, 199, 206; *Hopt* Der Kapitalanlegerschutz im Recht der Banken, 473 ff; auch *Faßbender* Innerbetriebliches Wissen und bankrechtliche Aufklärungspflichten, 275 ff.

Auch dieser Meinung kann nicht zugestimmt werden. Die Verschwiegenheitspflicht hat keinen Selbstwert. Sie dient vielmehr den Interessen der Gesellschaft. Wenn diese Gesellschaft den Gang an die Börse plant, ist sie verpflichtet, einen richtigen und vollständigen Prospekt zu erstellen. Dieselbe Pflicht trifft die Emissionsbank. Durch die Anordnung der gesamtschuldnerischen Haftung (§ 45 Abs. 1 Satz 1 BörsG a.F. und n.F.) bilden beide einen Haftungsverbund. Aus dem Emissionsvertrag ergibt sich die Nebenpflicht des Emittenten zur vollständigen und wahrheitsgemäßen Unterrichtung des Emissionsbegleiters. Alle für die Prospekterstellung notwendigen Angaben können daher keine vertraulichen Angaben oder Geheimnisse des Emittenten sein. Es ist logisch ausgeschlossen, daß eine in einem Emissionsprospekt zu veröffentliche Angabe vertraulich im Sinne von § 93 AktG ist.

h) Interne Haftungsvereinbarungen zwischen Emittent und Emissionsbegleiter

Gerade im Zusammenhang mit Übernahmeverträgen (Underwriting Agreements) im Zusammenhang mit Aktienemissionen wird eine Gewährleistung des Emittenten gegenüber der Emissionsbank abgegeben, daß der Börsenzulassungs- bzw. Verkaufsprospekt sämtliche Angaben, die für die Entscheidung eines Investors zum Erwerb der Aktien wesentlich sind, vollständig und richtig enthält. Für den Fall der Unrichtigkeit dieser Zusicherung verpflichtet sich der Emittent, der Emissionsbank sämtliche hieraus entstehenden Schäden zu ersetzen. Das umfaßt insbesondere auch Schäden, die der Emissionsbank aus der Prospekthaftung gegenüber Anlegern entstehen.[253] Solche Vereinbarungen zwischen Gesamtschuldnern sind grundsätzlich nach § 426 BGB zulässig. Sie könnten allenfalls dann unwirksam sein, wenn der vom Gesetzgeber mit der Erstreckung der Prospekthaftung auf die Emissionsbanken verfolgte Zweck unterlaufen würde. Der Zweck der Erstreckung der Prospekthaftung auf die Emissionsbanken dient dem Anlegerschutz. Die emissionsbegleitende Bank setzt ihr Ansehen ein, erweckt beim Anlegerpublikum Vertrauen und wird in die Pflicht genommen. Sie soll die Angaben des Emittenten überprüfen. Abgesichert wird diese Pflicht durch ihre Haftung für unrichtige und unvollständige Angaben im Börsenprospekt.[254] Ein nicht unerheblicher Gesichtspunkt der Prospekthaftung der Emissionsbank ist auch, dem Anleger einen solventen Schuldner zu verschaffen, da häufig das Entstehen von Prospekthaftungsansprüchen mit der Insolvenz des Emittenten ein-

---

253 *Technau* AG 1998, 445, 454.

254 BGH, Urt. v. 14.7.1998 – XI ZR 173/97, BGHZ 139, 225, 230 = ZIP 1998, 1528, 1530 (Elsflether Werft).

hergeht. Dieses Ziel wird durch eine interne Freistellung der Emissionsbank nicht beeinträchtigt. Da die Emissionsbank bei Insolvenz des Emittenten ohnehin allein die Prospekthaftungsansprüche zu tragen hat, steht nicht zu befürchten, daß sie ihre Überprüfungspflicht vernachlässigen wird.[255] Im Außenverhältnis haften die Prospektverantwortlichen gesamtschuldnerisch; gegebenenfalls abweichende Vereinbarungen im Innenverhältnis berühren die Haftung nach außen nicht.[256] Hinzu kommt, daß eine Emissionsbank ihren guten Ruf aufs Spiel setzt, wenn sie eine Emission begleitet, der ein fehlerhafter Prospekt zugrunde liegt. Das kann zu erheblichen Einbußen im Emissionsgeschäft führen. Einer internen Haftungsvereinbarung steht daher der Sinn und Zweck der Prospektverantwortlichkeit der Emissionsbank nicht entgegen.

i) Beweislast für das Verschulden

Die Beweislast hinsichtlich des Verschuldens lag nach alter Rechtslage aufgrund des Wortlautes des § 45 Abs. 1 BörsG a.F. beim Anleger.[257] Es wurde jedoch bereits zur alten Fassung eine Beweislastumkehr analog §§ 282, 285 BGB zumindest für den Fall befürwortet, daß der fragliche Umstand allein in der Sphäre der Prospektverantwortlichen bzw. dem von ihnen zu überblickenden Risikobereich lag und dem Effektenerwerber eine Beweisführung daher praktisch unmöglich war.[258]

Nach der Neufassung des § 46 Abs. 1 BörsG n.F. ist eine Inanspruchnahme des Prospektverantwortlichen ausgeschlossen, wenn er nachweist, daß er keine Kenntnis von der Fehlerhaftigkeit des Prospektes hatte und die Unkenntnis nicht auf grober Fahrlässigkeit beruht. Dadurch ist klargestellt, daß die Prospektverantwortlichen die Beweislast für ihr fehlendes Verschulden haben. Da dem Anleger der notwendige Einblick in den Entstehungsprozeß des Prospektes fehlt, ist diese bereits zur alten Rechtslage befürwortete Umkehr der Beweislast sachgerecht. Denn dem Anspruchsteller wird es in der Regel nicht gelingen, den Beweis für ausschließlich im Bereich der Prospektverantwortlichen liegende Umstände, aus denen sich ein Verschulden ergibt, zu erbringen.[259] Der Gesetzgeber hat dadurch auch eine Angleichung an die Regelungen der §§ 20 Abs. 3 KAGG, 12

---

255 *Technau* AG 1998, 445, 454 f.

256 Regierungsbegründung zum Dritten Finanzmarktförderungsgesetz, BT-Drucks. 13/8933 S. 78.

257 *Schwark* Börsengesetz §§ 45, 46 Rn 26.

258 *Canaris* Bankvertragsrecht 2. Aufl. Rn 2281; *Assmann* WM 1983, 138, 141; *Hamann* in: Schäfer, WpHG, BörsG, VerkProspG §§ 45, 46 BörsG a.F. Rn 99 ff.

259 Regierungsbegründung zum Dritten Finanzmarktförderungsgesetz, BT-Drucks. 13/8933 S. 80.

Abs. 3 Satz 1 AuslInvestmG vorgenommen.[260] Für die emissionsbegleitenden Banken bedeutet dies, den Entstehungsprozeß des Prospektes genauestens dokumentieren zu müssen, um im Schadensfall dann gegebenenfalls den Entlastungsbeweis führen zu können.

j) Verschuldensmaßstab in der Diskussion

Die Beschränkung der börsenprospektrechtlichen Haftung auf Vorsatz und grobe Fahrlässigkeit wird teilweise kritisiert. Die Gegner der Haftungsbeschränkung führen vor allem aus, daß der deutsche Haftungsmaßstab im europäischen sowie internationalen Vergleich abfalle. Dort bilde durchgängig die leichte Fahrlässigkeit den Standard.[261] Die Beschränkung auf grobe Fahrlässigkeit sei rechtspolitisch überholt.[262] Eine Angleichung an die allgemeine zivilrechtliche Prospekthaftung, bei der leichte Fahrlässigkeit zur Haftung führe, sei angemessen.[263] Insbesondere die Haftungsbeschränkung der emissionsbegleitenden Banken wird kritisiert, da diese allein in der Lage seien, Schäden aus Fehlinformationen vorzubeugen.[264]

Demgegenüber stellen die Befürworter der Haftungsbeschränkung in Übereinstimmung mit der Gesetzesbegründung darauf ab, daß seriöse Bankhäuser durch ein zu hohes Haftungsrisiko vom Emissionsgeschäft abgehalten würden.[265] Zudem sei es zweifelhaft, ob eine Haftungsverschärfung tatsächlich die Attraktivität des deutschen Kapitalmarktes für einen Investor erhöhen würde.[266] In der Gesetzesbegründung zum Dritten Finanzmarktförderungsgesetz ist davon die Rede, die Milderung des Haftungsmaßstabes gleiche den Umstand aus, daß im Bereich der Prospekthaftung auf das Erfordernis eines rechtsgeschäftlichen Kontaktes verzichtet werde. Entsprechende Regelungen seien auch in den investmentrechtlichen Parallelvorschriften des § 20 KAGG und 12 AuslInvestmG enthalten. Eine Verschärfung dieses Haftungsmaßstabes würde insbesondere bei den Emissionsbegleitern Zurückhaltung auslösen und so das mit der Neu-

---

260 *Sittmann* NZG 1998, 490, 494.

261 *Grundmann/Selbherr* WM 1996, 985, 986f.; *Assmann* Festschrift für Kübler, 317, 342.

262 *Hopt* Die Verantwortlichkeit der Banken bei Emissionen Rn 80, 170.

263 *Köndgen* AG 1983, 120, 128; *Hopt* Die Verantwortlichkeit der Banken bei Emissionen Rn 169; *Roller* Die Prospekthaftung im Englischen und im Deutschen Recht, 231.

264 *Grundmann/Selbherr* WM 1996, 985, 989.

265 Regierungsbegründung zum Dritten Finanzmarktförderungsgesetz, BT-Drucks. 13/8933 S. 54, 80; *Kümpel* Bank- und Kapitalmarktrecht 2. Aufl. Rn 9.307; *Kort* AG 1999, 9, 20; *Groß* AG 1999, 199, 205.

266 *Groß* AG 1999, 199, 205.

regelung verfolgte Ziel der Förderung der Bereitschaft zur Unterstützung von Risikokapital gefährden.[267]

Den Gegnern der Haftungsbeschränkung ist zuzustimmen. Es ist wünschenswert, einen Gleichklang zur bürgerlich-rechtlichen Prospekthaftung herzustellen. Keinesfalls ist es gerechtfertigt, den fehlenden rechtsgeschäftlichen Kontakt bei der Prospekthaftung als Argument für eine Haftungsminderung anzuführen. Die Informationserteilung durch den Prospekt ist für den Anleger von ähnlichem Gewicht wie ein Beratungsgespräch. Er steht sogar insofern schlechter, als er keine Fragen stellen kann und die Beurteilung von Vermögensanlagen in der Regel ohne Fachkenntnisse nicht zuverlässig möglich ist. Es ist daher kein einleuchtender Grund ersichtlich, für die falsche individuelle Beratung leichte Fahrlässigkeit ausreichen zu lassen, während bei einem falschen Prospekt grobe Fahrlässigkeit erforderlich ist. Darüber hinaus greift auch in anderen Fällen, bei denen kein rechtsgeschäftlicher Kontakt besteht, bereits bei einfacher Fahrlässigkeit die Haftung ein. Zum einen betrifft das die Fälle der bürgerlich-rechtlichen Prospekthaftung im engeren Sinne, bei der ohne rechtsgeschäftlichen Kontakt für die Inanspruchnahme typisierten Vertrauens gehaftet wird. Zum anderen wird auch bei der deliktischen Haftung nach § 823 Abs. 1 BGB ohne rechtsgeschäftlichen Kontakt für einfache Fahrlässigkeit gehaftet.

Auch das Argument, die Bereitschaft der Emissionsbegleiter, den Gang an die Börse zu unterstützen, ließe bei einer normalen Haftung nach, ist nicht überzeugend. Es ist durch nichts belegt, daß durch die Haftungsverschärfung Emissionshäuser vom Emissionsgeschäft abgehalten würden. Da seit Einführung der Börsenprospekthaftung im Jahr 1896 nur für grobe Fahrlässigkeit gehaftet wird, liegen direkte inländische Vergleichszahlen nicht vor. Jedoch belegt das enorme Wachstum des Investitionsvolumens auf dem grauen Kapitalmarkt, das deutlich über dem des der Börsenprospekthaftung unterstehenden Marktes liegt, daß die dort geltende Haftung für leicht fahrlässig verursachte Prospektmängel keinen Einfluß auf die Emissionsneigung hat. Dasselbe gilt für den Vergleich mit den im Verhältnis zum deutschen Börsenmarkt höheren Emissionsvolumen an englischen[268] und nordamerikanischen Börsenmärkten, an denen sogar ohne Verschulden – lediglich mit der Möglichkeit sich zu exkulpieren – gehaftet wird.[269] Schließlich halten die §§ 45 ff BörsG n.F. ausreichende andere Instrumente gegen eine unüberschaubare Haftung der Prospekt-

[267] Regierungsbegründung zum Dritten Finanzmarktförderungsgesetz, BT-Drucks. 13/8933 S. 80.
[268] *Roller* Die Prospekthaftung im Englischen und Deutschen Recht, 240.
[269] Siehe dazu *Assmann* Festschrift für Kübler, 317, 342.

verantwortlichen bereit. So sind die Beschränkungen der Haftung auf den Erstausgabepreis und nur für Erwerbe binnen sechs Monaten ab Prospektveröffentlichung sowie die kurze sechsmonatige Verjährungsfrist ab Kenntnis von der Unrichtigkeit des Prospektes, maximal drei Jahre ab Prospektveröffentlichung, mehr als geeignet, das Haftungsrisiko berechenbar zu machen.

Da der Gesetzgeber die Haftungsprivilegierung gerade erst wieder durch das Dritte Finanzmarktförderungsgesetz bestätigt hat, ist für eine richterrechtliche Angleichung im Wege der Rechtsfortbildung kein Raum. Es ist daher der Gesetzgeber aufgerufen, seine Entscheidung zu überdenken, um so den Anschluß an den sonst üblichen inländischen und internationalen Haftungsmaßstab zu finden. Bleibt der Gesetzgeber untätig, ist es nicht ausgeschlossen, daß die Rechtsprechung durch die Aufweichung des Begriffs der groben Fahrlässigkeit eine Angleichung auf „kaltem Wege" vornimmt. Dies könnte etwa durch das Postulieren erhöhter Sorgfaltspflichten geschehen, deren Verletzung dann eine besonders schwerwiegende Verletzung der im Verkehr erforderlichen Sorgfalt darstellt.

6. Anspruchsinhalt

Nach alter Rechtslage war der gesamte Schaden zu ersetzen, der aus der Abweichung der tatsächlichen Sachlage von den im Prospekt gemachten Angaben resultierte. Da der Anleger die Wertpapiere in der Regel bei Kenntnis der Unrichtigkeit oder Unvollständigkeit des Prospektes nicht erworben hätte, konnte er die Erwerbskosten – unter Abzug des Restwertes der Wertpapiere – erstattet verlangen. Für die Schadensbemessung galten die allgemeinen Grundsätze.[270] Nach allgemeinen schadensrechtlichen Grundsätzen konnte der Prospektgeschädigte auch entgangenen Gewinn (§ 252 BGB) verlangen, etwa in Höhe der Rendite, die ihm festverzinsliche Anlagen eingebracht hätten.[271] Dem konnte der Ersatzpflichtige nach § 46 Abs. 2 BörsG a.F. dadurch begegnen, daß er die Wertpapiere gegen Erstattung des nachgewiesenen Erwerbspreises oder des ersten notierten Kurswertes übernahm. Der Ersatzverpflichtete hatte also eine Ersetzungsbefugnis.[272]

---

270 *Meyer/Bremer* Börsengesetz § 45 Nr. 10 (S. 116); *Canaris* Bankvertragsrecht 2. Aufl. Rn 2285; *Brondics/Mark* AG 1989, 339, 343.

271 LG Düsseldorf, Urt. v. 1.9.1982 – 12–609/81, ZIP 1982, 1184, 1187 (BuM); *Schwark* Börsengesetz §§ 45, 46 Rn 38.

272 *Kümpel* Bank- und Kapitalmarktrecht, 1995, Rn 11.197.

Diese Ersetzungsbefugnis ist in § 45 Abs. 1 Satz 1 und 2 BörsG n.F. durch eine generelle Beschränkung des Anspruchs des Geschädigten abgelöst worden. Der Geschädigte kann ausschließlich die Erstattung des Erwerbspreises gegen Übernahme der Wertpapiere verlangen, soweit dieser den ersten Ausgabepreis der Wertpapiere nicht übersteigt. Die Begrenzung auf den Ausgabepreis beruht darauf, daß dies der Preis ist, zu dem die Wertpapiere aufgrund des Prospektes veräußert werden. Nachfolgende Veränderungen des Preises beruhen nicht auf dem Prospekt und sollen nicht zu Lasten der Prospektverantwortlichen gehen.[273] Ferner kann der Anleger die mit dem Erwerb verbundenen üblichen Kosten ersetzt verlangen. Ist ein Ausgabepreis nicht festgelegt, ist der erste nach der Einführung gebildete Börsenpreis maßgeblich; erfolgt die Einführung an mehreren inländischen Börsen gleichzeitig, ist der höchste gebildete Börsenpreis entscheidend. Mit dieser Regelung hat der Gesetzgeber eine Angleichung an die §§ 20 Abs. 1 Satz 1 KAGG, 12 Abs. 1 Satz 1 AuslInvestmG vorgenommen und ist auf dem Weg zur Vereinheitlichung der Prospekthaftungstatbestände ein weiteres Stück vorangegangen. Die Beschränkung des Schadensersatzanspruchs stellt einen Eingriff in die dogmatischen Strukturen des Schadensersatzrechts dar, der teilweise als verfehlt kritisiert wird.[274] Die Kritik verkennt zweierlei. Zum einen paßt sich das gesamte Konzept der börsengesetzlichen Prospekthaftung nicht nahtlos in das System der zivilrechtlichen Haftung ein, sondern stellt ein Sonderrecht mit Sonderregelungen auch zugunsten des Anlegers dar. Zum anderen dient die Begrenzung nach dem Wille des Gesetzgebers der Überschaubarkeit der Haftung und soll einen Beitrag zur volkswirtschaftlich als sinnvoll angesehenen Risikokapitalförderung darstellen.[275] Anders als die Sonderregelungen des Börsengesetzes zum Verschuldensmaßstab der Prospektverantwortlichen ist diese Beschränkung nicht zu beanstanden. Der Ersatz von enttäuschten Gewinnerwartungen bei Kapitalanlagen in spekulativen Papieren kann vom Anleger billigerweise nicht erwartet werden. Das entspricht der Rechtslage bei fehlgeschlagenen Börsentermingeschäften. Es gibt bei solchen Anlageformen keinen garantierten Gewinn, so daß auch kein mutmaßlicher Gewinn einer vergleichbaren spekulativen Anlage beansprucht werden kann. Wer spekuliert kann auch nicht davon ausgehen, er würde zumindest die Rendite von sicheren, festverzinslichen Anlagearten hereinholen. Genau das will er nicht. Und weil ein Spekulant keine sichere An-

273 Regierungsbegründung zum Dritten Finanzmarktförderungsgesetz, BT-Drucks. 13/8933 S. 54, 78.

274 *Roller* Die Prospekthaftung im Englischen und im Deutschen Recht, 209.

275 Regierungsbegründung zum Dritten Finanzmarktförderungsgesetz, BT-Drucks. 13/8933 S. 78.

lage will, ist es auch nicht unbillig, ihm die Berufung darauf zu versagen, er hätte bei einer sicheren Anlage einen Gewinn gemacht.

7. Anspruchsbegrenzung

Die Prospekthaftungsansprüche nach dem Börsengesetz weisen einige Einschränkungen gegenüber den allgemeinen zivilrechtlichen Schadensersatzansprüchen auf. Diese zum überwiegenden Teil noch auf das Börsengesetz von 1896 zurückgehenden Beschränkungen der Haftung der Prospektverantwortlichen werden neuerdings vor allem damit gerechtfertigt, die Bereitschaft von Existenzgründern und mittelständischen Unternehmen, sich das notwendige Eigenkapital durch einen Gang an die Börsen zu verschaffen, müsse ebenso gefördert werden wie die wirtschaftliche Attraktivität der Finanzdienstleistung „Emissionsbegleitung".[276] Gleichwohl sind einige Beschränkungen durch das Dritte Finanzmarktförderungsgesetz, die seit langem in der Literatur als sachlich nicht gerechtfertigt angesehen wurden, beseitigt worden.

a) Urkundenbesitz

Nach der alten Rechtslage (§§ 45 Abs. 1, 46 Abs. 1 BörsG a.F.) war Anspruchsvoraussetzung für den Schadensersatzanspruch, daß der Anleger Besitzer von Aktien war, die aufgrund des Prospektes zugelassen worden waren. Dabei reichte aber nicht allein der Besitz im Sinne von §§ 854 ff BGB aus, sondern der Anleger mußte das Recht haben, über die Wertpapiere zu verfügen.[277] Wenn die Aktien nur in einer Globalurkunde verbrieft waren, reichte der mittelbare Mitbesitz des Anlegers nach § 868 BGB in Verbindung mit seinem in den vertraglichen Bestimmungen zu seiner Hausbank festgelegten Verfügungsrecht aus.[278] Das Erfordernis des Urkundenbesitzes als Voraussetzung des Schadensersatzanspruchs ist vom Schrifttum heftig kritisiert worden, weil viele Anleger mit dem Absinken der Kurse die Wertpapiere veräußerten.[279] Verkaufte der Anleger zum Zwecke der Schadensminderung die Wertpapiere wieder, gab er seinen Anspruch auf einen möglichen

---

276 Regierungsbegründung zum Dritten Finanzmarktförderungsgesetz, BT-Drucks. 13/8933 S. 56.

277 LG Frankfurt, Urt. v. 7.10.1997 – 3/11 O 44/96, ZIP 1998, 641, 642 (MHM Mode); *Schwark* Börsengesetz §§ 45,46 Rn 28.

278 LG Frankfurt, Urt. v. 7.10.1997 – 3/11 O 44/96, ZIP 1998, 641, 642 (MHM Mode).

279 *Kümpel* Bank- und Kapitalmarktrecht, 1995, Rn 11.199; *Schwark* Börsengesetz §§ 45, 46 Rn 30; *Nußbaum* Börsengesetz § 46 IV a) (S. 198).

Prospekthaftungsanspruch auf. Eine Erstreckung der Haftung auch auf frühere Besitzer war nach dem eindeutigen Gesetzeswortlaut nicht möglich.[280]

Die Neuregelung hat diese Kritik berücksichtigt. Nach § 45 Abs. 2 BörsG n.F. kann der Anleger, der die Wertpapiere veräußert hat und deswegen die Urkunden nicht mehr besitzt, die Differenz zwischen Erwerbspreis, soweit er Erstausgabepreis bzw. ersten Börsenpreis nicht übersteigt, und Verkaufspreis zuzüglich Erwerbs- und Veräußerungskosten erstattet verlangen. Nach allgemeinen beweisrechtlichen Kriterien hat der Anspruchsteller, der nicht mehr Inhaber des Wertpapiers ist, zu beweisen, daß er Inhaber war.[281]

b) Junge Stücke

Nach alter Rechtslage (§ 46 Abs. 1 BörsG a.F.) war der börsengesetzliche Prospekthaftungsanspruch auf diejenigen Anleger beschränkt, die im Besitz von „jungen" Stücken waren. Das sind solche Wertpapiere, welche aufgrund des Prospektes zugelassen und von dem Besitzer aufgrund eines im Inland abgeschlossenen Geschäfts erworben worden sind.[282] Liegt, wie in einer nicht unerheblichen Zahl der Fälle, der Emission lediglich eine Kapitalerhöhung zugrunde und werden nach derselben alte und junge Stücke der gleichen Gattung gemeinsam gehandelt, so hat der Investor, der aufgrund der Prospektveröffentlichung Wertpapiere erwerben will, keinen Anspruch auf die Lieferung junger Stücke. Hatte der Anleger alte Aktien aufgrund des Prospektes erworben, hatte er keine Prospekthaftungsansprüche.[283] Eine erweiternde Auslegung, die die Prospekthaftung auch auf alte Stücke erstreckt, wurde von der herrschenden Meinung zu Recht abgelehnt.[284] Angesichts der klaren Gesetzeslage bestand für eine erweiternde Auslegung auch kein Raum. Darlegungs- und Beweislast dafür, daß es sich um junge Stücke handelte, hatte der Anleger.[285]

---

280 *Schwark* WuB I G8.–2.97.

281 *Kort* AG 1999, 9, 13.

282 OLG Frankfurt, Urt. v. 14.5.1997 – 21 U 117/96, ZIP 1997, 1105 = NJW-RR 1998, 122 (Bond).

283 BGH, Urt. v. 12.7.1982 – II ZR 172/81, ZIP 1982, 930, 931 = WM 1982, 867, 868 (BuM); BGH, Urt. v. 11.11.1985 – II ZR 109/84; WM 1986, 2, 5 (BuM), insofern in BGHZ 96, 231 nicht abgedruckt; *Schwark* ZGR 1983, 162, 181.

284 BGH, Urt. v. 12. Juli 1982 – II ZR 172/81, ZIP 1982, 930, 931 (BuM); OLG Düsseldorf, Urt. v. 25.6.1981 – 6 I 79/80, ZIP 1981, 847, 848 f (BuM); *Schwark* Börsengesetz § §§ 45,46 Rn 36; *Carl/Machunsky* Der Wertpapier-Verkaufsprospekt, 69.

285 *Grundmann* in: Schimansky/Bunte/Lwowski § 112 Rn 63; *Assmann* in: Assmann/Schütze § 7 Rn 211; *Hopt* Die Verantwortlichkeit der Banken bei Emissionen Rn 141 ff.

Durch die Novellierung ist die Haftung ausdrücklich auf alte Stücke erweitert worden, die ein Anleger nach Veröffentlichung eines Prospektes erwirbt (§ 45 Abs. 1 Satz 3 BörsG n.F.). Allerdings ist dem Emittenten die Möglichkeit eröffnet, eine Erweiterung der Prospekthaftung auch auf alte Aktien durch eine Kenntlichmachung der neu emittierten Aktien zu vermeiden. Dies kann etwa durch die Vergabe einer anderen Wertpapierkennummer geschehen. Der Emittent kann also frei wählen, ob er das durch einheitlichen Handel seiner alten und jungen Wertpapiere erhöhte Haftungsrisiko tragen will oder ob er einen getrennten Handel anstrebt, der möglicherweise andere Nachteile – wie etwa unterschiedliche Börsenkurse und erhöhten Aufwand bei der Geschäftsabwicklung[286] oder eine verminderte Liquidität der Emission[287] – nach sich zieht. Durch diese Regelung wird das Risiko einer fehlenden Unterscheidbarkeit vom Anleger auf die für den Prospekt Verantwortlichen übertragen. Das ist auch sachgerecht, die Prospektverantwortlichen haben es in der Hand, ihre Haftung durch entsprechende Kennzeichnung der jungen Stücke zu begrenzen. Wenn sie im Interesse einer möglichst großen Liquidität auf eine besondere Kennzeichnung verzichten, haben sie als Verursacher und Nutznießer auch das Risiko der fehlenden Unterscheidbarkeit zu tragen.

c) Beschränkung auf Ersterwerb

Nach altem Recht war umstritten, ob nur der Ersterwerber[288] oder auch der Zweiterwerber und weitere Erwerber Prospekthaftungsansprüche haben können.[289] Nach § 46 Abs. 1 BörsG a.F. stand nur fest, daß der Besitzer anspruchsberechtigt war. Daraus ließ sich aber nicht ohne weiteres schließen, daß jeder Folgebesitzer den Anspruch aus der Börsenprospekthaftung geltend machen konnte, egal wie er in den Besitz der Wertpapiere gekommen war.[290]

Zu § 45 BörsG n.F. wird die Meinung vertreten, auch der Folgeerwerber könne Prospekthaftungsansprüche geltend machen.[291] Die Bedenken, die gegen eine solche Ausweitung im alten Recht gesprochen hätten, seien im Zuge der Novellierung weitgehend ausgeräumt worden. Der Rechtssicherheit wäre trotz der Haftungserweiterung durch die verkürzte Verjäh-

---

286 dazu *Kümpel* Bank- und Kapitalmarktrecht, 1995, Rn 11.200.

287 *Pötzsch* WM 1998, 949, 950.

288 So *Kümpel* Bank- und Kapitalmarktrecht, 1995, Rn 11.202.

289 So *Hopt* Die Verantwortlichkeit der Banken bei Emissionen Rn 145; *Carl/Machunsky* Der Wertpapier-Verkaufsprospekt, 68; *Schwark* ZGR 1983, 162, 182; *Roller* Die Prospekthaftung im Englischen und im Deutschen Recht, 210.

290 *Kümpel* Bank- und Kapitalmarktrecht, 1995, Rn 11.202.

291 *Kort* AG 1999, 9, 12: *Groß* AG 1999, 199, 205.

rung nach § 47 BörsG n.F. genüge getan. Die Höhe des Schadensersatzanspruchs sei auch bei mehreren Anspruchstellern auf den Ersterwerbspreis beschränkt.

Dieser Meinung ist zuzustimmen. Nach dem Wortlaut des § 45 Abs. 1 Satz 1 BörsG n.F. kommt es allein auf den Erwerb der Wertpapiere an, die aufgrund des Prospektes zum Börsenhandel zugelassen worden sind. Der Börsenprospekt ist nicht an konkrete Anleger gerichtet, sondern auf einen unbestimmten Adressatenkreis; er ist marktbezogen. Jedenfalls während der Plazierungsphase hat er auch Wirkung auf die Kursentwicklung, so daß er auch auf den Sekundärmarkt einwirkt. Er ist nicht nur zur Täuschung der Ersterwerber geeignet, sondern kann diese Wirkung ebenso bei nachrangigen Anlegern erzeugen.

Auch die Systematik des Gesetzes spricht für die Erstreckung der Prospekthaftung auch auf Folgeerwerber. Da durch § 45 Abs. 1 Satz 1 BörsG n.F. eine Haftung nur für den Erwerb von Wertpapieren besteht, die innerhalb von sechs Monaten ab Börsenzulassung gekauft werden, ist eine unüberschaubare Vermehrung von Prospektansprüchen nicht zu erwarten. Der Gesetzgeber selbst läßt eine Haftung sogar für alte Aktien zu, wenn sie nicht von den neu emittierten zu unterscheiden sind (§ 45 Abs. 1 Satz 3 BörsG n.F.). Hinzu kommt, daß das finanzielle Risiko der Prospektverantwortlichen durch § 45 Abs. 1 Satz 1, Abs. 2 BörsG n.F. auf den Ausgabepreis beschränkt ist, unabhängig davon, wieviel Veräußerungen stattgefunden haben. Erwirbt der Erstkäufer die Aktie zum Ausgabepreis von 100,00 DM und veräußert er sie für 80,00 DM weiter, so hat der Ersterwerber einen Anspruch nach § 45 Abs. 2 BörsG n.F. in Höhe von 20,00 DM und der Zweiterwerber nach § 45 Abs. 1 Satz 1 BörsG n.F. einen in Höhe von 80,00 DM Zug um Zug gegen Rückgabe der Aktie.[292]

Allerdings kann nicht jeder Zweiterwerb einer an der Börse zugelassenen Aktie die Prospekthaftung auslösen. Notwendig ist vielmehr, daß auch für den Zweiterwerb die allgemeinen Voraussetzungen der Börsenprospekthaftung vorliegen. Die Aktie muß also auch vom Zweiterwerber innerhalb von sechs Monaten nach Börsenzulassung aufgrund des Prospektes erworben worden sein.[293] Ist das der Fall, besteht in der Tat kein sachlicher Grund, einen Sekundärerwerber von der Prospekthaftung auszuschließen.

d) Inlandsgeschäft

Nach § 46 Abs. 1 BörsG a.F. setzte die Prospekthaftung voraus, daß die Wertpapiere aufgrund eines im Inland abgeschlossenen Geschäfts erwor-

---

[292] Beispiel nach *Kort* AG 1999, 9, 13.

[293] *Groß* AG 1999, 199, 205.

ben worden waren. Diese Beschränkung, die angesichts der Globalisierung der Kapitalmärkte auf Kritik gestoßen war[294] und bei der der Umfang des Begriffs „Inlandsgeschäft" Auslegungsschwierigkeiten bereitete,[295] ist in der Neufassung nicht mehr enthalten.

Durch die Novelle ist in § 45 Abs. 3 BörsG n.F. lediglich noch insofern eine Beschränkung enthalten, als für Haftungsansprüche gegen Emittenten mit Sitz im Ausland deutsches Recht anwendbar ist, wenn die Wertpapiere aufgrund eines im Inland abgeschlossenen Geschäfts oder einer ganz oder teilweise im Inland erbrachten Wertpapierdienstleistung erworben wurden. Damit werden lediglich solche Erwerbsvorgänge nicht mehr vom deutschen Rechts erfaßt, die ausschließlich im Heimatstaat des Emittenten abgewickelt werden.[296] Grund dieser Ausweitung des Geltungsbereichs deutschen Rechts ist neben der zunehmenden Internationalisierung der Kapitalmärkte eine Intensivierung europarechtlicher Vorgaben.[297]

e) Kenntnis vom Prospektmangel

Nach § 46 Abs. 2 Satz 1 BörsG a.F. und auch nach neuem Recht (§ 46 Abs. 2 Nr. 3 BörsG n.F.) ist ein Ersatzanspruch ausgeschlossen, wenn der Erwerber die Unrichtigkeit oder Unvollständigkeit des Prospektes bei dem Erwerb kannte. Die Beweislast für diese Kenntnis hat aufgrund der Gesetzessystematik der Prospektverantwortliche.[298]

Das neue Recht hat die Regelung des § 46 Abs. 2 Satz 2 BörsG a.F. nicht übernommen, nach der eine Ersatzpflicht auch dann ausgeschlossen war, wenn der Erwerber bei Beachtung der Sorgfalt in eigenen Angelegenheiten die Unrichtigkeit des Prospektes hätte kennen müssen, es sei denn, die Ersatzpflicht wurde durch bösliches Verhalten begründet. Die neue Regelung steht damit im Einklang mit den Regelungen der §§ 20 KAGG, 12 AuslInvestmG.[299] Der Prospekthaftungsanspruch entfällt daher nach neuem Recht nur bei positiver Kenntnis des Anlegers, grobfahrlässige Unkenntnis reicht nicht aus.

---

294 *Kümpel* Bank- und Kapitalmarktrecht, 1995, Rn 11.195; *Hamann* in: Schäfer, WpHG, BörsG, VerkProspG §§ 45, 46 BörsG a.F. Rn 131.

295 Zum Meinungsstreit: *Hamann* in: Schäfer, WpHG, BörsG, VerkProspG §§ 45, 46 BörsG a.F. Rn 132 f.

296 *Groß* AG 1999, 199, 205.

297 *Kort* AG 1999, 9, 14.

298 BGH, Urt. v. 14.7.1998 – XI ZR 173/97, BGHZ 139, 225, 235 = ZIP 1998, 1528, 1531 (Elsflether Werft).

299 *Sittmann* NZG 1998, 490, 492; *Kort* AG 1999, 9, 15.

f) Mitverschulden

Wie jeder andere Schadensersatzanspruch auch, steht der Anspruch des Anlegers aus der Börsenprospekthaftung unter dem Vorbehalt, daß er nicht durch sein Verschulden mitverursacht oder vergrößert worden ist (§ 254 BGB). Nach der etwas mißverständlichen Gesetzesbegründung soll es sich bei der Regelung des § 46 Abs. 2 Nr. 3 BörsG n.F., nach der der Anspruch ausgeschlossen ist, wenn der Erwerber Kenntnis vom Prospektmangel hatte, um eine gesetzliche Sonderregelung der Frage des Mitverschuldens des Anspruchstellers handeln, die außerhalb ihres Anwendungsbereichs den Mitverschuldenseinwand ausschließe.[300] Dem kann in dieser Allgemeinheit nicht zugestimmt werden. Zum einen handelt es sich bei der Kenntnis des Anlegers vom Prospektmangel nicht um eine Frage des Mitverschuldens, sondern um eine solche der haftungsbegründenden Kausalität. Wer Kenntnis von einem Prospektfehler hat, kann die Wertpapiere nicht aufgrund des fehlerhaften Prospektes erworben haben. Nur im Bereich der haftungsbegründenden Kausalität ist ein weitergehender Mitverschuldenseinwand durch die Sonderregelung ausgeschlossen. So kann also nicht eingewandt werden, der Anleger hätte die Unrichtigkeit des Prospektes bei gehöriger Sorgfalt erkennen können. In bezug auf die haftungsausfüllende Kausalität ist der Mitverschuldenseinwand aber nicht durch § 46 Abs. 2 Nr. 3 BörsG n.F. ausgeschlossen.[301]

aa) Unverzügliche Anspruchsanmeldung

Zur alten Rechtslage war die Meinung herrschend, der Ersatzberechtigte habe nach Kenntnis der Unrichtigkeit oder Unvollständigkeit des Prospekts unverzüglich dem Ersatzpflichtigen seine Ansprüche mitzuteilen. In dem Unterlassen der Mitteilung könne ein Mitverschulden liegen.[302] Das konnte aber nach der den Literaturstimmen zugrundeliegenden Entscheidung des Reichsgerichts nur dann der Fall sein, wenn der Ersatzverpflichtete tatsächlich die Aktien frühzeitig zurückgenommen hätte und dadurch der Schaden verringert worden wäre.[303] Nach der Einführung der sechs-

---

300 Regierungsbegründung zum Dritten Finanzmarktförderungsgesetz, BT-Drucks. 13/8933 S. 80.

301 OLG Frankfurt, Urt. v. 1.2.1994 – 5 U 213/92, ZIP 1994, 282, 287 (Bond); *Hamann* in: Schäfer, WpHG, BörsG, VerkProspG §§ 45, 46 BörsG n.F. Rn 42, §§ 45, 46 a.F. Rn 138; *Assmann* in: Assmann/Schütze § 7 Rn 228; *Schwark* Börsengesetz §§ 45, 46 Rn 40.

302 *Kümpel* Bank- und Kapitalmarktrecht, 1995, Rn 11.196; *Schwark* Börsengesetz §§ 45, 46 Rn 40; *Nußbaum* Börsengesetz § 46 V b) (S. 200); *Meyer/Bremer* Börsengesetz § 46 Nr. 6 (S. 120).

303 RG, Urt. v. 11.10.1912 – II 106/12, RGZ 80, 196, 202.

monatigen Verjährungsfrist ab Kenntnis von der Unrichtigkeit des Prospekts (§ 47 BörsG n.F.) ist für diese Art von Mitverschulden kein Raum mehr. Die sechsmonatige Frist ist so kurz, daß eine unüberschaubare Schadensvergrößerung durch zu langes Zuwarten nicht mehr in Betracht kommt. Darüber hinaus muß dem Anleger auch genügend Zeit eingeräumt werden, sich zu entscheiden, ob er trotz der Prospektmängel das Wertpapier halten will. Hierzu bedarf es einer gewissen Dauer der Marktbeobachtung. Schließlich spricht gegen diesen Mitverschuldensvorwurf, daß der Gesetzgeber eine Pflicht zur unverzüglichen Anzeige der Ansprüche in Kenntnis des Meinungsstreites gerade nicht gesetzlich verankert hat.

bb) Unverzüglicher Verkauf der Wertpapiere

Nach einer in der Literatur vertretenen Meinung soll nach der neuen Rechtslage ein Mitverschulden auch dann vorliegen, wenn ein Anleger bei sinkender Kursentwicklung das Wertpapier nicht verkauft, um damit die Differenz zwischen Kauf- und Verkaufskurs gering zu halten.[304] Dem kann nicht zugestimmt werden. Das Gesetz sieht ausdrücklich zwei Möglichkeiten des Schadensersatzes vor. Neben der Geltendmachung des Differenzschadens (§ 45 Abs. 2 BörsG n.F.) kann der Anleger ausdrücklich Zahlung des vollen Ausgabepreises gegen Rückgabe der Wertpapiere verlangen (§ 45 Abs. 1 Satz 1 BörsG n.F.). Die letzte Variante wäre obsolet, würde man im Festhalten der Wertpapiere ein Mitverschulden sehen. Darüber hinaus ist es auch kaum möglich, Kriterien für die Praxis zu entwikkeln, anhand derer ein Mitverschulden festzumachen wäre. Nicht jedes Sinken der Wertpapierkurse kann zu einer Veräußerungspflicht des Anlegers führen. Das sieht auch Sittmann,[305] weswegen er auf einen Zeitkorridor abstellen will, was wiederum bedeutet, daß dem Anleger eine Kursbeobachtungspflicht aufzuerlegen ist. Für die Kursbeobachtungspflicht soll auf den durchschnittlichen Anleger abgestellt werden, der nur gelegentlich den Kursverlauf seiner Wertpapiere im Depot beobachtet. Daran zeigt sich die Fragwürdigkeit dieser Ansicht. Eine Pflicht, den Kursverlauf der eigenen Wertpapiere zu beobachten, läßt sich dem Gesetz nicht entnehmen. Es ist auch durch nichts belegt, daß ein durchschnittlicher Anleger gelegentlich den Kursverlauf der Wertpapiere in seinem Depot beobachtet. Nach einem berühmten Wort des bekannten Aktienspekulanten André Kostolany soll der Aktienkäufer vielmehr seine Aktien im Depot dreißig Jahre liegenlassen und vergessen. Sittmann bleibt auch die Anwort auf die Frage schuldig, wie oft das gelegentliche Nachsehen wohl stattfindet. Eine

---

304 *Sittmann* NJW 1998, 3761, 3762; ders. NZG 1998, 490, 495.

305 *Sittmann* NZG 1998, 490, 495.

praxisgerechte und um Rechtssicherheit bemühte Antwort kann hierauf auch nicht gegeben werden. Schließlich ist es angesichts dessen, daß die Prospektverantwortlichen nur für grobe Fahrlässigkeit haften, auch nicht interessengerecht, dem Anleger für leichteste Fahrlässigkeit einen Mitverschuldensvorwurf zu machen.

cc) Verkauf unterhalb des Börsenpreises

Eine andere Frage ist, ob dem Anleger ein Verstoß gegen seine Schadensminderungspflicht zur Last gelegt werden kann, wenn er die Wertpapiere zu billig verkauft, also unterhalb des an der Börse erzielbaren Preises. Das wird man bejahen müssen. Bei dem Veräußerungspreis, der vom Erwerbspreis nach § 45 Abs. 2 BörsG n.F. abzuziehen ist, handelt es sich zwar um den tatsächlich erzielten Veräußerungserlös. Das verdrängt aber nicht die aus dem allgemeinen Schadensrecht den Anleger treffende Schadensminderungspflicht (§ 254 Abs. 2 Satz 1 BGB). Erfolgt die Veräußerung zu einem unterhalb des üblicherweise erzielbaren Börsenpreises und hat der Anleger das zu vertreten, liegt darin ein Verstoß gegen die Schadensminderungspflicht, so daß vom Erwerbspreis nicht der tatsächlich erzielte Veräußerungserlös abzuziehen ist, sondern der an der Börse erzielbare Veräußerungspreis.[306]

g) Keine Minderung des Börsenpreises durch den Prospektmangel

Bereits zur alten Fassung des Börsengesetzes wurde die Meinung vertreten, nur der durch die Unrichtigkeit des Prospektes entstandene Schaden sei zu ersetzen. Springender Punkt sei der Zusammenhang zwischen Kursrückgang und falschem Prospekt. Der Schaden müsse dem Anleger aus der von den Prospektangaben abweichenden Sachlage entstanden sein. Kursschwankungen durch Konjunkturen hätten keinen Zusammenhang mit dem Prospekt und könnten daher auch nicht zu einem Prospekthaftungsanspruch führen.[307] Die Beweislast oblag nach allgemeinen Grundsätzen dem Anleger.

Nach § 46 Abs. 2 Nr. 2 BörsG n.F. entfällt die Haftung, wenn der Sachverhalt, über den unrichtige oder unvollständige Angaben im Prospekt enthalten sind, nicht zu einer Minderung des Börsenpreises der Wertpa-

---

306 Regierungsbegründung zum Dritten Finanzmarktförderungsgesetz, BT-Drucks. 13/8933 S. 54, 79; *Groß* AG 1999, 199, 207.

307 *Nußbaum* Börsengesetz § 46 Anm. III d) (S. 195); *Meyer/Bremer* Börsengesetz § 45 Nr. 10 (S. 116), *Schwark* Börsengesetz §§ 45, 46 Rn 38; *Roller* Die Prospekthaftung im Deutschen und im Englischen Recht, 203 f; a.A. *Hamann* in: Schäfer, WpHG, BörsG, VerkProspG §§ 45, 46 BörsG a.F. Rn 147; offen gelassen von OLG Frankfurt, Urt. v. 1.2.1994 – 5 U 213/92, ZIP 1994, 282, 287 (Bond).

piere beigetragen hat. Hierbei geht es letztlich um den allgemeinen schadensersatzrechtlichen Grundsatz der Berufung auf rechtmäßiges Alternativverhalten.[308] Der Inanspruchgenommene kann sich demnach exkulpieren, wenn er beweist, daß die Wertpapiere auch ohne die Mangelhaftigkeit des Prospektes an Wert verloren hätten. Mit dieser Regelung hat sich der Gesetzgeber bewußt gegen die zur zivilrechtlichen Prospekthaftung außerhalb geregelter Märkte ergangene Rechtsprechung des Bundesgerichtshofs gewandt, nach der die Berufung auf rechtmäßiges Alternativverhalten ausgeschlossen ist.[309] Nach dieser Rechtsprechung kommt es bei der bürgerlich-rechtlichen Prospekthaftung allein darauf an, ob der Anleger ohne den Prospektfehler die Anlage überhaupt erworben hätte, nicht darauf, ob der Fehler und die Ursache des Wertverlustes identisch sind.

h) Nachträgliche Berichtigung des Prospektes

Nach § 46 Abs. 2 Nr. 4 BörsG n.F. können die Prospektverantwortlichen durch eine deutlich gestaltete Berichtigung der fehlerhaften Prospektangaben im Jahresabschluß oder Zwischenbericht des Emittenten, durch eine Ad-hoc-Veröffentlichung gemäß § 15 WpHG oder durch eine vergleichbare Bekanntmachung eine Haftung hinsichtlich derjenigen Wertpapiere ausschließen, die nach der Veröffentlichung der Berichtigung erworben wurden, ohne daß hierfür die positive Kenntnis der Anleger von der Berichtigung erforderlich ist.[310] Zum Zeitpunkt der Berichtigung bereits entstandene Ansprüche bleiben unberührt.[311] Durch eine permanente Aktualisierung des Prospektes läßt sich demnach eine Haftung vermeiden.

Die Berichtigung ist formgebunden. Kann sie nicht im Rahmen des Jahresabschlusses, des Zwischenberichts oder einer Ad-hoc-Mitteilung nach § 15 WpHG erfolgen, ist eine vergleichbare Bekanntmachung vorzunehmen. Vergleichbar ist etwa eine in gleicher Weise wie der Prospekt veröffentlichte Berichtigung, die dem Prospekt als Einlageblatt beigefügt wird.[312]

Die Berichtigung muß auf jeden Fall nach dem Wortlaut des Gesetzes deutlich gestaltet werden. Der Wortlaut des Gesetzes und der Sinn und

---

308 *Kort* AG 1999, 9, 14.

309 BGH, Urt. v. 5.7.1993 – II ZR 194/92, BGHZ 123, 106, 111ff; zustimmend *Jasper* WiB 1994, 78, 80; a.A. noch die Vorinstanz OLG Frankfurt, Urt. v. 30.1.1992 – 16 U 120/90, WM 1992, 572, 574f.

310 *Kort* AG 1999, 9, 14.

311 Regierungsbegründung zum Dritten Finanzmarktförderungsgesetz, BT-Drucks. 13/8933 S. 80.

312 Regierungsbegründung zum Dritten Finanzmarktförderungsgesetz, BT-Drucks. 13/8933 S. 81; *Hamann* in: Schäfer, WpHG, BörsG, VerkProspG §§ 45, 46 BörsG n.F. Rn 44; *Sittmann* NZG 1998, 490, 493.

Zweck der Regelung, die Anleger auf eine Unrichtigkeit im Prospekt hinzuweisen mit der Folge, daß ab der Berichtigung wegen des Prospektfehlers die Anspruchsberechtigung der Anleger entfällt, spricht für eine strenge Handhabung des Erfordernisses der deutlichen Gestaltung. Dem steht die Gesetzesbegründung nicht entgegen. Zwar ist dort ausgeführt, es sei einerseits nicht erforderlich, ausdrücklich auf einen Prospektmangel hinzuweisen, da dies in der Praxis der Aufforderung zur Geltendmachung von Prospekthaftungsansprüchen gleichkäme und die Möglichkeit zur Berichtigung daher nicht wahrgenommen würde. Anderseits müsse ein verständiger Leser, dem sowohl der fehlerhafte Prospekt als auch die Berichtigung vorlägen, ohne aufwendige Nachforschungen erkennen können, daß die Berichtigung von dem Prospekt abweichende Angaben enthalte.[313] Da der Gesetzesbegründung allenfalls bei Auslegungszweifeln Bedeutung zukommt,[314] steht sie hier dem klaren Wortlaut des Gesetzes, der von einer deutlich gestalteten Berichtigung spricht, nicht entgegen. Die Gesetzesbegründung versucht, die Quadratur des Kreises zu statuieren. Ohne ausdrücklichen Hinweis darauf, daß mit dem Nachtrag ein bestimmter Fehler berichtigt wird, wird auch ein verständiger Leser ohne aufwendige Nachforschungen nicht erkennen können, daß ein Fehler berichtigt wird. Die Korrektur eines Prospektfehlers kann vernünftigerweise keinen geringeren Anforderungen an die Prospektklarheit unterliegen als der Prospekt selbst. Es wäre sonst bei kritischen Sachverhalten, die der Emittent verschleiern möchte, der Umgehung des Grundsatzes der Prospektklarheit Tür und Tor geöffnet. Diesen Sachverhalt könnte man zunächst falsch darstellen, um ihn unmittelbar darauf in einem Nachtrag mitzuteilen, ohne die zuvor gegebene Fehlmeldung ausdrücklich zu berichtigen. Eine solche – nach der Gesetzesbegründung zulässige – Vorgehensweise läßt sich weder mit dem Wortlaut noch mit dem Sinn und Zweck des Gesetzes vereinbaren, die beide eine ausdrückliche, klar gegliederte Berichtigung unter Bezugnahme auf die Falschmeldung verlangen. Die bloße Veröffentlichung eines neuen Jahresabschlusses oder eines Zwischenberichts oder einer Veröffentlichung im Rahmen der Ad-hoc-Publizität nach § 15 WpHG oder einer vergleichbaren Bekanntmachung als solche reicht daher nicht aus. Eine einschlägige Veröffentlichung muß konkret eine Prospektkorrektur vornehmen, die für den Anleger unmißverständlich ist.[315] Es ist

---

313 Regierungsbegründung zum Dritten Finanzmarktförderungsgesetz, BT-Drucks. 13/8933 S. 81.

314 BGH, Urt. v. 25.2.1998 – VIII ZR 276/96, BGHZ 138, 118, 192.

315 *Hamann* in: Schäfer, WpHG, BörsG, VerkProspG §§ 45, 46 BörsG n.F. Rn 45; *Kort* AG 1999, 9, 15.

insofern derselbe Maßstab anzulegen, den das Landgericht Frankfurt[316] und das Oberlandesgericht Frankfurt[317] im MHM-Mode-Fall bereits zur alten Rechtslage zugrunde gelegt haben.[318] Danach reicht es nicht aus, einen verbesserten Jahresabschluß kommentarlos einem Prospekt als Nachtrag beizufügen. Vielmehr muß deutlich auf den Nachtrag hingewiesen und im einzelnen erläutert werden, welche fehlerhaften Angaben durch ihn berichtigt werden. Das Argument, solchermaßen gestaltete Berichtigungen würden Prospekthaftungsansprüche provozieren, vermag nicht zu überzeugen. Ein Korrektiv gegen eine Welle von Prospekthaftungsansprüchen bildet bereits die Tatsache, daß nur solche Prospektfehler einen Anspruch begründen, die auch kausal für spätere Kursverluste geworden sind. Es steht auch nicht zu befürchten, daß die Prospektverantwortlichen eine detaillierte Berichtigung scheuen und sie deswegen unterlassen. Schon allein um ihre Haftung für die Zukunft zu begrenzen, werden die Prospektverantwortlichen eine Berichtigung vornehmen. Außerdem würden sie sich bei einem vorsätzlichen Unterlassen der Berichtigung auch nach § 264 a StGB strafbar machen.

i) De-Listing

Nach § 43 Abs. 4 Satz 1 BörsG n.F. ist erstmals die Möglichkeit des Rückzugs eines Emittenten von der Börse gesetzlich geregelt. Der Emittent hat einen Rechtsanspruch auf den Widerruf der Börsenzulassung.[319] Die Entscheidung der Zulassungsstelle ist im Gesetz allerdings als Ermessensentscheidung ausgestaltet worden.[320] Bei der Entscheidung sind die für die Ermessensausübung geltenden allgemeinen verwaltungsrechtlichen Grundsätze zu beachten.[321] Die Gesetzesfassung stellt einen börsenpolitischen Kompromiß dar, der den Bedenken des Bundesrates und derjenigen Regionalbörsen Rechnung trägt, die im Fall einer großzügigen De-Listing-Regelung verstärkt den Rückzug großer Emittenten befürchteten.[322]

---

316 LG Frankfurt, Urt. v. 7.10.1997 – 3/11 O 44/96, ZIP 1998, 641, 643 (MHM Mode).

317 OLG Frankfurt, Urt. v. 17.3.1999 – 21 U 260/97, ZIP 1999, 1005, 1006 (MHM Mode).

318 *Kort* AG 1999, 9, 15.

319 *Pötzsch* AG 1997, 193, 196.

320 Regierungsbegründung zum Dritten Finanzmarktförderungsgesetz, BT-Drucks. 13/8933 S. 75.

321 *Meixner* NJW 1998, 1896, 1901.

322 Stellungnahme des Bundesrates zum Gesetzentwurf der Bundesregierung, BT-Drucks. 13/8933 S. 164 f; *Pötzsch* WM 1998, 949, 952.

Der Widerruf darf in keinem Fall dem Schutz der Anleger widersprechen (§ 43 Abs. 4 Satz 2 BörsG n.F.). Ob dieser Schutz es gebietet, daß auch nach Wirksamwerden des Widerrufs ein ordnungsgemäßer Börsenhandel in dem betreffenden Wertpapier an einem Markt nach § 2 Abs. 5 WpHG gewährleistet ist, ein vollständiger Rückzug vom organisierten Kapitalmarkt, der gewisse Mindestanforderungen erfüllen muß, mithin ausgeschlossen ist,[323] ist fraglich. Eine diesbezügliche Regelung im Gesetzentwurf der Bundesregierung[324] ist jedenfalls nicht Gesetz geworden. Sie ist auch zum Schutz der Anleger nicht erforderlich. Diesem kann ebenso durch ein Barabfindungsangebot oder einen befristeten Handel nach Widerruf genügt werden.[325] Die jetzige Gesetzesfassung geht auf die Stellungnahme des Bundesrates zurück, mit der er die Ansicht vertrat, auch die Interessen der Börsen an der Weiterführung des Handels müßten bei der Ermessensentscheidung berücksichtigt werden.[326] Diesem Anliegen diene der vorgeschlagene § 43 Abs. 4 Satz 5 BörsG, nach dem die näheren Bestimmungen über das De-Listing in den Börsenordnungen zu regeln sei. Die Bundesregierung hat in ihrer Gegenäußerung zwar dem Änderungsvorschlag des Bundesrates zugestimmt, aber ausgeführt, daß die Interessen der Börsen und der Intermediäre unbeachtlich seien.[327] Dem ist zuzustimmen. Nach dem Wortlaut des Gesetzes sind allein entgegenstehende Anlegerinteressen zu prüfen. Keine Berücksichtigung bei der Widerrufsentscheidung haben danach die Interessen der Börse an der Beibehaltung des Handels mit den fraglichen Werten zu spielen. Das ergibt sich auch aus der Gesetzessystematik. Zum einen sind für die Zulassung der Wertpapiere nach § 36 Abs. 3 BörsG ausschließlich die Interessen des Emittenten und der Anleger maßgeblich, nicht die der Börse. Zum anderen hat die Börse keinen Selbstzweck, sondern bezieht ihre Existenzberechtigung ausschließlich aus der Tatsache, daß sie Handelsplattform für die Anleger und Emittenten ist.[328] Bei dieser Sachlage dürfte die Absicht des Bundesrates, den Börsen die Möglichkeit zu eröffnen, in den Börsenordnungen einschränkende Regelungen zu ihren Gunsten einzuführen, ein nicht gangbarer Weg sein. Die Börsenordnungen müssen dem Gesetz entsprechen, so daß sie keine Hürden für das De-Listing vorsehen dürfen, die andere Zwecke ver-

---

323 *Pötzsch* AG 1997, 193, 196.

324 Entwurf eines Gesetzes zur weiteren Fortentwicklung des Finanzplatzes Deutschland (Drittes Finanzmarktförderungsgesetz), BT-Drucks. 13/8933 S. 7.

325 *Hamann* in: Schäfer, WpHG, BörsG, VerkProspG § 43 Rn 28.

326 Stellungnahme des Bundesrates, BT-Drucks. 13/8933 S. 164f.

327 Gegenäußerung der Bundesregierung zur Stellungnahme des Bundesrates, BT-Drucks. 13/8933 S. 182.

328 *Pötzsch* WM 1998, 949, 952.

folgen als den Interessen der Anleger und des Emittenten zu genügen. Wenn etwa alle Aktionäre und die Emittentin übereinstimmend ein De-Listing wollen, kann dieses rechtswirksam durch eine Börse nicht ausgeschlossen werden. Das gilt auch dann, wenn die Börse mit den Papieren gern weiter Handel treiben möchte, weil sie an dem Handel gut verdient oder weil diese Papiere ihre Bedeutung als Handelsplatz mitbestimmen.

Etwaige Börsenprospekthaftungsansprüche der Anleger werden durch das De-Listing nicht berührt. Ansprüche, die zum Zeitpunkt des De-Listings bereits entstanden sind, sind weiter durchsetzbar. Sollte das De-Listing innerhalb der Sechsmonatsfrist des § 45 Abs. 1 BörsG n.F. erfolgen, besteht für auf dem Sekundärmarkt erworbene Aktien die Haftung solange fort, bis das De-Listing nach § 46 Abs. 2 Nr. 4 BörsG n.F. bekannt gemacht worden ist.

8. Verjährung

Nach § 47 BörsG a.F. verjährten Ansprüche aus der Börsenprospekthaftung in fünf Jahren seit der Börsenzulassung. Diese Frist ist durch die Neuregelung erheblich verkürzt worden. Nach § 47 BörsG n.F. beträgt die Verjährungsfrist sechs Monate ab Kenntnis von der Unrichtigkeit, spätestens aber drei Jahre nach Veröffentlichung des Prospektes. Es ist damit ein Gleichklang zu §§ 20 Abs. 5 KAGG, 12 Abs. 5 AuslInvestmG und damit auch zur bürgerlich-rechtlichen Prospekthaftung im „engeren Sinn“[329] hergestellt. Die einzige Besonderheit der Börsenprospekthaftung besteht nun nur noch darin, daß die maximale Verjährungsfrist von drei Jahren bereits mit Veröffentlichung des Prospektes zu laufen beginnt, während sie bei §§ 20 Abs. 5 KAGG, 12 Abs. 5 AuslInvestmG und der engen zivilrechtlichen Prospekthaftung erst mit Abschluß des Kaufvertrages in Gang gesetzt wird. Das hat aber deswegen im Ergebnis keine großen praktischen Unterschiede zur Folge, weil eine Börsenprospekthaftung ohnehin nur innerhalb von sechs Monaten ab Prospektveröffentlichung entstehen kann (§ 45 Abs. 1 Satz 1 BörsG n.F.).

9. Kollision mit Kapitalerhaltungsvorschriften

Nach § 45 Abs. 1 Satz 1 BörsG n.F. muß der Haftende die vom Anspruchsberechtigten erworbenen Wertpapiere gegen Erstattung des Er-

[329] vgl. dazu BGH, Urt. v. 22.3.1982 – II ZR 114/81, BGHZ 83, 222, 226f.

werbspreises zurücknehmen. Sofern der Emittent vom frischgebackenen Aktionär in Anspruch genommen wird, verstößt diese Rechtsfolge aber gegen § 57 Abs. 1 Satz 1 AktG, wonach eine Einlagenrückgewähr, um die es sich bei diesem Vorgang handelt, gerade verboten ist und die Ausnahmetatbestände des § 71 AktG nicht greifen.[330] Hier stehen sich zwei Normen gegenüber, die unterschiedliche Zwecke verfolgen: § 45 BörsG dient dem Anlegerschutz, § 57 AktG dient dem Gläubigerschutz. Wie dieses Spannungsverhältnis aufzulösen ist, war bisher nicht Gegenstand ausführlicher Diskussion.[331]

a) Meinung vom Vorrang des Aktiengesetzes

Eine aktienrechtlich orientierte Meinung geht von einem generellen Vorrang der Kapitalerhaltungsvorschriften gegenüber der Börsenprospekthaftung aus.[332] Begründet wird das damit, daß §§ 57, 71 AktG als neuere Vorschriften die älteren §§ 45 ff. BörsG verdrängten. Ferner sei durch das Börsengesetz nur das Vertrauen in die Emissionshäuser geschützt, nicht das in den Emittenten, so daß das Börsengesetz einen Prospekthaftungsanspruch gegen den Emittenten nicht zwingend postuliere.[333]

Diese Auffassung verkennt zum einen, daß die 1978 vorgenommenen Änderungen der §§ 57, 71 AktG lediglich redaktioneller Natur waren. Zum anderen ist ihr spätestens seit der Novellierung der Börsenprospekthaftung durch das Dritte Finanzmarktförderungsgesetz[334] vollends der Boden entzogen.

b) Meinung vom Vorrang des Börsengesetzes

In dem MHM-Mode-Fall haben sowohl das Landgericht Frankfurt[335] als auch das Oberlandesgericht Frankfurt[336] ausgeführt: „Das Rangverhältnis zwischen der Kapitalerhaltungsvorschrift des § 57 AktG und dem An-

---

330 *Schwark* Festschrift für Raisch, 269.

331 Siehe allerdings bereits *Lutter* in: Kölner Kommentar zum Aktiengesetz § 71 Rn 69; neuerdings *Gebauer* Börsenprospekthaftung und Kapitalerhaltungsgrundsatz in der Aktiengesellschaft.

332 *Lutter* in: Kölner Kommentar zum Aktiengesetz § 71 Rn 69; *Erman* AG 1964, 327, 328 f.

333 *Erman* AG 1964, 327, 328.

334 Gesetz zur weiteren Fortentwicklung des Finanzplatzes Deutschland (Drittes Finanzmarktförderungsgesetz) vom 24. März 1998, BGBl I S. 529 ff.

335 LG Frankfurt, Urt. v. 7.10.1997 – 3/11 O 44/96, ZIP 1998, 641, 645 (MHM Mode) mit zust. Anm. *Huber*.

336 OLG Frankfurt, Urt. v. 17.3.1999 – 21 U 260/97, ZIP 1999, 1005, 1008 (MHM Mode).

spruch des Anlegers auf Rückerstattung seiner Erwerbszahlung ist zugunsten der §§ 45 ff BörsG als lex specialis und lex posterior zu entscheiden." Diese Lösung hat im Schrifttum überwiegend Zustimmung gefunden.[337]

c) Differenzierende Meinung

Eine dritte Meinung differenziert danach, ob die Aktien durch Zeichnung oder durch ein Umsatzgeschäft erworben wurden. Erfolge der Wertpapiererwerb im Wege eines Zeichnungsgeschäfts, trete der Wertpapierinhaber der Aktiengesellschaft wie ein Gesellschafter bei, so daß insofern die gesellschaftsrechtliche Bestimmung des § 57 AktG einen Börsenprospekthaftungsanspruch verdränge. Beim Erwerb im Rahmen eines Umsatzgeschäfts trete der Aktionär der Gesellschaft jedoch einem Gläubiger vergleichbar gegenüber, so daß insofern § 57 AktG einem Anspruch nach §§ 45 ff BörsG nicht entgegengehalten werden könne.[338]

d) Eigene Stellungnahme

Das Börsenrecht geht dem Aktienrecht vor. Der Vorrang der Kapitalerhaltung vor der Börsenprospekthaftung ist abzulehnen. Die Anordnung der Prospekthaftung des Emittenten im Börsengesetz würde bei Aktienemissionen leerlaufen, wenn man der Kapitalerhaltung eine Sperrwirkung beimessen würde. Die Annahme des Gesetzes, daß der Emittent die Verantwortung für den Prospekt übernimmt (§ 45 Abs. 1 Satz 1 Nr. 1 BörsG n.F.), wäre geradezu irreführend. Es kann nicht angenommen werden, daß der Gesetzgeber ausgerechnet den Emittenten, der das Wissen über sämtlichen prospektrelevanten Informationen hat und am nächsten dran ist an der Prospektverantwortung, von der Prospekthaftung befreien wollte. Für den Vorrang kann es auch nicht auf die Art der Plazierung ankommen.[339] Wenn eine Aktienemission auch den Verkauf von Anteilen aus dem Besitz von Altaktionären beinhaltet, führt die börsengesetzliche Schadensersatzhaftung der Aktiengesellschaft im Ergebnis dazu, daß die Altaktionäre entgegen § 57 AktG ihre Einlage zurückerhalten. Dies ist aber im Interesse

---

337 Hommelhoff/van Aerssen EWiR 1998, 579, 580; *Erwe* WuB I G 8. – 2.98; *Huber* ZIP 1998, 645, 646; *Krämer/Baudisch* WM 1998, 1161, 1164 ff; *Groß* AG 1999, 199, 208; im Ergebnis auch *Gebauer* Börsenprospekthaftung und Kapitalerhaltungsgrundsatz in der Aktiengesellschaft, 204.

338 RG, Urt. v. 28.4.1909 – I 254/08, RGZ 71, 97, 98 ff; RG, Urt. v. 2.6.1916 – III 61/16, 88, 271, 272 ff; *Schwark* Börsengesetz §§ 45, 46 Rn 8; *ders.* BB 1979, 897, 901; *ders.* Festschrift für Raisch, 269, 286 ff.; *Assmann* in Assmann/Schütze § 7 Rn 109; *Lehmann* WM 1985, 181, 183; *Kunz* Die Börsenprospekthaftung nach Umsetzung der EG-Richtlinien in innerstaatliches Recht, 118.

339 *Krämer/Baudisch* WM 1998, 1161, 1169.

des durch das BörsG verankerten Anlegerschutzes hinzunehmen. Während §§ 71, 57 AktG ganz allgemein jeden Erwerb eigener Aktien regeln, bezieht sich § 45 BörsG auf einen einzigen Sachverhalt, nämlich die Leistung von Schadensersatz durch Erwerb von Aktien aufgrund eines grobfahrlässig von der Gesellschaft mangelhaft erstellten Prospektes. § 45 BörsG enthält eine Spezialregelung des eigenen Aktienerwerbs für den Fall der Prospekthaftung.[340]

Auch die Lösung, die nach der Art der Erwerbstatbestände differenziert, ist abzulehnen. Sie würde bei einer Selbstemission zu Schutzlücken führen, weil in diesen Fällen wegen des Vorranges des § 57 AktG beim Zeichnungserwerb keine Prospekthaftungsansprüche gegeben sind. Ein genereller Vorrang der Börsenprospekthaftung vor der Kapitalerhaltung verstößt auch nicht gegen den Sinn und Zweck des § 57 AktG als Gläubigerschutzvorschrift. Niemand kann darauf vertrauen, daß der Gesellschaft Mittel verbleiben, die ihr durch Täuschung zugeflossen sind. Der generelle Vorrang der Börsenprospekthaftung entspricht schließlich auch dem Willen des Gesetzgebers.[341]

e) Interne Haftungsfreistellung des Emissionsbegleiters

Eine andere Frage ist, ob bei der internen Haftungsfreistellung des Emissionsbegleiters gegenüber dem Emittenten ein Verstoß gegen §§ 71, 57 AktG vorliegt. Solche internen Freizeichnungsklauseln sind häufig in den Emissionsverträgen zwischen Emittent und Emissionsbank enthalten. Sie sollen sicherstellen, daß letztlich der Emittent allein für fehlerhafte Prospektangaben haftet, auch wenn im Außenverhältnis die Bank in Anspruch genommen worden ist. Gegen diese Freizeichnungsklauseln bestehen keine Bedenken, soweit Prospektangaben in Frage stehen, die der Emittent zu vertreten hat. Insofern müßte er ohnehin nach § 426 BGB im Innenverhältnis allein haften.

Die Wirksamkeit der Freizeichnungsklauseln kann lediglich insoweit zweifelhaft sein, als die Emissionsbank auch für die Inanspruchnahme wegen eigener Fehler freigestellt wird. Dabei handelt es sich zum einen um die Teile des Prospektes, in denen die kapitalmarktspezifischen Risiken der Anlage beschrieben werden und zum anderen um die falsche Verarbeitung der Informationen des Emittenten.[342] Da die Außenhaftung des Emittenten ohnehin in vollem Umfang besteht und es mehr oder weniger vom Zufall abhängt, wen der Anleger in Anspruch nimmt, kann eine in-

---

340 *Bosch* in: Hellner/Steuer Stand 12/97 Rn 10/134; *Groß* AG 1999, 199, 208.

341 Regierungsbegründung zum Dritten Finanzmarktförderungsgesetz, BT-Drucks. 13/8933 S. 54, 78.

342 *Technau* AG 1998, 445, 456.

terne Haftungsfreistellung keinen Verstoß gegen §§ 71, 57 AktG darstellen.[343] Der Vorrang der Prospekthaftungsvorschriften vor den Kapitalerhaltungsvorschriften gilt daher auch hinsichtlich des Gesamtschuldnerausgleichs der Prospektverantwortlichen, zu dem die internen Freizeichnungsklauseln zählen.

Im Innenverhältnis eines Emissionskonsortiums wird in der Praxis regelmäßig eine Haftungsbeschränkung der Konsortialmitglieder gegenüber dem Emittenten vereinbart. Ziel solcher Klauseln ist es, die Vermutung der gesamtschuldnerischen Haftung nach § 427 BGB zu widerlegen, so daß im Ergebnis die Haftung der Konsortialmitglieder auf die Konsortialquote beschränkt wird.[344] Grundsätzlich ist gegen eine solche interne Regelung, die die Haftung im Außenverhältnis unberührt läßt, nichts einzuwenden. Allerdings hat der Bundesgerichtshof für den Sonderfall, daß die Vereinbarung eines mittelbaren Bezugsrechts nach § 186 Abs. 5 AktG in Wahrheit als verdeckte Sacheinlage zu qualifizieren ist, einer solchen Haftungsbeschränkung die Wirksamkeit abgesprochen.[345]

10. Unabdingbarkeit

Sowohl nach der alten als auch nach der neuen Fassung des § 48 Abs. 1 BörsG sind Vereinbarungen, durch die die Börsenprospekthaftung im voraus ermäßigt oder erlassen wird, unwirksam. Die Neufassung stellt nunmehr lediglich sprachlich klar, was bereits zur alten Fassung unbestritten war, daß nämlich eine Vereinbarung etwa durch Erlaßvertrag oder Vergleich nach Entstehung des Anspruch zulässig ist.[346] Aus dieser Regelung ergibt sich eindeutig, daß weder in Allgemeinen Geschäftsbedingungen noch durch Haftungsbeschränkungserklärungen in Emissions- oder Konsortialverträgen mit Wirkung gegenüber dem Anleger die Prospekthaftung der nach dem Gesetz Prospektverantwortlichen im vorhinein eingeschränkt werden kann.

11. Gerichtliche Zuständigkeit

Sowohl nach alter als auch nach neuer Fassung des § 49 BörsG ist für Börsenprospekthaftungsansprüche unabhängig von der Höhe des Streit-

343 *Groß* AG 1999, 199, 208; *Technau* AG 1998, 445, 456.
344 *Schwintowski/Schäfer* Bankrecht § 15 Rn 81.
345 BGH, Urt. v. 13.4.1992 – II ZR 277/90, BGHZ 118, 83, 99 f.
346 *Schwark* Börsengesetz § 48 Rn 1; *Kort* AG 1999, 9, 16.

wertes ausschließlich das Landgericht am Ort der Börse zuständig. Während nach der alten Fassung die Börse maßgeblich war, an der die Wertpapiere eingeführt worden waren, berücksichtigt die Neuregelung, daß die Einführung gleichzeitig an mehreren Börsen erfolgen kann und stellt deshalb entsprechend § 36 Abs. 3 a BörsG n.F. auf die Börse ab, die den Prospekt gebilligt hat. Funktional ist – soweit vorhanden – die Kammer für Handelssachen zuständig. Die Neuregelung bezieht in diese Zuständigkeitsregelung ausdrücklich auch die in § 48 Abs. 2 BörsG n.F. genannten konkurrierenden zivilrechtlichen Ansprüche ein und entscheidet damit den zur alten Rechtslage geführten Streit in der Literatur.[347] Diese Regelung soll verhindern, daß es hinsichtlich der Haftung aus einer Emission zu divergierenden Entscheidungen verschiedener Gerichte kommt.

[347] *Schwark* Börsengesetz § 48 Rn 1 und Fußn. 2.

IV. Unternehmensberichtshaftung des geregelten Marktes

1. Begriff des geregelten Marktes

Der geregelte Markt wurde durch das Börsenzulassungsgesetz[348] in §§ 71–77 BörsG mit Wirkung ab dem 1. Mai 1987 an der Börse eingeführt. Er soll börsenreife Unternehmen an den organisierten Kapitalmarkt heranführen, die noch nicht den Weg der amtlichen Zulassung beschreiten wollen oder dies nicht können. Man kann den geregelten Markt als halbamtlichen Markt bezeichnen, der durch BörsG und BörsO eine öffentlich-rechtliche Organisationsstruktur hat, bei dem jedoch die Kursfeststellung nicht amtlich, sondern durch Kursmakler und Freimakler unter Aufsicht des Börsenvorstandes erfolgt.

2. Neuer Markt und Smax

Die Deutsche Börse AG hat am 10. März 1997 als Trägergesellschaft den sog. „Neuen Markt" als neues privatrechtlich organisiertes Handelssegment an der Frankfurter Wertpapierbörse eingeführt. Der Neue Markt soll ein hohes Handelsvolumen und eine hohe Liquidität der Aktien ermöglichen, damit das Risiko begrenzen und zukunftsorientierte Aktienbewertungen ermöglichen.[349] Der Handel unterliegt im wesentlichen dem privatrechtlichen Regime. Hinsichtlich der Zulassungsbedingungen besteht eine Verschränkung öffentlich-rechtlicher und privatrechtlicher Elemente. Das Börsengesetz unterscheidet zwischen den drei Marktsegmenten des amtlichen Handels, des geregelten Marktes und des Freiverkehrs. Während sich die Zulassung von Wertpapieren zum amtlichen Handel und zum geregelten Markt im öffentlichen Recht abspielt, setzt der Handel im Freiverkehr kein öffentlich-rechtliches Zulassungsverfahren voraus. Das rechtliche Konzept des Neuen Marktes setzt sowohl auf das öffentlich-rechtliche Zulassungsverfahren des geregelten Marktes als auch auf die Flexibilität des Freiverkehrs, wobei eine strikte Trennung zwischen Zulassung und Notierungsaufnahme erfolgt.[350] Die Zulassung von Aktien zum Neuen Markt setzt eine Zulassung der entsprechenden Wertpapiere zum

---

348 Börsenzulassungsgesetz vom 16.12.1986, BGBl. I S. 2478 ff.
349 *Martin* AG 1998, 221, 224.
350 *Potthoff/Stuhlfauth* WM 1997 Sonderbeilage Nr. 3 S. 4.

geregelten Markt voraus.[351] Das bedeutet keine Erschwernis für den Emittenten, da die Markteintrittsschranken für den Neuen Markt nicht unter, sondern über den Anforderungen im Geregelten Markt liegen.[352] Um Doppelnotierungen im geregelten Markt und im Neuen Markt auszuschließen, verzichten die Antragsteller, die eine Notierung im Neuen Markt wünschen, auf die Einführung im geregelten Markt. Bildlich gesprochen ist die Zulassung zum geregelten Markt der öffentlich-rechtliche Nukleus für eine Notierungsaufnahme im Neuen Markt.[353] Der Neue Markt ist damit als eigenständiges Handelssegment im Rahmen des Freiverkehrs nach § 78 BörsG an der Frankfurter Wertpapierbörse organisiert.[354] Die Voraussetzungen für eine Notierungsaufnahme im Neuen Markt sind entgegen landläufig anderweitiger Vorstellungen sehr viel strenger als die Handelsvoraussetzungen am Geregelten Markt.[355]

Wegen der zwingend notwendigen Zulassung zum geregelten Markt besteht für die Emittenten, die in dieses Segment einsteigen wollen, eine Prospektpflicht nach § 73 Abs. 1 Nr. 2 BörsG. Es ist also ein Unternehmensbericht zu veröffentlichen. Der nach dem Regelwerk des Neuen Marktes zu erstellende Emissionsprospekt umfaßt zugleich den Unternehmensbericht für den geregelten Markt, geht aber durch die in den Zulassungsbedingungen für den Neuen Markt statuierten zusätzlichen Anforderungen noch darüber hinaus.[356] Dieser Emissionsprospekt unterliegt der Unternehmensberichtshaftung nach §§ 77, 45 ff BörsG und zwar nicht nur hinsichtlich seines Unternehmensberichtskerns, sondern auch in bezug auf die zusätzlichen Angaben.[357] Mit der Zulassung der Wertpapiere zum geregelten Markt entfällt nach § 1 VerkProspG die Pflicht, einen Verkaufsprospekt zu veröffentlichen.[358]

Erfüllt ein Emittent die Zulassungsbedingungen zum Neuen Markt nicht mehr, kann die Deutsche Börse AG die Zulassung zum Neuen Markt beenden. Die Kombination von Zulassung im Geregelten Markt und im Neuen Markt ermöglicht es, den Emittenten, der seine ihm aus dem Regelwerk des Neuen Marktes obliegenden Pflichten nicht mehr er-

---

351 *Ledermann* in: Schäfer, WpHG, BörsG, VerkProspG vor § 71 BörsG Rn 4 a; *Potthoff/Stuhlfauth* WM 1997 Sonderbeilage Nr. 3 S. 4.
352 *Martin* AG 1998, 221, 224.
353 *Potthoff/Stuhlfauth* WM 1997 Sonderbeilage Nr. 3 S. 5.
354 *Potthoff/Stuhlfauth* WM 1997 Sonderbeilage Nr. 3. S. 4.
355 *Ziegenhain/Helms* WM 1998, 1417, 1427.
356 *Potthoff/Stuhlfauth* WM 1997 Sonderbeilage Nr. 3. S. 7.
357 *Potthoff/Stuhlfauth* WM 1997 Sonderbeilage Nr. 3 S. 7.
358 *Hamann* in: Schäfer, WpHG, BörsG, VerkProspG § 1 VerkProspG Rn 27.

füllt, in den Geregelten Markt zurückstufen zu können.[359] Durch die Kombination der Grundzulassung zum Geregelten Markt und der hierauf aufbauenden Zulassung zum Neuen Markt wird erreicht, daß einerseits die Qualitätsstandards im Neuen Markt durch Ausschluß von Unternehmen, die die Zulassungsbedingungen nach Zulassung nicht mehr erfüllen, aufrecht erhalten werden, andererseits aber Zugleich die Stellung der Aktionäre berücksichtigt wird, da das Unternehmen nach Ausschluß aus dem Neuen Markt weiterhin im geregelten Markt verbleibt. Da der Neue Markt privatrechtlich organisiert ist, beurteilt sich die Zulässigkeit des Widerrufs der Zulassung allein nach dem Zivilrecht.[360] Es bedarf also keines förmlichen De-Listing-Verfahrens nach dem Börsengesetz.

Ein weiteres Marktsegment, der sog. „Smax" (von small caps exchange) ist am 26. April 1999 von der Deutsche Börse AG eingeführt worden. Der Smax soll mittelständischen Unternehmen den Gang an die Börse ermöglichen. Im Unterschied zum neuen Markt werden keine Wachstumswerte gehandelt, der Smax dient der konjunkturabhängigen Anlage, also den weniger risikobereiten Anlegern. Er soll sich wie auch der Neue Markt durch hohe Markttransparenz auszeichnen. Entsprechend streng sind die Zulassungsvoraussetzungen. Die rechtliche Konstruktion des Smax lehnt sich an die des Neuen Marktes an.

3. Unternehmensberichtshaftung

Die Unternehmensberichtshaftung regelt die Haftung für fehlerhafte Unternehmensberichte von Emittenten, die das förmliche Zulassungsverfahren des geregelten Marktes nach § 73 Abs. 1 BörsG n.F. durchlaufen haben. Nach § 77 BörsG sind für die Haftung wegen eines unrichtigen oder unvollständigen Unternehmensberichts die §§ 45 bis 49 BörsG anwendbar. Es gelten daher grundsätzlich die oben zur Börsenprospekthaftung gemachten Ausführungen entsprechend. Durch das Dritte Finanzmarktförderungsgesetz[361] sind auch die §§ 71, 72, 73 und 77 BörsG geändert worden. Diese Änderungen haben die Unternehmensberichtshaftung lediglich der Börsenprospekthaftung angepaßt. Es besteht daher einerseits ein Gleichklang der Unternehmensberichtshaftung zur Börsenprospekt-

---

[359] *Kersting* AG 1997, 222, 228; *Potthoff/Stuhlfauth* WM 1997 Sonderbeilage Nr. 3 S. 5.

[360] *Kersting* AG 1997, 222, 228.

[361] Gesetz zur weiteren Fortentwicklung des Finanzplatzes Deutschland (Drittes Finanzmarktförderungsgesetz) vom 24. März 1998, BGBl I S. 529 ff.

haftung.[362] Anderseits besteht auch eine Parallelität der Unternehmensberichtshaftung zu Verkaufsprospekthaftung. Während nach alter Rechtslage die an einen Unternehmensbericht zu stellenden inhaltlichen Anforderungen nur generalklauselartig umschrieben waren, ist nunmehr in § 73 Abs. 1 Nr. 2 BörsG n.F. durch Verweis auf die VerkProspV klargestellt, daß der Unternehmensbericht dieselben Mindestangaben wie ein Verkaufsprospekt enthalten muß. Es gelten nunmehr identische Kriterien für den Inhalt eines Unternehmensberichts und den eines Wertpapier-Verkaufsprospektes[363].

4. Haftung des Emissionsbegleiters

Wegen des Gleichlaufs der Unternehmensberichtshaftung zur Börsenprospekthaftung des amtlichen Handels soll nur ein Punkt herausgegriffen werden, der bei der Unternehmensberichtshaftung kontrovers diskutiert wird bzw. wurde. Die Formulierung in § 73 Abs. 1 Nr. 2 BörsG, daß dem Zulassungsantrag ein vom Emittenten unterschriebener Unternehmensbericht beizufügen ist, hatte im Elsflether-Werft-Fall eine Entscheidung des OLG Bremen provoziert, nach der eine Konsortialbank dann nicht haften sollte, wenn sie den Unternehmensbericht nicht unterschrieben hatte.[364] Der Bundesgerichtshof hat auf die Revision der Anleger klargestellt, daß es für die Haftung einer Emissionsbank nach § 77 BörsG nicht auf eine Mitunterzeichnung des Unternehmensberichts durch die Bank ankommt.[365]

Dieses Judikat hat auch nach der Novellierung Gültigkeit. In § 73 Abs. 4 BörsG n.F. ist nunmehr zwar durch das Dritte Finanzmarktförderungsgesetz ausdrücklich die Möglichkeit geschaffen worden, daß allein der Emittent den Zulassungsantrag stellt, wenn die Wertpapiere bereits zum amtlichen oder geregelten Markt einer inländischen Börse zugelassen sind. Trotzdem ändert das nichts an der Haftung einer Bank, die eine solche Emission begleitet.[366] Soweit Kort[367] einschränkend davon aus-

---

362 *Kort* AG 1999, 9, 16.

363 dazu unten V 1 b)

364 OLG Bremen, Urt. v. 21.5.1997 – 1 U 132/96, DB 1997, 1705 ff (Elsflether Werft); ablehnend *Werner* EWiR 1998, 453, 454.

365 BGH, Urt. v. 14.7.1998 – XI ZR 173/97, BGHZ 139, 225, 229 = ZIP 1998, 1528, 1529 (Elsflether Werft); so auch *Grundmann* in: Schimansky/Bunte/Lwowski § 112 Rn 53; *Assmann* in: Assmann/Schütze § 7 Rn 202 f.; *Schwark* Börsengesetz §§ 45, 46 Rn 6.

366 ähnlich *Hopt* Die Verantwortlichkeit der Banken bei Emissionen Rn 134.

367 *Kort* AG 1999, 9, 17.

geht, es spreche bei jedwedem Auftreten der emissionsbegleitenden Bank im Zusammenhang mit dem Erlaß eines Unternehmensberichts lediglich eine – widerlegbare – Vermutung dafür, daß sie als Prospektverantwortliche im Sinne des Börsengesetzes in Betracht kommt, vermag das nicht zu überzeugen. Eine dogmatische Grundlage dieser Vermutung ist ebensowenig ersichtlich wie die Möglichkeit ihrer Widerlegung. Wenn ein Emissionsbegleiter nach außen so auftritt, daß das Publikum annehmen kann, er habe Verantwortung für den Prospektinhalt übernommen, ist er Prospekterlasser im Sinne vom § 45 Abs. 1 Satz 1 Nr. 1 BörsG n.F., ohne daß es eine Möglichkeit gibt, den durch das Auftreten erzeugten Eindruck zu widerlegen.

Nach einer anderen Literaturstimme verbietet es sich, eine generelle Haftung derjenigen anzunehmen, die mit dem Emittenten zusammen die Zulassung beantragt haben.[368] Begründet wird das damit, daß im geregelten Markt anders als im amtlichen Handel der Zulassungsantrag nicht veröffentlicht zu werden braucht, so daß die Tatsache der Mitantragstellung des Emissionsbegleiters in der Praxis grundsätzlich auch nicht bekannt gegeben wird, weshalb beim Anlegerpublikum in diesem Punkt kein schützenswertes Vertrauen geweckt werde. Eine Haftung ohne Unterschrift komme daher nur unter der Voraussetzung des § 45 Abs. 1 2. Alt. BörsG a.F. bzw. § 45 Abs. 1 Satz 1 Nr. 2 BörsG n.F. als Prospektveranlasser, nicht als Prospekterlasser in Betracht.

Dem kann nicht zugestimmt werden. Für die Haftung einer Emissionsbank kommt es nicht auf eine Mitunterzeichnung des Unternehmensberichts durch die Bank an. § 77 BörsG verweist uneingeschränkt auf §§ 45–49 BörsG. Nach § 45 BörsG haften diejenigen für einen unrichtigen und unvollständigen Prospekt, die ihn erlassen haben oder von denen er ausgeht. Erlasser in diesem Sinn ist, wer nach außen erkennbar die Verantwortung für den Prospekt übernimmt.[369] Das kann auch gegeben sein, wenn keine Mitunterzeichnung vorliegt. In der Gesetzesbegründung zu § 77 BörsG heißt es allerdings, die Vorschrift übertrage die für die amtliche Notierung geltende Prospekthaftung auf diejenigen, die den Unternehmensbericht unterschreiben.[370] Diese Begründung bezieht sich aber noch auf den ursprünglichen Regierungsentwurf, nach dem nur diejenigen haften sollten, die den Unternehmensbericht unterschrieben haben. In § 71 Abs. 2 dieses Entwurfs war vorgesehen, daß die Zulassung der Wertpapiere zum geregelten Markt **nur** vom Emittenten beantragt werden

---

368 *Groß* DZWir 1998, 515, 519.

369 *Grundmann* in: Schimansky/Bunte/Lwowski § 112 Rn 53; *Assmann* in: Assmann/Schütze § 7 Rn 202 f.; *Schwark* Börsengesetz §§ 45, 46 Rn 6.

370 BT Drucks. 10/4296 S. 18.

sollte.[371] Demgemäß war auch in der Begründung zu § 71 Abs. 2 BörsG noch davon die Rede, daß es im Belieben stehe, ob der Emittent sich bei der Zulassung der Hilfe eines Kreditinstitutes bediene und dieses den Unternehmensbericht unterschreibe.[372] Daraus erklärt sich auch, daß in der Begründung zu § 77 BörsG davon die Rede ist, es stehe im Belieben des Emittenten, den Unternehmensbericht auch von einem Mitantragsteller unterschreiben zu lassen, der **dadurch** in die Haftung nach § 77 BörsG einbezogen werde.[373] Auf Kritik des Bundesrates[374] wurde der ursprüngliche Entwurf des § 71 Abs. 2 Satz 1 BörsG dahingehend abgeändert, daß der Emittent die Zulassung zusammen mit einem Kreditinstitut beantragen muß, um so durch das „Emissionsstanding" der Banken den Anlegerschutz zu sichern. Ferner wurde § 77 BörsG die jetzige Fassung gegeben, wodurch die **volle** Angleichung der Unternehmensberichtshaftung an die Börsenprospekthaftung im amtlichen Markt erreicht werden sollte.[375]

Daraus folgt, daß Kreditinstitute, die den Zulassungsantrag gem. § 71 Abs. 2 Satz 1 BörsG gemeinsam mit dem Emittenten stellen, nicht durch Nichtunterzeichnung des Unternehmensberichts der Haftung nach dem Börsengesetz entgehen können.[376] Der Zulassungsantrag des Kreditinstituts gem. § 71 Abs. 2 BörsG hat dieselben Rechtsfolgen wie der nach § 36 Abs. 2 BörsG für den amtlichen Markt.[377] Die Mitantragstellung eines Emissionsbegleiters hat den Sinn, daß er die Angaben des Emittenten überprüfen soll. Abgesichert wird diese Pflicht durch die gesamtschuldnerische Haftung nach § 45 BörsG.[378] Die Haftung nach § 77 BörsG entspricht voll der nach §§ 45–49 BörsG. Die Unternehmensberichtshaftung nach § 77 BörsG knüpft ebensowenig wie die Prospekthaftung nach 45 BörsG nur an eine Unterschrift an, sondern an den Erlaß des Prospektes oder das Ausgehen des Erlasses von jemandem.[379] Aus dieser Gesetzeslage

---

371 BT Drucks. 10/4296 S. 7.

372 BT Drucks. 10/4296 S. 16.

373 BT Drucks. 10/4296 S. 18.

374 BT Drucks. 10/4296 S. 25.

375 BT Drucks. 10/4296 S. 26 und 29; das verkennen *Huber* ZIP 1998, 645, 646 und *Koller* EWiR 1997, 157.

376 *Kunz* Die Börsenprospekthaftung nach Umsetzung der EG-Richtlinien in innerstaatliches Recht, 146f, *Werner* EWiR 1998, 453, 454; ähnlich *Hopt* WM 1985, 793, 802.

377 Baumbach/*Hopt* Handelsgesetzbuch 30. Aufl. § 71 BörsG Rn 2.

378 BGH, Urt. v. 6.7.1993 – XI ZR 12/93, BGHZ 123, 126, 131; Baumbach/*Hopt* Handelsgesetzbuch 30. Aufl. § 36 BörsG Rn 2; *Hopt* WM 1985, 793, 802.

379 RG, Urt. v. 11.10.1912 – II 106/12, RGZ 80, 196, 198; OLG Frankfurt, Urt. v. 17.12.1996 – 5 U 178/95, WM 1997, 361, 362 = ZIP 1997, 107, 108 (Sachsenmilch); Baumbach/*Hopt* Handelsgesetzbuch 30. Aufl. § 77 BörsG Rn 1; *Ass-*

folgt, daß das mitantragstellende Kreditinstitut nach § 45 BörsG als Erlasser des Prospektes haftet, wie dies auch beim amtlichen Handel der Fall ist.[380] Bereits das Reichsgericht hat entschieden, daß ein Emissionshaus als Erlasser des Prospekts anzusehen ist, auch wenn es den Zulassungsprospekt nicht unterzeichnet hat, aber Einfluß auf den Inhalt des Prospektes genommen oder diesen vertrieben hat.[381] Der Emissionskredit hängt nicht an einer Unterschrift, sondern am tatsächlichen Auftreten und Eintreten des Emissionshauses für eine Emission.[382] Es kommt daher entscheidend darauf an, welche Rolle die Bank tatsächlich eingenommen hat. Wollte man das Emissionshaus, das den Unternehmensbericht nicht unterzeichnet hat, nicht als Erlasser des Prospekts ansehen, würde die Unternehmensberichtshaftung ihre praktische Bedeutung verlieren. Tritt nämlich der Fall der Prospekthaftung ein, werden die Verhältnisse des Emittenten so ungünstig sein, daß von ihm kein Ersatz zu bekommen sein wird. Auch vom Emissionshaus ist in einem solchen Fall häufig kein Ersatz zu erlangen, da der Prospekt nur in den seltensten Fällen von ihm im Sinne der 2. Alternative des § 45 BörsG „ausgehen“ wird.[383]

Schließlich spricht auch noch eine systematische Überlegung dafür, das die Emission begleitende Kreditinstitut regelmäßig auch als Erlasser des Unternehmensberichts anzusehen. Wollte man das anders sehen, träte an die Stelle der börsenrechtlichen unter Umständen sogar die schärfere zivilrechtliche Prospekthaftung.[384] Insgesamt ergäbe sich dann für die Emissionsbegleiter, die den Unternehmensbericht nicht unterzeichnen, eine schärfere Haftung als für den außerbörslichen Handel mit Wertpapieren, für den § 13 VerkProspG auf §§ 45 ff. BörsG verweist.[385] Ein solches Ergebnis ist sinnwidrig und entspricht nicht dem Interesse einer Emissionsbank.

---

mann in: Assmann/Schütze § 7 Rn 241; *ders.* WuB I G 8.–2.96; *Schwark* Börsengesetz § 77 Rn 1; *ders.* NJW 1987, 2041, 2046; *ders.* WuB I G 8. – 2.97; Michel WiB 1997, 546.

380 BGH, Urt. v. 14.7.1998 – XI ZR 173/97, BGHZ 139, 225, 228 f. = ZIP 1998, 1528, 1529 (Elsflether Werft); LG Frankfurt, Urt. v. 7.10.1997 – 3/11 O 44/96, ZIP 1998, 641, 642 (MHM Mode); *Assmann* in: Assmann/Schütze § 7 Rn 241; *Krämer/Baudisch* WM 1998, 1161, 1171 f; *Schwark* WuB I G 8.–2.97.

381 RG, Urt. v. 11.10.1912 – II 106/12, RGZ 80, 196, 198.

382 *Hopt* WM 1985, 793, 802.

383 *Nußbaum* Börsengesetz § 46 II a) (S. 192); a.A. offenbar *Schwark* Börsengesetz § 77 Rn 1.

384 *Hopt* WM 1985, 793, 802.

385 BGH, Urt. v. 14.7.1998 – XI ZR 173/97, BGHZ 139, 225, 230 = ZIP 1998, 1528, 1530 (Elsflether Werft); ähnlich *Hopt* WM 1985, 793, 802.

V. Verkaufsprospekthaftung

1. Allgemeines

Nach § 1 VerkProspG muß jeder Anbieter von Wertpapieren, die erstmals im Inland angeboten werden, einen Verkaufsprospekt veröffentlichen. Damit ist der Zugang zum Kapitalmarkt aus der Sicht der Emittenten im Interesse des Anlegerschutzes erschwert worden, auch wenn die früher für Schuldverschreibungen erforderliche Emissionsgenehmigung weggefallen ist.[386] Für Wertpapiere, die zum Zeitpunkt des öffentlichen Angebots bereits zum Handel an einer inländischen Börse zugelassen sind, besteht nach § 1 VerkProspG kein Verkaufsprospektzwang. Das betrifft Wertpapiere, die bereits zum amtlichen Handel oder zum geregelten Markt zugelassen sind. Für diese mußte im Zusammenhang mit der Zulassung bereits ein Börsenzulassungsprospekt bzw. ein Unternehmensbericht veröffentlicht werden, durch den die Information der Anleger sichergestellt ist.[387] Der Grundsatz, daß die Börsenzulassung das Verkaufsprospekterfordernis schlägt gilt auch dann, wenn der Emittent bei der Börsenzulassung von der Veröffentlichung eines Börsenzulassungsprospektes bzw. Unternehmensberichts befreit war. Da die Einbeziehung von Wertpapieren in den Freiverkehr indessen keine Zulassung zum Handel an einer inländischen Börse darstellt, gilt dieser Grundsatz für solche Wertpapiere nicht.[388]

a) Öffentliches Angebot

Die Prospektpflicht des § 1 VerkProspG setzt ein öffentliches Angebot voraus. Weder das Gesetz noch die zugrunde liegende EG-Richtlinie[389] enthalten hierzu eine Definition. Das öffentliche Angebot ist von der privaten Plazierung (private placement) abzugrenzen, die sich nicht an ein breites Publikum, sondern einen begrenzten Personenkreis richtet.[390]

---

386 *Kümpel* Bank- und Kapitalmarktrecht 2. Aufl. Rn 9.277; *Waldeck/Süßmann* WM 1993, 361.

387 *Süßmann* EuZW 1991, 210, 211; *Carl/Machunsky* Der Wertpapier-Verkaufsprospekt, 35.

388 *Waldeck/Süßmann* WM 1993, 361, 362; *Hüffer* Das Wertpapier-Verkaufsprospektgesetz, 29 f.

389 Richtlinie vom 17.4.1989 (89/298/EWG) ABl. Nr. L 124 vom 5.5.1989 S. 8.

390 *Hamann* in: Schäfer, WpHG, BörsG, VerkProspG § 1 VerkProspG Rn 13; *Hopt* Die Verantwortlichkeit der Banken bei Emissionen Rn 132; *Meyding* DB 1993, 419; *Dittrich* Die Privatplazierung im deutschen Kapitalmarktrecht, 68.

Nach der Gesetzesbegründung liegt immer dann ein öffentliches Angebot vor, wenn sich das Angebot an einen unbestimmten Personenkreis richtet.[391] Dabei spielt es keine Rolle, ob ein Angebot im Rechtssinne oder eine Aufforderung zur Abgabe von Angeboten (invitatio ad offerendum) vorliegt. Dem hat sich die überwiegende Ansicht in der Literatur angeschlossen.[392] Auch das Bundesaufsichtsamt für den Wertpapierhandel hat in seiner Bekanntmachung vom 15. April 1996[393] ausgeführt, ein öffentliches Angebot liege insbesondere bei an die Allgemeinheit gerichteter Werbung in den Medien oder Postwurfsendungen im Sinne einer Kaufaufforderung vor, sofern damit potentielle Anleger in Deutschland zielgerichtet angesprochen würden. Keine öffentlichen Angebote seien dagegen Publikationen im Falle lediglich allgemeiner Informationen über Emittenten und die Emission. Auch seien solche Angebote nicht öffentlich, die sich an einen begrenzten Personenkreis richteten, deren Mitglieder dem Anbieter im einzelnen bekannt seien, vom Anbieter aufgrund einer gezielten Auswahl nach individuellen Gesichtspunkten angesprochen würden und deren Mitglieder der Aufklärung durch einen Verkaufsprospekt im Hinblick auf ihr Informationsbedürfnis nicht bedürften.

Da es der Zweck der im Falle eines öffentlichen Angebots bestehenden Verkaufsprospektpflicht ist, Anlegerschutz durch Information zu bieten, ist nur dann von einer Privatplazierung – also einem nichtöffentlichen Angebot – auszugehen, wenn die Beziehung zwischen den Anlegern und dem Emittenten so geartet ist, daß der Anleger über eine dem Prospektinhalt zumindest gleichwertige Informationsbasis verfügt oder verfügen kann. Der Anleger muß durch den Kontakt zum Emittenten das notwendige Hintergrundwissen bereits haben, nunmehr erhalten oder sich verschaffen können.[394] Das wird man in der Regel annehmen können, wenn der so angesprochene Personenkreis in einem objektiven Zusammenhang mit der betreffenden Emission steht[395] oder wenn der Emittent den Anleger kennt.[396] Es bedarf jedoch immer eines Rückgriffs auf das Informa-

---

391 Regierungsbegründung zum Verkaufsprospektgesetz, BT-Drucks. 11/6340 S. 11.

392 *Meyding* DB 1993, 419; *Waldeck/Süßmann* WM 1993, 361, 365; *Hopt* Die Verantwortlichkeit der Banken bei Emissionen Rn 127; *Kümpel* Bank- und Kapitalmarktrecht, 1995, Rn 11.17 und 11.163; *Schäfer* ZIP 1991, 1557, 1559f; *Paskert* Informations- und Prüfungspflichten bei Wertpapieremissionen, 20f; *Schwark* Festschrift für Schimansky, 739, 746.

393 BAnz. 1996, 5069.

394 *Hüffer* Das Wertpapier-Verkaufsprospektgesetz, 18ff; *Dittrich* Die Privatplazierung im deutschen Kapitalmarktrecht, 75.

395 *Paskert* Informations- und Prüfungspflichten bei Wertpapieremissionen, 20f.

396 *Hopt* Die Verantwortlichkeit der Banken bei Emissionen Rn 125.

tionsbedürfnis der angesprochenen Anleger, so daß der individuell ausgewählte Personenkreis – als Gegensatz zum unbestimmten Personenkreis – letztlich nur kasuistisch zu bestimmen ist.[397]

Unter „öffentlichem Angebot" im Sinne des VerkProspG sind danach neben Medienwerbung, Haustürgeschäften und bestimmten anderen Vertriebsmethoden auch Aushänge und allgemein zugängliche Auslagen von Informationsmaterial zu verstehen. Darüber hinaus können hierunter auch Rundbriefaktionen sowie das Angebot im Internet fallen.[398] § 1 VerkProspG setzt voraus, daß für den Kunden eine konkrete Erwerbsmöglichkeit besteht. Deshalb fällt eine allgemeine Werbung für ein später geplantes öffentliches Angebot (vgl. Telekom-Emission) nicht unter das Gesetz und damit auch nicht unter den Prospektzwang.[399] Während beim offenen Telefonhandel das VerkProspG gilt,[400] stellen Briefe und Telefonanrufe an ausgewählte Kunden oder Empfehlungen auf Anfrage des Kunden kein öffentliches Angebot dar.[401] Auch die bloße Einbeziehung einer Aktie in den Freiverkehr begründet kein öffentliches Angebot, wenn sie ohne Verkaufsbereitschaft desjenigen erfolgt, der die Einbeziehung betreibt.[402]

Unter bestimmten Umständen kann aus einer Privatplazierung doch noch eine öffentliche Emission werden. Das ist zum einen dann der Fall, wenn die eingegrenzte Gruppe von Privatanlegern die Aktien breit gestreut weiterverkauft und zum anderen dann, wenn nach teilweiser Privatplazierung der Emittent und/oder der Emissionsbegleiter dazu übergeht, den Rest der nicht untergebrachten Aktien breit zu streuen.[403] In beiden Fällen ist ab dem Zeitpunkt des öffentlichen Vertreibens der Emission ein Verkaufsprospekt zu veröffentlichen.[404] Verpflichtet zur Erstellung eines Prospektes ist in diesen Fällen derjenige, der das öffentliche Angebot betreibt.[405]

---

397 *Schäfer* ZIP 1991, 1557, 1560; *Dittrich* Die Privatplazierung im deutschen Kapitalmarktrecht, 74.

398 *Grimme/Ritz* WM 1998, 2091, 2094 f; *Ellenberger* Festschrift für Schimansky, 591, 609.

399 *Grimme/Ritz* WM 1998, 2091, 2095.

400 *Schäfer* WM 1999, 1345, 1348.

401 *Kümpel* Bank- und Kapitalmarktrecht 2. Aufl. Rn 9.278; *Ellenberger* Festschrift für Schimansky, 591, 610.

402 *Hamann* in: Schäfer, WpHG, BörsG, VerkProspG § 1 VerkProspG Rn 12; *Schäfer* WM 1999, 1345, 1348.

403 *Hopt* Die Verantwortlichkeit der Banken bei Emissionen Rn 133; *Schwark* Festschrift für Schimansky, 739, 747.

404 *Schwark* Festschrift für Schimansky, 739, 760.

405 *Waldeck/Süßmann* WM 1993, 361, 363; *Schäfer* ZIP 1991, 1557, 1561; kritisch hierzu *Schwark* Festschrift für Schimansky, 739, 751 f.

b) Prospektinhalt

Der Prospektinhalt ist für Verkaufsprospekte in seiner Grundstruktur im wesentlichen identisch zum Börsenzulassungsprospekt geregelt.[406] Die Einzelheiten sind in der nach § 7 VerkProspG maßgeblichen VerkProspV enthalten. Die den Inhalt des Verkaufsprospektes konkretisierende Verordnung stellt gegenüber der BörsZulV in einigen Punkten geringere Anforderungen.[407] Die Pflichtangaben lassen sich unterteilen in Angaben über Art und Ausstattung der angebotenen Wertpapiere, Angaben über den Emittenten, insbesondere seine Geschäftstätigkeit, und Angaben über die wirtschaftliche Lage des Emittenten. Darüber hinaus muß der Prospekt weitere Angaben enthalten, wenn diese erforderlich sind, um über die tatsächlichen und rechtlichen Verhältnisse, die für die Beurteilung der angebotenen Wertpapiere notwendig sind, zutreffend zu informieren.[408] Streitig ist, ob neben den notwendigen Bestandteilen auch werbende Angaben in den Prospekt aufgenommen werden dürfen.[409] Diese Frage ist wie beim Börsenzulassungsprospekt zu bejahen. Weder das VerkProspG noch die Grundsätze der Prospektwahrheit und -klarheit verbieten es, über die Pflichtangaben hinaus auch werbende Aussagen in den Prospekt aufzunehmen. Selbstverständlich müssen diese zusätzlichen Angaben wie die übrigen Angaben des Prospektes wahrheitsgemäß sein. Die Grenze ist dort erreicht, wo die werbenden Angaben ein falsches Bild vom Emittenten oder von der Emission vermitteln, indem etwa richtige Pflichtangaben relativierend verfälscht werden. Das Publikum ist hinsichtlich der Werbeangaben dadurch hinreichend geschützt, daß auch diese der Prospekthaftung unterliegen.

Wenn auch die von der VerkProspV gestellten Anforderungen nicht ganz so hoch sind wie die nach der BörsZulV, so folgen doch beide Vorschriften einem einheitlichen Grundmuster. Im Hinblick auf die Grundsätze der Vollständigkeit und Richtigkeit sowie der Prospektklarheit und -übersichtlichkeit gelten dieselben Maßstäbe wie beim Börsenzulassungsprospekt, so daß auf die dort gemachten Ausführungen verwiesen werden kann.

c) Bundesaufsichtsamt für den Wertpapierhandel

Der Verkaufsprospekt muß beim Bundesaufsichtsamt für den Wertpapierhandel hinterlegt werden (§ 8 VerkProspG). Durch das Dritte Finanz-

---

406 *Kümpel* Bank- und Kapitalmarktrecht 2. Aufl. Rn 9.280.

407 *Süßmann* EuZW 1991, 210, 214.

408 *Hüffer* Das Wertpapier-Verkaufsprospektgesetz, 98; *Kersting* WM 1997, 1969, 1971.

409 Dafür *Kersting* WM 1997, 1969, 1973; dagegen *Hüffer* Das Wertpapier-Verkaufsprospektgesetz,102 ff.

marktförderungsgesetz ist die Prüfungskompetenz des Amtes erweitert worden. Neben der Prüfung auf die Vollständigkeit aller Pflichtangaben kann es nunmehr auch insofern Auskünfte einholen und gegebenenfalls das öffentliche Angebot untersagen (§§ 8 a bis 8 c VerkProspG n.F.). Die Prüfung erstreckt sich dabei lediglich auf die formelle Vollständigkeit des Prospektes, eine materielle Überprüfung der Richtigkeit einzelner Prospektangaben findet nicht statt.[410] Soweit Hamann[411] wie bei der Zulassungsprüfung zum amtlichen Handel eine begrenzte materielle Prüfung befürwortet, steht dem neben dem Willen des Gesetzgebers[412] vor allem auch der Wortlaut der §§ 8 ff. VerkProspG entgegen. Während § 36 Abs. 3 Nr. 3 BörsG für den amtlichen Handel ausdrücklich bestimmt, daß eine Zulassung nicht zu erteilen ist, wenn Umstände bekannt sind, die bei Zulassung der Wertpapiere zu einer Übervorteilung des Publikums oder einer Schädigung erheblicher allgemeiner Interessen führen, fehlt eine solche Bestimmung im VerkProspG. Die §§ 8 – 8 c VerkProspG sprechen ausschließlich von der Prüfung der Vollständigkeit der erforderlichen Angaben. Auf materielle Fehler kann eine Anordnung nach diesen Vorschriften nicht gestützt werden. Hinzu kommt, daß die im Bundesaufsichtsamt zuständige Abteilung personell gar nicht in der Lage wäre, die inhaltliche Richtigkeit der Prospekte in der kurzen zur Verfügung stehenden Zeit zu überprüfen. Eine Prüfungspflicht insofern scheidet daher aus.

d) Haftungsmodalitäten

§ 13 VerkProspG verweist wegen der Haftung für fehlerhafte Prospekte auf §§ 45 bis 48 BörsG. Während die alte Fassung noch eine fünfjährige Verjährungsfrist vorsah und keine Aussage über die gerichtliche Zuständigkeit enthielt, ist nunmehr durch das Dritte Finanzmarktförderungsgesetz auch insofern eine Angleichung an das Börsengesetz erfolgt. Die Haftung entspricht daher nunmehr in vollem Umfang der für fehlerhafte Börsenzulassungsprospekte und Unternehmensberichte.[413]

Veränderungen, die von wesentlicher Bedeutung für die Beurteilung des Emittenten oder der Wertpapiere sind und die während der Dauer des öffentlichen Angebots eintreten, sind in einem Nachtrag zum Verkaufsprospekt zu veröffentlichen (§ 11 VerkProspG). Durch das Dritte Finanz-

---

410 Regierungsbegründung zum Dritten Finanzmarktförderungsgesetz, BT-Drucks. 13/8933 S. 87; *Grimme/Ritz* WM 1998, 2091, 2092; *Pötzsch* AG 1997, 193, 197; *ders.* WM 1998, 949, 955; *Meixner* NJW 1998, 1896, 1900.

411 *Hamann* in: Schäfer, WpHG, BörsG, VerkProspG § 8 a VerkProspG Rn 4.

412 Regierungsbegründung zum Dritten Finanzmarktförderungsgesetz, BT-Drucks. 13/8933 S. 87.

413 *Pötzsch* WM 1998, 949, 956.

marktförderungsgesetz[414] ist durch das Einfügen des Wortes „unverzüglich“ in § 11 Satz 1 VerkProspG klar gestellt worden, daß dem Anleger stets ein Verkaufsprospekt mit den neuesten Informationen zur Verfügung stehen muß.[415] Dies hatte der Bundesgerichtshof bereits zur Unternehmensberichtshaftung ausgesprochen.[416] Wegen der Einzelheiten der Haftung kann auf die Ausführungen zur Prospekthaftung nach dem Börsengesetz verwiesen werden. Insbesondere haftet auch die emissionsbegleitende Bank wie bei einer am amtlichen und geregelten Markt plazierten Emission.

Hinsichtlich des Gerichtsstandes gilt wegen der fehlenden Börsenzulassung eine Sonderregelung. Für Prozesse, die wegen fehlerhafter Verkaufsprospekte betreffend frei gehandelter Wertpapiere geführt werden, ist gemäß § 13 Abs. 2 Satz 1 Nr. 2 VerkProspG n.F. das Landgericht zuständig, in dessen Bezirk das Bundesaufsichtsamt für den Wertpapierhandel seinen Sitz hat, das ist Frankfurt am Main.

2. Freier Markt an der Börse

Durch das Börsenzulassungsgesetz[417] ist mit § 78 BörsG der Freiverkehr in die öffentlich-rechtliche Selbstverwaltung der Börse integriert worden. Allein die Börsenordnungen regeln dieses Segment. Die Preisfeststellung findet im Börsensaal oder innerhalb eines geregelten elektronischen Handelssystems statt. Das Börsengesetz bestimmt insofern nur, daß es sich bei den Preisen des Freiverkehrs um Börsenpreise handelt und diese ordnungsgemäß zustande gekommen sein müssen (§ 78 Abs. 2 BörsG). Einer Prospektpflicht unterliegen die in diesem Segment gehandelten Papiere nach dem Verkaufsprospektgesetz. Durch das Dritte Finanzmarktförderungsgesetz[418] wurden in § 267 Abs. 3 Satz 2 HGB die Worte „oder in den geregelten Freiverkehr einbezogen“ ersatzlos gestrichen. Im einzelnen bedeutet diese Änderung, daß sich kleine im Freiverkehr gehandelte Aktiengesellschaften nicht mehr der obligatorischen Abschlußprüfung unter-

---

414 Gesetz zur weiteren Fortentwicklung des Finanzplatzes Deutschland (Drittes Finanzmarktförderungsgesetz) vom 24.3.1998, BGBl. I S. 529.

415 *Grimme/Ritz* WM 1998, 2091, 2093.

416 BGH, Urt. v. 14. Juli 1998 – XI ZR 173/97, BGHZ 139, 225, 232 = ZIP 1998, 1528, 1531 (Elsflether Werft); so auch *Hüffer* Das Wertpapier-Verkaufsprospektgesetz, 73.

417 Börsenzulassungsgesetz vom 16.12.1986, BGBl I S. 2478 ff.

418 Gesetz zur weiteren Fortentwicklung des Finanzplatzes Deutschland (Drittes Finanzmarktförderungsgesetz) vom 24.3.1998, BGBl. I S. 529.

ziehen, der Öffentlichkeit weder Gewinn- und Verlustrechnung noch Lagebericht vorlegen und Bilanz und Anhang erst spätestens zwölf Monate nach dem Bilanzstichtag beim Handelsregister einreichen müssen.[419] Unberührt davon ist jedoch die prospektrechtliche Aktualisierungspflicht nach § 11 VerkProspG, deren Verletzung Prospekthaftungsansprüche nach sich zieht. Eine Prospektpflicht scheidet bei Wertpapieren, die in den Freiverkehr einbezogen werden, nur dann aus, wenn dies ohne Verkaufsabsicht geschieht, weil es dann am gesetzlichen Merkmal des öffentlichen Angebots fehlt.

3. Grauer Kapitalmarkt

Der „graue" Kapitalmarkt ist ein Kapitalanlagesegment außerhalb spezialgesetzlich geregelter Märkte, das sein Wachstum überwiegende steuerlich motivierten Anlageentscheidungen verdankt. Unter diesem Begriff werden die unterschiedlichsten Kapitalanlagemöglichkeiten gefaßt, die allein gemeinsam haben, daß sie nicht einem spezialgesetzlich geregelten Markt unterfallen. Die Verwendung des Begriffs „Grauer Markt" läßt sich in Anbetracht seiner Vieldeutigkeit nur damit rechtfertigen, daß er sich eingebürgert hat.[420] Der graue Kapitalmarkt hat eine immense wirtschaftliche Bedeutung. So vereinigten allein die geschlossenen Immobilienfonds etwa im Jahr 1995 ein Investitionsvolumen institutioneller Investorengruppen von über 9,5 Milliarden DM auf sich.[421]

Das Phänomen der Abschreibungsgesellschaften (Publikums-Kommanditgesellschaften) nahm 1962 mit dem Berliner „Europa-Center" seinen Anfang.[422] In dieses Segment gehören auch Bauherren- und Erwerbermodelle sowie Mischmodelle, die Elemente der reinen Kapitalbeteiligung und des Bauherrenmodells vereinigen.[423] Hierher gehören auch Kapitalbeteiligungen im Zusammenhang mit Immobilienanlagen wie dem Immobilienleasing[424] oder dem Erwerb von Teilzeitwohnrechten.

Ebenfalls hierher gehört der Handel mit Wertpapieren außerhalb geregelter Märkte.[425] Es bleibt dem Emittenten von Wertpapieren unbenom-

---

[419] *Ostrowski* ZBB 1999, 19, 22.
[420] *Roller* Die Prospekthaftung im Englischen und im Deutschen Recht, 33.
[421] *Sagasser* in: Assmann/Schütze § 3 Rn 119.
[422] *Sagasser* in: Assmann/Schütze § 3 Rn 107.
[423] *Siol* in: Schimansky/Bunte/Lwowski § 45 Rn 28.
[424] *Seibel/v. Westphalen* BB 1998, 169.
[425] BGH, Urt. v. 5.7.1993 – II ZR 194/92, BGHZ 123, 106, 109 = ZIP 1993, 1467, 1468.

men, seine Anteile selbst öffentlich zur Zeichnung anzubieten, ohne eine Zulassung zum Börsenhandel zu beantragen. Die freie Emission, zu der auch der Internethandel gehört, bietet dem Anbieter den Vorteil, das langwierige Zulassungsverfahren an der Börse zu umgehen und die Kosten für die begleitende Emissionsbank zu sparen. Der Anleger profitiert von der Ersparnis der Makler- und Bankgebühren beim Erwerb der Anteile. Die Kehrseite der Medaille ist das Risiko, die Anteile nicht wieder verkaufen zu können, da bei der freien Emission keine kontinuierliche und geregelte Preisfindung für die Anteile stattfindet.[426] Wegen der erheblichen Mißbrauchsgefahren für die Anleger schreibt § 1 VerkProspG auch für diese Fälle die Pflicht zur Veröffentlichung eines Verkaufsprospektes vor, der mindestens einen Tag vor dem öffentlichen Angebot veröffentlicht werden muß.[427] Für den öffentlichen Handel mit Wertpapieren ist daher eine umfassende Prospektpflicht gegeben, die auch den grauen Markt erfaßt. Lediglich für den nichtöffentlichen Vertrieb von Wertpapieren ist eine Prospektpflicht nicht vorgeschrieben.

Die anderen Anlagen des grauen Marktes unterfallen dagegen nicht dem VerkProspG.[428] Insofern existiert keine Prospektpflicht. Wird für diese Anlagen trotzdem mittels eines Prospektes geworben, greift bei Falschangaben die bürgerlich-rechtliche Prospekthaftung ein.[429] Zwar könnte man an eine analoge Anwendung der §§ 45 ff BörsG auch auf die nicht spezialgesetzlich geregelten Märkte denken.[430] Dem steht jedoch entgegen, daß der Gesetzgeber trotz der Neuregelung der Börsenprospekthaftung die Kodifikation einer umfassenden Prospekthaftung unterlassen hat, so daß von einer planwidrigen Gesetzeslücke nicht ausgegangen werden kann.

---

[426] *Ziegenhain/Helms* WM 1998, 1417, 1429.
[427] *Ziegenhain/Helms* WM 1998, 1417, 1428.
[428] *Assmann* NJW 1991, 528, 529; *Meyding* DB 1993, 419, 422.
[429] *Hamann* in: Schäfer, WpHG, BörsG, VerkProspG vor § 1 VerkProspG Rn 3.
[430] *Rössner/Lachmair* WuB I G 5.–2.87.

VI. Prospekthaftungen nach dem KAGG und dem AuslInvestmG

Kapitalanlagegesellschaften sind nach § 1 KAGG Unternehmen, die bei ihnen eingelegtes Geld der Anteilsinhaber verwalten und nach Möglichkeit vermehren. Über die Rechte der Anteilsinhaber werden Anteilsscheine ausgestellt. Da das KAGG auf Unternehmen mit Sitz in Deutschland beschränkt ist (§ 1 Abs. 3 Satz 2 KAGG), regelt das AuslInvestmG den Vertrieb von ausländischen Investmentanteilen. Investmentanteile gehören zwar zu den Wertpapieren, sind aber im Gegensatz zu den Aktien keine Inhaberpapiere, sondern Rektapapiere, bei denen der Berechtigte namentlich benannt ist und die Übertragung nicht nach sachenrechtlichen Grundsätzen durch Übereignung des Papiers, sondern durch Abtretung der verbrieften Forderung erfolgt.

Die Prospekthaftungen nach § 20 KAGG und § 12 AuslInvestmG folgen den gleichen Regeln wie die Prospekthaftungen des Börsenrechts und des Verkaufsprospektgesetzes. Wegen der Einzelheiten kann daher auf die dort gemachten Ausführungen verwiesen werden. Für den klassischen Handel mit Wertpapieren (Inhaberpapieren) hat diese Prospekthaftung keinen eigenständigen Wert, da insofern das BörsG und das VerkProspG abschließende Sonderregelungen darstellen.

VII. Bürgerlich-rechtliche Prospekthaftung

Auf die bürgerlich-rechtliche Prospekthaftung soll hier nur am Rande eingegangen werden, soweit es zur Abrundung des Bildes der Börsenprospekthaftungen erforderlich ist. Die bürgerlich-rechtliche Prospekthaftung ist vom Bundesgerichtshof in Weiterführung des Grundgedankens einer Vertrauenshaftung, wie sie für die Fälle eines Verschuldens bei Vertragsverhandlungen angenommen wird, entwickelt worden. Es handelt sich um eine Haftung, die in einem vom Gesetzgeber nicht geregelten, aber gleichwohl regelungsbedürftigen Bereich entstanden ist.[431] Zwei Termini werden im Zusammenhang mit der bürgerlich-rechtlichen Prospekthaftung verwendet, nämlich eine Prospekthaftung im engeren und eine im weiteren Sinne. Hinter diesem Begriffspaar verbergen sich ganz unterschiedliche Haftungstatbestände, die nicht – auch nicht begrifflich – in einen Topf gehören.

1. Im engeren Sinne

Die bürgerlich-rechtliche Prospekthaftung im engeren Sinn wurde zwar als Anwendungsfall der Rechtsfigur des Verschulden bei Vertragsverhandlungen entwickelt, hängt aber nur noch locker mit dieser zusammen.[432] Bei Kapitalanlageentscheidungen ist ein irgendwie gearteter Prospekt regelmäßig die wichtigste, häufig die einzige Informationsquelle für interessierte Anleger. Nur wenn die Prospektangaben über die für die Entschließung des Anlegers wesentlichen Umstände vollständig und richtig sind, hat er die Möglichkeit, seine Entscheidung frei von Fehlvorstellungen zu treffen, die auf mangelhafte Sachinformation zurückzuführen sind.[433] Das hat die Rechtsprechung zum Anlaß genommen, den Prospekt als haftungsbegründend zu begreifen. Grundlage der bürgerlich-rechtlichen Prospekthaftung im engeren Sinne ist das typisierte Vertrauen des Anlegers auf die Richtigkeit und Vollständigkeit der von den Prospektverantwortlichen gemachten Angaben.[434] Insofern weist sie Ähnlichkeiten zur Bör-

---

431 *Seibel/v. Westphalen* BB 1998, 169.
432 *Emmerich* JuS 1992, 342, 343.
433 *v. Stebut* ZIP 1992, 1698, 1699.
434 *Siol* in: Schimansky/Bunte/Lwowski § 45 Rn 31; *Schmidt/Weidert* DB 1998, 2309, 2311.

senprospekthaftung auf.[435] Anders als bei der Börsenprospekthaftung wird aber zwischen Prospektverantwortlichen unterschieden, die für die Richtigkeit des Prospektes in toto einzustehen haben und solchen, die nur für solche Angaben im Prospekt haften, die ihnen vom Verkehr zugerechnet werden.

a) Unbeschränkt Prospektverantwortliche

Unbeschränkt für die Richtigkeit eines Prospektes haften ohne direkten geschäftlichen Kontakt zum Anleger alle diejenigen, die für die Geschäfte der Anlagegesellschaft und die Herausgabe des Prospektes Verantwortung tragen (z. B. Gründer, Initiatoren).[436] Darüber hinaus haften auch Personen, die hinter der Gesellschaft stehen und neben der Geschäftsleitung besonderen Einfluß in der Gesellschaft ausüben und Mitverantwortung tragen.[437] Die Unterteilung in Angehörige der Leitungsgruppe und maßgebliche Hintermänner ist vorwiegend terminologischer Natur und durch die formale Funktion einer Person in einem Unternehmen angelegt, bringt aber keine inhaltliche Differenzierung zum Ausdruck.[438] Wer in einem Unternehmen auf bestimmten Gebieten, die das mit dem Prospekt beworbene Projekt betreffen, eigenverantwortlich und frei wie ein Geschäftsführer agieren kann, ist Prospektverantwortlicher. Ob solche Personen im Prospekt erwähnt sind oder nach außen in Erscheinung getreten sind, ist für die Haftung unerheblich. Entscheidend ist allein, daß sie für die Geschicke der Gesellschaft und damit für die Herausgabe des Prospektes verantwortlich sind.[439]

b) Eingeschränkt Prospektverantwortliche

Eingeschränkt haften diejenigen, die eine Art Garantenstellung für die Richtigkeit des Prospektes einnehmen und durch ihre Mitwirkung an der Prospektgestaltung nach außen in Erscheinung getreten sind. Hierzu zählen insbesondere Personen, die mit Rücksicht auf ihre besondere berufliche oder wirtschaftliche Stellung oder wegen ihrer Eigenschaft als berufs-

---

435 *Emmerich* JuS 1992, 342, 343.

436 BGH, Urt. v. 24.4.1978 – II ZR 172/76, BGHZ 71, 284, 287 f; *Siol* in: Schimansky/Bunte/Lwowski § 45 Rn 32; *v. Stebut* ZIP 1992, 1698, 1699; *Emmerich* JuS 1992, 342, 343.

437 BGH, Urt. v. 16.11.1978 – II ZR 94/77, BGHZ 72, 382, 385 f; BGH, Urt. v. 26.9.1991 – VII ZR 376/89, 115, 213, 218.

438 *Gehrlein* BB 1995, 1965, 1968.

439 BGH, Urt. v. 16.11.1978 – II ZR 94/77, BGHZ 72, 382, 387; BGH, Urt. v. 6.10.1980 – II ZR 60/80, BGHZ 79, 337, 340; *Roller* Die Prospekthaftung im Englischen und im Deutschen Recht, 217.

mäßige Sachkenner und der damit verbundenen Sachkunde dem Anlageinteressenten als besonders vertrauenswürdig erscheinen. Dies gilt etwa für Rechtsanwälte, Wirtschaftsprüfer, Steuerberater oder Sachverständige.[440] Diese Garanten kraft Berufsstellung trifft eine Einstandspflicht nur, sofern sie durch ihr nach außen in Erscheinung getretenes Mitwirken an der Prospektgestaltung einen besonderen – zusätzlichen – Vertrauenstatbestand schaffen.[441] Das beruht darauf, daß den Berufsgaranten seitens der Anleger die Angaben im Prospekt nur zugerechnet werden, soweit eine Verbindung der Angaben mit dem Garanten hergestellt wird. Dies kann erfolgen, indem Erklärungen als von ihnen stammend bezeichnet werden oder indem ihr gestaltender Einfluß auf bestimmte Prospektteile den Anlegern zur Kenntnis gebracht wird. Die Gefahr, die ein Garant durch sein Auftreten erzeugt, hängt davon ab, wie sein Einfluß dargestellt wird. Wird er nur für die Richtigkeit eines Gutachtens hervorgehoben, haben die Anleger keine Veranlassung zur Annahme, er habe darüberhinausgehenden Einfluß.[442] Es erfolgt daher keine Zurechnung aller Prospektangaben an Personen, die keine Gesamtverantwortung für den Prospekt tragen, vielmehr ist deren Verantwortung auf den Umfang des von ihnen geschaffenen Vertrauenstatbestandes begrenzt.[443] Auch bei der Haftung dieser Personengruppe handelt es sich um eine solche wegen der Inanspruchnahme typisierten Vertrauens, ohne daß ein rechtsgeschäftlicher Kontakt zwischen Anspruchsteller und Haftungsverpflichteten besteht.

c) Prospektinhalt

Der Prospekt hat nach der Rechtsprechung des Bundesgerichtshofs ein zutreffendes Bild über das Beteiligungsobjekt zu enthalten. Der Prospekt muß über alle Umstände sachlich richtig und vollständig aufklären, die für die Anlageentscheidung des Investors von wesentlicher Bedeutung sind oder sein können, insbesondere über solche Tatsachen, die den Vertragszweck vereiteln können.[444] Soweit sich Änderungen der Sach- und Rechtslage nach dem Zeitpunkt der Veröffentlichung eines Prospektes herausstellen, sind die für den Prospekt Verantwortlichen verpflichtet, unverzüglich

---

440 *Siol* in: Schimansky/Bunte/Lwowski § 45 Rn 35; *v. Stebut* ZIP 1992, 1698, 1699; *Schmidt/Weidert* DB 1998, 2309, 2311; grundsätzlich dagegen *Kiss* WM 1999, 117, 121 f.

441 *Gehrlein* BB 1995, 1965; *Roller* Die Prospekthaftung im Englischem und im Deutschen Recht, 218.

442 *Roller* Die Prospekthaftung im Englischen und im Deutschen Recht, 219.

443 BGH, Urt. v. 6.10.1980 – II ZR 60/80, BGHZ 79, 337, 348.

444 *Seibel/v. Westphalen* BB 1998, 169, 171.

eine Korrektur vorzunehmen.[445] Hierzu gehört auch die Einschätzung des Erfolges der vertriebenen Anlage. Sobald absehbar ist, daß mit einiger Wahrscheinlichkeit der im Prospekt avisierte Gewinn nicht mehr zu erzielen sein wird, ist das unverzüglich in geeigneter Weise den potentiellen Anlegern bekannt zu machen. Es besteht insofern kein Unterschied zur Börsenprospekthaftung.

d) Kausalität

Die haftungsbegründende Kausalität setzt voraus, daß der Anleger durch den unrichtigen Prospekt zum Erwerb der Kapitalanlage veranlaßt wurde. Wenn der Prospekt unrichtig und unvollständig ist, wird vermutet, daß der Anleger durch die Unrichtigkeit zum Erwerb der Anlage veranlaßt worden ist.[446]

Für die haftungsausfüllende Kausalität kommt es allein darauf an, ob der Anleger bei Kenntnis der Unrichtigkeit auf die Anlage verzichtet hätte, nicht darauf, ob der Prospektfehler zu der Wertminderung der Anlage geführt hat.[447] Das ist eine deutlich umfangreichere Haftung als die Börsenprospekthaftung, bei der die Prospektverantwortlichen nicht haften, wenn sie nachweisen, daß der im Prospekt fehlerhaft dargestellte Sachverhalt nicht zur Minderung des Börsenpreises geführt hat (§ 46 Abs. 2 Nr. 2 BörsG n.F.).

e) Verschulden

Ein Verschulden für fehlerhafte Prospekterstellung ist bereits bei einfacher Fahrlässigkeit gegeben (§ 276 BGB),[448] wobei die von den Prospektverantwortlichen zu erfüllenden Sorgfaltsanforderungen vom Einzelfall abhängig sind. Die Tatsache, daß ein fehlerhafter Prospekt aufgelegt worden ist, begründet die Vermutung für das Verschulden der Verantwortlichen.[449] Auch hier ist die Börsenprospekthaftung weniger streng, da sie nur bei grob fahrlässigem Verhalten der Prospektverantwortlichen eingreift (§ 46 Abs. 1 BörsG n.F.).

f) Schaden

Der Schaden des Anlegers besteht in seinem durch den Erwerb der Anlage eingetretenen Vermögensverlust. Er ist so zu stellen, wie er stehen würde, wenn er sich an dem Investitionsprojekt nicht beteiligt hätte. Er kann

---

445 *Seibel/v. Westphalen* BB 1998, 169, 172.
446 *Emmerich* JuS 1994, 77; *Seibel/v. Westphalen* BB 1998, 169, 173.
447 BGH, Urt. v. 5.7.1993 – II ZR 194/92, BGHZ 123, 106, 112.
448 BGH, Urt. v. 24.4.1978 – II ZR 172/76, BGHZ 71, 284, 292.
449 *Seibel/v. Westphalen* BB 1998, 169, 172.

daher seine Erwerbskosten gegen Rückgabe der Anlage verlangen. Daneben kann er den entgangenen Gewinn geltend machen, den er bei anderweitiger Anlage seines Geldes erzielt hätte. Soweit er durch die Anlage Steuervorteile hatte, sind diese schadensmindernd anzurechnen.[450] Auch in den Rechtsfolgen ist die Börsenprospekthaftung milder, da sie dem Anleger keinen Anspruch auf entgangenen Gewinn gewährt (§ 45 Abs. 1 BörsG n.F.).

g) Verjährung

Für die bürgerlich-rechtliche Prospekthaftung im engeren Sinne gilt die kurze Verjährungsfrist der §§ 20 Abs. 5 KAGG, 12 Abs. 5 AuslInvestmG (ähnlich nunmehr auch § 47 BörsG n.F.) analog.[451] Begründet wird die kurze Verjährungsfrist vor allem damit, daß wegen zunehmender Beweisschwierigkeiten und aus Gründen allgemeiner Rechtssicherheit eine kurze Verjährungsfrist erforderlich sei, um Spekulationen der Anspruchsberechtigten über die Ausübung ihrer Rechte zu verhindern. Zugleich dient die kurze Verjährungsfrist als Korrektiv dafür, daß die engere Prospekthaftung Sachverhalte erfaßt, bei denen kein rechtsgeschäftlicher Kontakt zwischen dem Geschädigten und dem Haftungsverpflichteten besteht. Die kurze Verjährungsfrist berücksichtigt, daß Grundlage der Prospekthaftung im engeren Sinn typisiertes Vertrauen gegenüber oftmals unbekannten Initiatoren und Gründern und nicht persönliches Vertrauen gegenüber Verhandlungspartnern ist.[452]

Der Bundesgerichtshof hat es jedoch abgelehnt, diese kurze Verjährungsfrist auf die Verjährung von Prospekthaftungsansprüchen beim Vertrieb von Bauherrenmodellen anzuwenden, wobei er zunächst offen ließ, ob die fünfjährige Verjährungsfrist des § 638 BGB Anwendung findet.[453] Schließlich stellte er klar, daß die Prospekthaftungsansprüche beim Bauherrenmodell nach § 195 BGB in dreißig Jahren verjähren.[454] Diese dreißigjährige Verjährungsfrist gilt auch dann, wenn Prospektverantwortlicher ein Rechtsanwalt, Steuerberater oder Wirtschaftsprüfer ist, für deren Berufshaftung die kurze dreijährige (§§ 51 b BRAO, 68 StBerG) oder fünfjährige (§ 51 a WPO) Verjährungsfrist gilt. Das begründet der Bundesgerichtshof damit, daß die Sonderregelungen der Berufshaftung nur dort eingreifen könnten, wo vertragliche oder vorvertragliche Ansprüche in-

---

450 *Seibel/v. Westphalen* BB 1998, 169, 173.

451 *Emmerich* JuS 1992, 342, 343; *Schmidt/Weidert* DB 1998, 2309, 2311.

452 *Schmidt/Weidert* DB 1998, 2309, 2312; kritisch zu diesem Ansatz *Roller* Die Prospekthaftung nach Englischen und Deutschen Recht, 234 f.

453 *Emmerich* JuS 1992, 342, 343.

454 BGH, Urt. v. 1.6.1994 – VIII ZR 36/93, BGHZ 126, 166, 172 f.

folge der Inanspruchnahme persönlichen Vertrauens in Frage stünden. Bei der Haftung wegen der Inanspruchnahme typisierten Vertrauens handele es sich um einen Anspruch der wie deliktische und Bereicherungsansprüche nicht von dem Haftungsprivileg erfaßt würde.[455] Der Vorrang der prospektrechtlichen Verjährung muß nach dieser Begründung konsequenterweise auch außerhalb von Bauherrenmodellen gelten, so daß dann die kurze sechsmonatige – maximal dreijährige – Verjährungsfrist gilt,[456] was für die Wirtschaftsprüfer, aber in der Regel auch für Rechtsanwälte und Steuerberater eine Besserstellung gegenüber den Verjährungsfristen für ihre Berufshaftung bedeutet.

2. Im weiteren Sinne

Als bürgerlich-rechtliche Prospekthaftung im weiteren Sinne bezeichnet man die Haftung für die Inanspruchnahme besonderen persönlichen Vertrauens im Zusammenhang mit der Verwendung von Prospekten.[457] Darunter faßt man zwei unterschiedliche Haftungstatbestände. Der erste Fall ist der, daß sich jemand zur Erfüllung seiner vorvertraglichen oder vertraglichen Aufklärungspflicht bzw. seiner vertraglichen Beratungspflicht eines Prospektes bedient.[458] Die zweite Fallgruppe ist die, daß jemand im Zusammenhang mit Vertragsverhandlungen ohne Vertragspartner des Anlegers zu sein, in besonderem Maße persönliches Vertrauen in Anspruch genommen und der Anleger ihm das auch entgegen gebracht hat.[459]

Zumindest für die erste Fallgruppe hat die Figur der Prospekthaftung im weiteren Sinne vor dem Hintergrund der neueren Rechtsprechung des Bundesgerichtshofes zu Beratungspflicht- und Aufklärungspflichtverletzungen[460] keine eigenständige Bedeutung mehr. Tritt ein Anlageberater an einen Interessenten oder jener an ihn heran, um über eine Kapitalanlage zu beraten bzw. beraten zu werden, kommt durch Aufnahme des Beratungsgesprächs konkludent ein Beratungsvertrag zustande. Ebenso kann

455 BGH, Urt. v. 26.9.1991 – VII ZR 376/89, BGHZ 115, 213, 226f; BGH, Urt. v. 1.6.1994 – VIII ZR 36/93, BGHZ 126, 166, 173f.

456 *Schmidt/Weidert* DB 1998, 2309, 2312.

457 *Siol* in: Schimansky/Bunte/Lwowski § 45 Rn 40

458 *Schmidt/Weidert* DB 1998, 2309, 2312.

459 BGH, Urt. v. 22.3.1979 – VII ZR 259/77, BGHZ 74, 103, 108.

460 *Nobbe* in: Schimansky/Horn, 235ff; *Ellenberger* WM 1999 Sonderbeilage Nr. 2 S. 13ff.

ein reiner Auskunftsvertrag geschlossen werden.[461] Außerhalb eines Beratungs- und Auskunftsvertrages können vorvertragliche Aufklärungspflichten bestehen. Verwendet ein Anlagevermittler zur Erfüllung seiner vertraglichen Beratungspflicht oder seiner vorvertraglichen Aufklärungspflicht einen fehlerhaften Prospekt, haftet er dem Anleger aus dem Vertragsverhältnis oder aus Verschulden bei Vertragsverhandlungen auf Schadensersatz, ohne daß es des Rückgriffs auf die Figur der Prospekthaftung im „weiteren Sinne“ bedarf.[462]

Aber auch bei der Fallgruppe der Inanspruchnahme besonderen persönlichen Vertrauens eines nicht am Vertrag Beteiligten handelt es sich lediglich um eine Spielart des Verschuldens bei Vertragsverhandlungen, der sogenannten Berufs- oder Sachwalterhaftung, die zu einer Haftung für unrichtige Auskünfte auch ohne Verwendung eines Prospektes führt und selbst dann eingreift, wenn der Sachwalter nicht persönlich die Vertragsverhandlungen geführt hat.[463] Im Interesse einer klaren Terminologie und um Verwechslungen und Ungenauigkeiten zu vermeiden, sollte daher der Begriff der Prospekthaftung nur noch für die im „engeren Sinne“ verwendet werden.

Teilweise wird befürwortet, die Emissionsbanken generell der Berufshaftung oder Sachwalterhaftung zu unterstellen.[464] Dem kann nicht zugestimmt werden. Nimmt die Bank neben ihrer Rolle als Emissionsbegleiterin zusätzlich besonderes persönliches Vertrauen gegenüber ihren Kunden für sich in Anspruch, so haftet sie nach allgemeinen Regeln aus Verschulden bei Vertragsverhandlungen. Diese Haftung ist nach § 48 Abs. 2 BörsG n.F. durch die Börsenprospekthaftung nicht ausgeschlossen.[465] Eine „Berufshaftung“ ohne Inanspruchnahme besonderen persönlichen Vertrauens gibt es nicht.[466] Für eine Berufshaftung der Emissionsbanken „einfach so“ fehlt daher eine dogmatische Grundlage.

Die Verjährungsfrist für Ansprüche aus der bürgerlich-rechtlichen Prospekthaftung im weiteren Sinne beträgt wie bei Ansprüchen aus Verschulden bei Vertragsverhandlungen nach § 195 BGB dreißig Jahre.[467] Soweit die Haftung eines Rechtsanwalts, Steuerberaters oder Wirtschaftsprüfers vorliegt, ist die für dessen Berufshaftung die kurze dreijährige (§§ 51 b

---

461 BGH, Urt. v. 12.6.1997 – III ZR 278/95, NJW 1998, 448.

462 *Assmann* in: Assmann/Schütze § 7 Rn 15; *Assmann* Festschrift für Kübler, 317, 325.

463 Dazu BGH, Urt. v. 5.4.1971 – VII ZR 163/69, BGHZ 56, 81, 85 ff.

464 *Grundmann/Selbherr* WM 1996, 985, 989.

465 *Hamann* in: Schäfer, WpHG, BörsG, VerkProspG § 48 BörsG n.F. Rn 3.

466 *Kort* AG 1999, 9, 20.

467 *Schmidt/Weidert* DB 1998, 2309, 2312.

BRAO, 68 StBerG) oder fünfjährige (§ 51 a WPO) Verjährungsfrist maßgeblich, da es um eine echte vorvertragliche Vertrauenshaftung geht. Bezüglich der dreißigjährigen Verjährungsfrist ist Kritik geübt worden, weil es keinen Unterschied machen könne, ob für typisiertes oder persönliches Vertrauen gehaftet würde.[468] Diese Kritik ist unberechtigt. Aufgrund der gegenwärtigen Gesetzeslage ist eine Verkürzung der Verjährungsfrist nicht möglich. Insbesondere eine Analogie zu den spezialgesetzlich geregelten Prospekthaftungen scheidet aus, weil keine vergleichbaren Sachverhalte betroffen sind. Es besteht ein entscheidender Unterschied darin, ob für die Inanspruchnahme besonderen persönlichen Vertrauens oder aber für typisiertes Vertrauen gehaftet wird. Die Enttäuschung persönlichen Vertrauens ist gravierender als die nur typisierten, also mehr oder weniger formalisierten Vertrauens, sie rechtfertigt daher auch einen strengeren Haftungsmaßstab. Hinzu kommt, daß von einer planwidrigen Regelungslücke kaum mehr gesprochen werden kann, nachdem der Gesetzgeber in Kenntnis der Diskussion um die unterschiedlichen Haftungsmaßstäbe eine Harmonisierung der Verjährungsfristen im Zuge des Dritten Finanzmarktförderungsgesetzes nicht vorgenommen hat.

Auch bezüglich der übrigen Tatbestandsvoraussetzungen und Rechtsfolgen bestehen zwischen der bürgerlich-rechtlichen Prospekthaftung im weiteren Sinne und der „normalen“ Haftung aus Verschulden bei Vertragsverhandlungen keine Unterschiede. Ein Argument mehr, sich endgültig von der Benennung dieser Rechtsfigur zu trennen.

---

468 *Köndgen* AG 1983, 120, 129; *Roller* Die Prospekthaftung im Englischen und im deutschen Recht, 235.

VIII. Deliktische Prospekthaftung

Nach § 264 a StGB macht sich strafbar, wer vorsätzlich im Zusammenhang mit dem Vertrieb von Wertpapieren und anderen Kapitalanlagen in Prospekten oder Darstellungen oder Übersichten hinsichtlich der für den Erwerb erheblichen Umstände gegenüber einem größeren Kreis von Personen unrichtige vorteilhafte Angaben macht oder nachteilige Tatsachen verschweigt. § 264 a StGB ist Schutzgesetz im Sinne von § 823 BGB, da er auch das Vermögen des einzelnen Anlegers, nicht nur das Funktionieren des Kapitalmarktes schützen soll.[469] Diese deliktische Prospekthaftung läuft im wesentlichen parallel zu den anderen Prospekthaftungen der einzelnen Segmente. Da sie aber eine vorsätzliche Begehungsweise voraussetzt, ist sie insofern enger als die übrigen Fallgruppen.

Andererseits kann sie hinsichtlich der Verjährung bei den Fallgruppen mit kurzer sechsmonatiger Verjährungsfrist wegen der längeren Verjährungsfrist von drei Jahren (§ 852 BGB) zu einer Erweiterung des Anlegerschutzes führen.[470] Darüber hinaus beginnt die Verjährung nach § 852 BGB erst ab Kenntnis des Geschädigten von Schaden und Schädiger zu laufen[471] und kann daher im Einzelfall deutlich später ablaufen als die absolute dreijährige Verjährungsfrist der §§ 47 BörsG n.F., 20 Abs. 5 KAGG, 12 Abs. 5 AuslInvestmG. Erhält der Anleger erst sehr spät Kenntnis von den Prospektmängeln, kann die Verjährungsfrist bis zu maximal dreißig Jahre betragen. Die Verjährungsfrist des § 852 BGB wird nicht durch die des § 47 BörsG begrenzt, da beide nebeneinander anzuwenden sind.[472] Beide knüpfen an unterschiedliche tatbestandliche Voraussetzungen an. Während nach § 852 BGB die Verjährungsfrist erst mit Kenntnis von Schaden und Schädiger zu laufen beginnt, setzt nach § 47 BörsG bereits die Kenntnis vom Prospektmangel den Lauf der Verjährungsfrist in Gang. Ferner bezieht sich § 47 BörsG nach seinem Wortlaut ausdrücklich auf Ansprüche aus § 45 BörsG, ist also eine Spezialvorschrift für Ansprüche aufgrund des Börsengesetzes. Hinzu kommt, daß in § 48 Abs. 2 BörsG ausdrücklich bestimmt ist, daß weitergehende Ansprüche auf Grund vorsätzlicher unerlaubter Handlung neben den Ansprüchen aus der Börsen-

---

[469] BGH, Urt. v. 21.10.1991 – II ZR 204/90, BGHZ 116, 6, 13 f = ZIP 1991, 1597, 1599; *Kümpel* Bank- und Kapitalmarktrecht 2. Aufl. Rn 9.291; *Worms* in: Assmann/Schütze § 8 Rn 100.

[470] *Siol* in: Schimansky/Bunte/Lwowski § 45 Rn 45.

[471] BGH, Urt. v. 16.12.1997 – VI ZR 408/96, NJW 1998, 988, 989.

[472] *Canaris* Bankvertragsrecht 2. Aufl. Rn 2301.

prospekthaftung geltend gemacht werden können. Das Wort „weitergehend" bezieht sich auch auf die Verjährungsfrist dieser Ansprüche. Letztendlich wäre es auch mit der Schwere des Schuldvorwurfs einer vorsätzlichen sittenwidrigen Schädigung nach § 826 BGB oder eines Kapitalanlagebetruges nach § 264 a StGB nicht vereinbar, insofern das Haftungsprivileg des § 47 BörsG anzuwenden. Aus demselben Grund kommt eine Verkürzung der deliktischen Verjährungsfrist durch eine analoge Anwendung des § 47 BörsG nicht in Betracht.[473]

Die deliktische Prospekthaftung bietet geschädigten Anleger darüber hinaus noch insofern einen Vorteil, als der Schädiger nach § 852 Abs. 3 BGB sogar noch nach Ablauf der Verjährungsfrist im Umfang seiner Bereicherung zur Herausgabe des durch die unerlaubte Handlung Erlangten verpflichtet ist.

[473] Siehe dazu *Roller* Die Prospekthaftung im Englischen und Deutschen Recht, 237.

IX. Konkurrenz der Prospekthaftungen

Da nach den obigen Ausführungen das Nebeneinander verschiedener Prospekthaftungen zu konstatieren ist, die unterschiedlichen Haftungskonzepten folgen, stellt sich die entscheidende Frage nach der Konkurrenz der Prospekthaftungen. Wären alle Prospekthaftungen nebeneinander anwendbar, würde das bedeuten, daß sich allein diejenige mit den höchsten Erfolgsaussichten für den Anleger auf Dauer durchsetzen würde. Die bürgerlich-rechtliche Prospekthaftung würde als die anlegerfreundlichste auf Dauer die übrigen Spielarten marginalisieren.

1. Konkurrenz der spezialgesetzlich geregelten Prospekthaftungen untereinander

Die spezialgesetzlich geregelten Prospekthaftungen schließen sich gegenseitig aus. Welcher Tatbestand der spezialgesetzlichen Prospekthaftung heranzuziehen ist, richtet sich danach, aufgrund welcher Norm die Prospektveröffentlichung erfolgt ist.[474] Bei der Zulassung zum amtlichen Markt ist ein Börsenzulassungsprospekt und bei der Zulassung zum geregelten Markt ein Unternehmensbericht zu veröffentlichen. Auf Wertpapiere, die zum amtlichen oder geregelten Markt zugelassen sind, findet das Verkaufsprospektgesetz keine Anwendung (§ 1 VerkProspG).[475] Das gilt selbst für den Fall, daß der Antragsteller von der Börsenprospektpflicht nach § 45 BörsZulV befreit ist.[476] Dagegen greift es dann ein, wenn die Aktien bereits öffentlich angeboten werden, bevor sie am amtlichen oder geregelten Markt zugelassen worden sind.[477]

2. Konkurrenz der spezialgesetzlichen zu den bürgerlich-rechtlichen Prospekthaftungen

Die Frage des Konkurrenzverhältnisses der spezialgesetzlichen zur bürgerlich-rechtlichen Prospekthaftung kann auf Seiten der bürgerlich-rechtlichen

---

474 *Kümpel* Bank- und Kapitalmarktrecht 2. Aufl. Rn 9.286 ff.
475 *Süßmann* EuZW 1991, 210, 211; *Waldeck/Süßmann* WM 1993, 361, 362.
476 *Assmann* in: Assmann/Schütze § 7 Rn 253; *Waldeck/Süßmann* WM 1993, 361, 362.
477 *Michel* WiB 1997, 546, 547.

Prospekthaftung nicht pauschal beantwortet werden. Vielmehr ist wegen der unterschiedlichen dogmatischen Grundlagen jeweils eine Untersuchung hinsichtlich der Prospekthaftung im engeren Sinne und der im weiteren Sinne vorzunehmen. Demgegenüber ist eine Einzelbetrachtung der spezialgesetzlichen Prospekthaftungen in diesem Zusammenhang nicht angezeigt, weil diese sich entsprechen und auf derselben dogmatischen Grundlage fußen.

a) Konkurrenz zur bürgerlich-rechtlichen Prospekthaftung im engeren Sinne

Die Konkurrenzfrage zwischen allgemeiner Prospekthaftung im engeren Sinne und den spezialgesetzlichen Prospekthaftungen ist umstritten.[478]

Eine Meinung bejaht die konkurrierende Anwendung, weil die Zweispurigkeit der Prospekthaftung dazu führe, daß der börsliche Kapitalmarkt als derjenige mit den höchsten Qualitätsstandards haftungsmäßig hinter dem Niveau des grauen Kapitalmarktes zurückbleibe.[479] Das wird wertungsmäßig und auch systematisch als unbefriedigend empfunden.[480] Pointiert wird dazu argumentiert, es stelle keine allzu neue Erkenntnis dar, daß die Erwerber der mittels eines Prospektes vertriebenen Kommanditbeteiligungen an einer in der norddeutschen Tiefebene operierenden Skiliftbetreiber KG oder eines auf die Errichtung von Ferienhäusern in der Nachbarschaft atomarer Endlagerstätten gerichteten Bauherrenmodells aufgrund der hochentwickelten allgemeinen zivilrechtlichen Prospekthaftung hinsichtlich der informationellen Grundlage ihre Anlageentscheidung besser geschützt seien als die auf die börsengesetzliche Prospekthaftung angewiesenen Aktienkäufer.[481]

Die Gegenmeinung geht davon aus, die allgemeine zivilrechtliche Prospekthaftung sei wegen der Spezialität der Börsenprospekthaftung in deren Anwendungsbereich ausgeschlossen.[482] Im Bereich der börsengesetz-

---

478 Vgl. die Nachweise bei *Grundmann/Selbherr* WM 1996, 985, 988 Fn. 34 und 35.

479 *Hopt* Die Verantwortlichkeit der Banken bei Emissionen Rn 100 Fn 133; *Grundmann* in: Schimansky/Bunte/Lwowski § 112 Rn 49.

480 *Grundmann/Selbherr* WM 1996, 985, 988.

481 *Assmann* AG 1996, 508.

482 OLG Frankfurt, Urt. v. 17.12.1996 – 5 U 178/95, WM 1997, 361 = ZIP 1997, 107, 109 (Sachsenmilch); LG Frankfurt, Urt. v. 26.6.1995 – 3/11 O 222/94, WM 1996, 525, 526 (Sachsenmilch); vgl. dazu *Hoeren* EWiR 1995, 1081, 1082; *Altmeppen* DB 1993, 84, 86; *Assmann* WuB I G 8. – 2.96; *ders.* Festschrift für Kübler, 317, 338; *Kümpel* Bank- und Kapitalmarktrecht 2. Aufl. Rn 9.349; *Michel* WiB 1997, 546; *Waldeck/Süßmann* WM 1993, 361, 367; *Kort* AG 1999, 9, 19; *Groß* AG 1999, 199, 209; *Kersting* WM 1997, 1969, 1975; *Sittmann* NZG 1998, 490, 492; *Köndgen* AG 1983, 120, 129; kritisch *von Westphalen*, BB 1994, 85, 88.

lichen Prospekthaftung bestehe keine Gesetzeslücke und damit sei kein Raum für eine Rechtsanalogie. Die vom Gesetzgeber gewollte Haftungsprivilegierung der Börsenprospektverantwortlichen dürfe nicht durch die Zulassung der auch einfache Fahrlässigkeit sanktionierenden bürgerlichrechtlichen Prospekthaftung mißachtet werden.[483] Das widerspreche der Zielrichtung der gesetzlichen Regelung.[484]

Eine dritte Meinung will zwar im direkten Anwendungsbereich der spezialgesetzlich geregelten Prospekthaftung die bürgerlich-rechtliche nicht anwenden, sie jedoch dort eingreifen lassen, wo obligatorische Publikations- und Publizitätsformen nicht im Zusammenhang mit einer Emission und einem gesetzlich geforderten Prospekt veröffentlicht werden.[485] Das soll für Publikationen gelten, die neben den gesetzlich geforderten Prospekten zur Anlagewerbung verwandt werden[486].

Der Bundesgerichtshof hat die Konkurrenzfrage bisher offen gelassen.[487] Sie ist im Sinne des Vorrangs der spezialgesetzlichen Prospekthaftungen zu entscheiden. Da die börsenrechtliche und die engere zivilrechtliche Prospekthaftung gleichermaßen eine Haftung für die Inanspruchnahme typisierten Vertrauens statuieren, schließt die spezialgesetzlich geregelte Börsenprospekthaftung die allgemeine zivilrechtliche Prospekthaftung im engeren Sinne aus. Das entspricht auch dem Willen des Gesetzgebers, der die Börsenprospekthaftung nunmehr durch das Dritte Finanzmarktförderungsgesetz umfassend neu geregelt hat und für den Wertpapierhandel ganz bewußt im Interesse eines florierenden Emissionsmarktes hinter dem Anlegerschutz der allgemeinen zivilrechtlichen Prospekthaftung zurückgeblieben ist.[488] Durch die alleinige Anwendung der spezialgesetzlichen Regelungen der Börsenprospekthaftung wird sichergestellt, daß die durch die Novellierung bezweckte Eingrenzung des Haftungsrisikos für die Prospektverantwortlichen nicht durch allgemeine Bestimmungen ausgehebelt wird.[489]

Eine andere Frage ist, welche Prospekthaftung zum Zuge kommt, wenn ein Emittent sich bewußt dem spezialgesetzlichen Reglement entzieht. Wegen der umfassenden Pflicht zur Veröffentlichung eines Verkaufsprospektes ist ein Wertpapiermarkt, der der zivilrechtlichen Prospekthaftung un-

---

483 *Köndgen* AG 1983, 120, 130.
484 *Bosch* in: Hellner/Steuer Stand 12/97 Rn 10/136.
485 *Assmann* in: Assmann/Schütze § 7 Rn 94f; 242; *ders.* AG 1996, 508, 512.
486 *Assmann* WuB I G 8.–2.96.
487 BGH, Urt. v. 11.11.1985 – II ZR 109/84, ZIP 1986, 14, 19 (BuM) insoweit in BGHZ 96, 231 ff nicht abgedruckt; vgl. dazu *Köndgen* EWiR 1986, 59.
488 *Waldeck/Süßmann* WM 1993, 361, 367; *v. Westphalen* BB 1994, 85, 88.
489 *Sittmann* NZG 1998, 490, 492.

terliegt, nur in engen Grenzen denkbar. So dann, wenn eine Emission, die dem VerkProspG unterliegt, mittels eines Prospektes vertrieben wird, der weder gebilligt noch hinterlegt wurde. In einem solchen Fall verzichtet der Emittent unter Umgehung seiner Pflichten aus dem VerkProspG bewußt auf die Haftungsbegrenzung, die ihm das VerkProspG eröffnet. Es würde mit Sinn und Zweck des VerkProspG nicht vereinbar sein, dessen Regelungen analog auf nicht gebilligte und hinterlegte Verkaufsprospekte anzuwenden. Dabei kann es keine Rolle spielen, ob der Prospekt bewußt irreführend als Verkaufsprospekt nach dem VerkProspG bezeichnet ist oder nicht.[490] In einem solchen Fall haftet der Emittent aufgrund der bürgerlich-rechtlichen Prospekthaftung im engeren Sinne.

b) Konkurrenz zur bürgerlich – rechtlichen Prospekthaftung im weiteren Sinne

Die bürgerlich-rechtliche Prospekthaftung im weiteren Sinne setzt die Inanspruchnahme besonderen persönlichen Vertrauens voraus und ist letztlich ein Anwendungsfalls des Verschuldens bei Vertragsverhandlungen. Sie muß daher den Voraussetzungen dieses Instituts genügen.[491] Liegen diese Voraussetzungen vor, bestehen im Hinblick auf § 48 Abs. 2 BörsG keine Bedenken, daß der Anspruch neben der Börsenprospekthaftung geltend gemacht werden kann.

3. Prospekthaftung bei Ausnahmen von der Prospektpflicht

In einigen Fällen sehen das Börsengesetz und das Verkaufsprospektgesetz für bestimmte Arten von Wertpapieren Ausnahmen von der Veröffentlichung eines vollständigen Prospektes vor und begnügen sich mit abgespeckten Darstellungen. Bei der Privatplazierung besteht überhaupt keine Prospektpflicht. Es fragt sich, ob in diesen Fällen die bürgerlich-rechtliche Prospekthaftung ergänzend herangezogen werden kann, wenn trotzdem ein vollständiger Prospekt veröffentlicht wird.

a) Gesetzliche Ausnahmetatbestände

Soweit das BörsG oder das VerkProspG ausdrücklich Ausnahmen von der Prospektpflicht zulassen (§§ 38 Abs. 2 BörsG in Verbindung mit §§ 45 ff BörsZulV; 2 bis 4 VerkProspG), ist es ausgeschlossen, insofern die bürgerlich-rechtliche Prospekthaftung anzuwenden. Soweit die Ausnahme an die

---

490 So aber *Assmann* in: Assmann/Schütze § 7 Rn 55

491 *Kort* AG 1999, 9, 19.

Pflicht zur Veröffentlichung einer vereinfachten schriftlichen Darstellung geknüpft ist, wurde bereits für die alte Fassung des Börsengesetzes zur Schließung der ansonsten bestehenden Schutzlücke eine analoge Anwendung der Börsenprospekthaftung und nicht der bürgerlich-rechtlichen Prospekthaftung auf diese Fälle befürwortet.[492] Der Gesetzgeber hat diesen Ansatz im Dritten Finanzmarktförderungsgesetz aufgegriffen. Nunmehr unterliegen diese Darstellungen gemäß § 45 Abs. 4 BörsG n.F. ausdrücklich der Börsenprospekthaftung.

Auch für den Fall, daß die Prospektverantwortlichen trotz der Ausnahme von der Veröffentlichung eines vollständigen Prospektes mehr Informationen veröffentlichen als sie müßten, ist es nicht gerechtfertigt, für die Zusatzinformationen die bürgerlich-rechtliche Prospekthaftung eingreifen zu lassen. Der Gesetzgeber hat mit den Ausnahmen von der Prospektpflicht eine Begünstigung bestimmter Emissionen bezweckt. Mit diesem Gesetzeszweck ist es nicht vereinbar, auf die Zusatzangaben die schärfere bürgerlich-rechtliche Prospekthaftung anzuwenden. Anderseits ist es aber weder sachgerecht noch vom Gesetzeszweck geboten, Falschinformationen in solchen Darstellungen völlig sanktionslos zuzulassen. Deshalb haften die Prospektverantwortlichen für diese Zusatzangaben nach den Grundsätzen der Börsenprospekthaftung.

b) Privatplazierung

Fraglich ist, ob das auch dann gilt, wenn für eine an sich prospektfrei mögliche Privatplazierung mittels eines Prospektes geworben wird. Im Gesetzgebungsverfahren zum Verkaufsprospektgesetz hatte der Bundesrat angeregt zu prüfen, ob eine dem § 13 VerkProspG entsprechende Haftungsbestimmung für falsche Angaben erforderlich ist, wenn ein Verkaufsprospekt im Sinne von § 13 Verkaufsprospektgesetz nicht zu erstellen ist.[493] In der Erwiderung der Bundesregierung heißt es dazu, daß die Prospekthaftung nach § 13 VerkProspG nur für die im Verkaufsprospektgesetz geregelten Verkaufsprospekte Anwendung finden soll. Für andere aus Anlaß eines Wertpapierangebots erfolgte Veröffentlichungen erscheine es sachgerechter, sie den von der Rechtsprechung des Bundesgerichtshofs entwickelten Haftungsregeln zu unterwerfen.[494] Nach dem Willen des Gesetzgebers ist daher § 13 VerkProspG für bei Privatplazierungs-Memoranden und anderen im Rahmen einer zulässigen Privatplazierung ausgegebe-

---

492 *Assmann* Festschrift für Kübler, 317, 353 f.

493 Stellungnahme des Bundesrates zum Gesetzentwurf des Verkaufsprospektgesetzes, BT-Drucks. 11/6340 S. 18.

494 Gegenäußerung der Bundesregierung zur Stellungnahme des Bundesrates zum Gesetzentwurf des Verkaufsprospektgesetzes, BT-Drucks. 11/6340 S. 20.

nen Verkaufsbroschüren nicht einschlägig, da es sich hierbei nicht um Verkaufsprospekte im Sinne von § 1 VerkProspG handelt.[495] Gegen eine analoge Anwendung des § 13 VerkProspG spricht vor allem, daß keine planwidrige Regelungslücke vorliegt. Der Gesetzgeber hat in Kenntnis des Problems eine Ausdehnung des § 13 VerkProspG über den Anwendungsbereich des Verkaufsprospektgesetzes ausdrücklich ausgeschlossen.

Anwendbar auf diese Fälle ist aber die bürgerlich-rechtliche Prospekthaftung (im engeren Sinne). Nach der Rechtsprechung des Bundesgerichtshofs finden die Prospekthaftungsgrundsätze, die an ein typisiertes Vertrauen des Anlegers auf die Richtigkeit und Vollständigkeit der von den Prospektverantwortlichen gemachten Angaben anknüpfen, auch auf Prospekte Anwendung, mit denen für den Erwerb von Aktien außerhalb geregelter Aktienmärkte geworben wird. Nicht anders als bei Publikumskommanditgesellschaften sei der Prospekt in diesen Fällen im allgemeinen die Grundlage für den Beitrittsentschluß des mit ihm geworbenen Interessenten.[496] Diese zur Rechtslage vor Inkrafttreten des Verkaufsprospektgesetzes ergangene Entscheidung hat in bezug auf die Wertpapiere, deren Vertrieb nicht im Börsengesetz oder Verkaufsprospektgesetz geregelt ist, nach wie vor Gültigkeit. Die Erstreckung der bürgerlich-rechtlichen Prospekthaftung auf Prospekte, mit denen bei Privatplazierungen geworben wird, ist auch sachgerecht. Verwendet ein Emittent bei einer Privatplazierung zur Information des Anlegers ein Privatplazierungs-Memorandum, so muß dieses richtige und vollständige Angaben enthalten. Es ist kein Grund ersichtlich, im Rahmen von Privatplazierungen ausgegebene Memoranden haftungsrechtlich anders zu behandeln als Prospekte für Anlagen des grauen Kapitalmarktes. Für die haftungsrechtliche Gleichbehandlung spricht vielmehr, daß auch Privatplazierungen wie Anlagen im grauen Kapitalmarkt nicht der staatlichen Wertpapieraufsicht unterstehen. Unter dem Gesichtspunkt des Anlegerschutzes ist es daher angebracht, auch Privatplazierungen den im Vergleich zur spezialgesetzlichen Prospekthaftung strengeren Grundsätzen der bürgerlich-rechtlichen Prospekthaftung zu unterwerfen.[497] Allerdings kommt eine Haftung auch für den Zweiterwerb nur dann in Betracht, wenn der Zweiterwerber zum eng begrenzten Personenkreis gehört, der bei der Privatplazierung angesprochen wird und wenn er aufgrund des Memorandums die Wertpapiere erworben hat.[498]

---

495 *Hüffer* Das Wertpapier-Verkaufsprospektgesetz, 133 f; *Dittrich* Die Privatplazierung im deutschen Kapitalmarktrecht, 173.

496 BGH, Urt. v. 5.7.1993 – II ZR 194/92, BGHZ 123, 106, 109.

497 *Dittrich* Die Privatplazierung im Deutschen Kapitalmarktrecht, 176 f.

498 Unentschieden *Dittrich* Die Privatplazierung im deutschen Kapitalmarktrecht, 177.

4. Verstöße gegen die Prospektpflicht

Durch das VerkProspG ist umfassend eine Prospektpflicht für den Vertrieb von Wertpapieren vorgeschrieben. Die Prospekthaftung nach § 13 VerkProspG knüpft nur an Verkaufsprospekte im Sinne des § 1 VerkProspG an. Erhalten die Anleger vom Emittenten überhaupt keine Dokumente ausgehändigt, so greift § 13 VerkProspG nicht ein.[499] Es stellt sich in einem solchen Fall die Frage, welche Rechtsfolgen die fehlende Prospektveröffentlichung nach sich zieht. Die Nichtigkeit der Wertpapierkaufverträge nach § 134 BGB wegen eines Verstoßes gegen ein gesetzliches Verbot liegt nicht vor, weil der durch das Verkaufsprospektgesetz bezweckte Anlegerschutz auch ohne diese gravierende Rechtsfolge gewahrt werden kann.[500] Es kommt aber eine analoge Anwendung des § 13 VerkProspG in Betracht, wenn eine planwidrige Regelungslücke besteht. Dazu ist es erforderlich zu untersuchen, ob nach anderen Vorschriften eine Haftung des Emittenten eingreift, wenn er es unterläßt, einen Verkaufsprospekt zu veröffentlichen.

Die allgemeine bürgerlich-rechtliche Prospekthaftung scheidet aus, weil auch sie die Veröffentlichung eines Prospektes voraussetzt, auf dessen Unvollständigkeit oder Unrichtigkeit es ankommt.[501] Wollte man sich völlig vom Prospektbegriff lösen, so würde man die Grenzen der zivilrechtlichen Prospekthaftung ohne hinreichende dogmatische Grundlage sprengen. Zu § 44 a BörsG a.F. wurde zwar die Ansicht vertreten, Verstöße gegen kapitalmarktrechtliche Informationspflichten führten zu einem gesetzlichen kapitalmarktrechtlichen Schadensersatzanspruch in Anlehnung an die zivilrechtliche Prospekthaftung.[502] Dieser Meinung kann jedoch nicht gefolgt werden. Zum einen hat der Gesetzgeber in dem neu geschaffenen § 15 WpHG, der § 44 a BörsG ersetzt, ausdrücklich bestimmt, daß ein Verstoß gegen die dort normierten Informationspflichten des Emittenten keinen Schadensersatzanspruch der Anleger begründet (§ 15 Abs. 6 Satz 1 WpHG). Zum anderen hat der Gesetzgeber bei der Reform der Börsenprospekthaftung ausdrücklich an dem Konzept spezialgesetzlich geregelter Prospekthaftungstatbestände festgehalten und im einzelnen Haftungstatbestände formuliert. Beides spricht entschieden gegen eine allgemeine „ge-

---

499 *Hüffer* Das Wertpapier-Verkaufsprospektgesetz, 156; *Dittrich* Die Privatplazierung im deutschen Kapitalmarktrecht, 166.

500 *Hamann* in: Schäfer, WpHG, BörsG, VerkProspG § 13 VerkProspG a.F. Rn 8.

501 *Hamann* in: Schäfer, WpHG, BörsG, VerkProspG § 13 VerkProspG a.F. Rn 10; *Dittrich* Die Privatplazierung im deutschen Kapitalmarktrecht, 167; *Hüffer* Das Wertpapier-Verkaufsprospektgesetz, 157.

502 Baumbach/*Hopt* Handelsgesetzbuch 29. Aufl. § 44 a BörsG Rn 1.

setzliche" Kapitalmarkthaftung für die Verletzung sämtlicher kapitalmarktrechtlichen Informationspflichten.

In Betracht kommt aber die deliktsrechtliche Haftung nach § 823 Abs. 2 BGB in Verbindung mit § 1 VerkProspG. § 1 VerkProspG ist Schutzgesetz im Sinne von § 823 Abs. 2 BGB, weil durch die Prospektveröffentlichungspflicht nicht nur das Funktionieren des Kapitalmarktes, sondern auch und gerade der Schutz des einzelnen Kapitalanlegers bezweckt ist, wie sich insbesondere den Vorschriften über die Prospekthaftung entnehmen läßt. Die Schaffung eines individuellen Schadensersatzanspruchs ist vom Gesetz daher erstrebt und paßt sich ins Gesamtgefüge der Prospekthaftung ein.[503] Es haften danach diejenigen, die zur Veröffentlichung des Prospektes verpflichtet waren.

Bei der Frage der Kausalität kann die Vermutung der Ursächlichkeit der Anlagestimmung (§ 45 Abs. 1 BörsG n.F.) keine Rolle spielen, da ein Prospekt nicht veröffentlicht worden ist. Für die Kausalität muß daher maßgeblich sein, ob der Prospekt, wäre er vorschriftsmäßig veröffentlicht worden, auf negative Aspekte der Wertpapiere aufmerksam gemacht hätte, so daß ein verständiger Anleger nicht zu dem Preis gekauft hätte, zu dem er tatsächlich gekauft hat.[504] Der Beweis obliegt nach allgemeinen Grundsätzen dem Anleger, für eine Umkehr der Beweislast ist kein Raum.

Nach § 823 Abs. 2 Satz 2 BGB führt nur ein schuldhafter Verstoß zu einem Schadensersatzanspruch, wobei aber bereits einfache Fahrlässigkeit ausreicht. Die Beweislast hierfür trifft ebenfalls den Anleger. Die Haftungsprivilegien der §§ 45 ff BörsG zugunsten der Prospektverantwortlichen gelten bei der deliktsrechtlichen Haftung nicht.

Insgesamt steht also eine Schadensersatzhaftung zur Verfügung, die in einigen Punkten für den Anleger günstiger und einigen Punkten für den Prospektverantwortlichen günstiger ist als die Börsenprospekthaftung. Eine Regelungslücke läßt sich daraus nicht herleiten. Auch unter Wertungsgesichtspunkten ist es berechtigt, für den Anleger, der auf keinen Prospekt vertraut hat, nur einen „gewöhnlichen" Schadensersatzanspruch zur Verfügung zu stellen. Ebenso ist es berechtigt, den Anbieter, der schuldhaft seine Prospektveröffentlichungspflicht verletzt, einer teilweise strengeren Haftung zu unterwerfen als er im Fall einer Prospektveröffentlichung ausgesetzt gewesen wäre.[505] Eine Regelungslücke läßt sich danach nicht feststellen, so daß für eine entsprechende Anwendung der Verkaufsprospekthaftung kein Raum ist.

---

503 *Hüffer* Das Wertpapier-Verkaufsprospektgesetz, 159; *Hamann* in: Schäfer, WpHG, BörsG, VerkProspG § 13 VerkProspG a.F. Rn 12.

504 *Hamann* in: Schäfer, WpHG, BörsG, VerkProspG § 13 VerkProspG a.F. Rn 12.

505 *Hamann* in: Schäfer, WpHG, BörsG, VerkProspG § 13 VerkProspG a.F. Rn 12.

5. Perspektiven für eine Angleichung

Der unterschiedliche Standard der einzelnen Prospekthaftungen führt dazu, daß der Handel mit Wertpapier- und Investmentanlagen ein niedrigeres Schutzniveau als der Handel mit Kapitalanlagen des grauen Kapitalmarktes aufweist. Darüber hinaus wäre eine allgemeine kapitalmarktrechtliche Prospekthaftung, die gleichen Anforderungen folgt, wünschenswert.[506] Es fragt sich, ob diese mittels Auslegung und Analogie gewonnen werden kann. Nachdem der Gesetzgeber durch das Dritte Finanzmarktförderungsgesetz die Börsenprospekthaftung neu geregelt und eine Vereinheitlichung der spezialgesetzlich normierten Prospekthaftungen vorgenommen hat, ist es ausgeschlossen, den Standard der bürgerlich-rechtlichen Prospekthaftung auf die normierten Tatbestände auszudehnen. Der Gesetzgeber hat durch das Dritte Finanzmarktförderungsgesetz das Konzept der mehrgleisigen Prospekthaftung bestätigt. Sein ausdrücklicher Wille, die der spezialgesetzlichen Prospekthaftung unterworfenen Prospektverantwortlichen zu privilegieren, schließt es aus, eine planwidrige Unvollständigkeit anzunehmen, die durch eine Analogie zur bürgerlichrechtlichen Prospekthaftung geschlossen werden könnte.

Umgekehrt stellt sich nunmehr die Frage, ob nicht die bürgerlich-rechtliche Prospekthaftung auf das Niveau der spezialgesetzlichen Haftungstatbestände zurückzuführen ist. Dagegen hat sich v. Bar ausgesprochen, weil die §§ 45 ff BörsG für das Geschehen außerhalb der Börse ungeeignet und nicht konzipiert worden seien. Die Entstehungsgeschichte, die differenzierten Haftungsprivilegierungen und die Konstruktion des Anspruchs als eines modifizierten Rücktrittsrechts paßten nicht auf die Publikums-KG.[507] Dem ist zuzustimmen. Das Konzept der spezialgesetzlichen Prospekthaftungen beruht auf den Besonderheiten des Wertpapierhandels und berücksichtigt insbesondere, daß durch das Zulassungsverfahren bzw. die Aufsicht des Bundesaufsichtsamtes für den Wertpapierhandel eine zusätzliche öffentlich-rechtliche Kontrollinstanz zum Schutz der Anleger eingeschaltet ist. Eine solche Kontrollinstanz fehlt bei den Anlagen des grauen Kapitalmarktes, so daß es gerechtfertigt ist, diesen Markt einer schärferen Haftung zu unterwerfen, um durch diesen Druck die Anbieter zu redlichem Verhalten zu veranlassen.

Teilweise wird auch der Ruf nach dem Gesetzgeber laut. So soll die gesetzliche Prospektpflicht für Kapitalanlagen, die nicht Wertpapiere sind, durch ein Prospektgesetz eingeführt werden, wobei dann auch eine öffent-

---

[506] *Hopt* ZHR 141 (1977) 389, 435.

[507] *v. Bar* ZGR 1983, 477, 503.

lich-rechtliche Kontrollinstanz eingeschaltet werden könnte.[508] Richtig ist daran, daß es allein dem Gesetzgeber obliegt, die bestehenden Divergenzen legislativ zu beheben. Dabei wird er zu berücksichtigen haben, daß das System der Prospekthaftung im Wertpapierhandel nur dann auf den grauen Kapitalmarkt übertragen werden kann, wenn eine staatliche Aufsicht vorgesehen wird.

---

[508] *Hösch* GewArch 1999, 135, 141.

X. Konkurrierende allgemeine zivilrechtliche Ansprüche

Vertragliche und vorvertragliche Ansprüche können neben Prospekthaftungsansprüchen bestehen, sofern der Anspruchsteller die Wertpapiere von einem Prospektverantwortlichen aufgrund einer vertraglicher Beziehung erworben hat.[509]

1. Erfüllungs- und Gewährleistungsansprüche aus dem Erwerbsgeschäft

Vertragliche Ansprüche gegen den Emittenten oder die Emissionsbank werden nur ausnahmsweise zum tragen kommen. Ansprüche aus dem Erwerbsgeschäft sind gem. § 48 Abs. 2 BörsG (a.F. und n.F.) ohne weiteres neben der Börsenprospekthaftung durchsetzbar. Häufig wird die emissionsbegleitende Bank auch den Vertrieb der Emission übernehmen. Sie kann hierbei als Kommissionärin handeln oder im Fall des § 186 Abs. 5 AktG die Emission übernehmen und sie als Verkäuferin vertreiben.[510]

a) Kaufvertrag

Werden die neuen Aktien von der Bank unter Ausschluß des unmittelbaren Bezugsrechts der Aktionäre übernommen und gezahlt, unter Übernahme der Verpflichtung, die jungen Aktien den Aktionären gemäß ihrem Bezugsrecht anzubieten (§ 186 Abs. 5 AktG), wird die Bank zur Inhaberin der Aktien. Bei der Veräußerung von Aktien von dem die Emission übernehmenden Kreditinstitut an den sein Bezugsrecht ausübenden Aktionär handelt es sich um einen Kaufvertrag, für den die allgemeinen Regeln des bürgerlichen Rechts gelten.[511] Es handelt sich um den Zweiterwerb eines schon bestehenden Rechts.[512]

---

509 *Kort* AG 1999, 9, 18; *Groß* AG 1999, 199, 209.

510 *Schwark* Börsengesetz §§ 45, 46 Rn 42; *Kort* AG 1999, 9, 18.

511 *Hefermehl/Bungeroth* in: Geßler/Hefermehl/Eckardt/Kropff § 186 Rn 175; 182; *Kümpel* Bank- und Kapitalmarktrecht 2. Aufl. Rn 9.220; auch *Hopt* Die Verantwortlichkeit der Banken bei Emissionen Rn 111; *Hüffer* Aktiengesetz § 186 Rn 51; *Groß* in: Hellner/Steuer Stand 12/97 Rn 10/321.

512 *Canaris* Bankvertragsrecht 2. Aufl. Rn 2245; *Lutter* in: Kölner Kommentar zum Aktiengesetz § 186 Rn 112.

Von dem Ausnahmefall des Unternehmenskaufs abgesehen handelt es sich beim Kauf einer Aktie um einen Rechtskauf im Sinne von § 437 BGB. Nach §§ 437, 440 BGB haftet der Verkäufer nur für den Bestand der Aktien nicht für ihren Wert.[513] Beim Rechtskauf wird ohne Verschulden allein für den Bestand des Rechts gehaftet. Dabei spielt es keine Rolle, ob das Recht nie entstanden oder wieder erloschen ist. Für den Kauf von Gesellschaftsanteilen haftet der Verkäufer nach § 437 BGB dafür, daß das Anteilsrecht besteht und kein Verfahren schwebt, es zu beseitigen.[514] Maßgeblicher Zeitpunkt ist der des Kaufvertragsschlusses. Es wird gehaftet, wenn der Rechtsgrund für das Erlöschen des Rechts zum maßgeblichen Zeitpunkt entstanden war.[515]

Da in der Regel lediglich der Wertverfall einer Aktie in Frage steht, scheiden in den meisten Fällen kaufrechtliche Ansprüche aus. Nur in dem Sonderfall, daß gegen die Kapitalerhöhung, die Rechtsgrund für die Ausgabe der Aktien war, erfolgreich Anfechtungsklage erhoben wird, kommt ein kaufrechtlicher Anspruch in Betracht. Durch ein rechtskräftiges Anfechtungsurteil ist ein Kapitalerhöhungsbeschluß von Anfang an nichtig. Die aufgrund des nichtigen Beschlusses ausgegebenen Aktien erlöschen.[516] Der Rechtsgrund für das Erlöschen der Aktien ist bei Kaufvertragsschluß bereits entstanden, wenn der anfechtbare Hauptversammlungsbeschluß vorlag, die Anfechtungsklage muß noch nicht erhoben sein.

Der kaufrechtliche Anspruch ist aber nach § 439 Abs. 1 BGB ausgeschlossen, wenn der Käufer den Rechtsmangel bei Abschluß des Kaufvertrages kannte. Nach h.M. führt aber § 439 Abs. 1 BGB nur dazu, daß die von einem Vertretenmüssen abhängigen Rechte aus §§ 440 Abs. 1, 325, 326 BGB ausgeschlossen sind. Nicht beseitigt wird der Erfüllungsanspruch, so daß die Rechte aus §§ 440 Abs. 1, 320–323 BGB bestehen bleiben.[517]

Fraglich ist, ob die danach eröffnete bereicherungsrechtliche Abwicklung des Kaufvertrages nach §§ 323 Abs. 3, 818 Abs. 1 BGB aus übergeordneten Gründen einzuschränken ist. Es ist anerkannt, daß bei dem Ver-

---

513 BGH, Urt. v. 2.6.1980 – VIII ZR 64/79 = NJW 1980, 2408 für GmbH – Anteile.

514 MünchKomm/*Westermann* § 437 Rn 17.

515 MünchKomm/*Westermann* § 437 Rn 7.

516 *Hüffer* Aktiengesetz § 248 Rn 7 a.

517 BGH, Urt. v. 21.5.1987 – IX ZR 77/86, WM 1987, 986, 988; MünchKomm/*Westermann* § 439 Rn 1; Soergel/*Huber* § 439 Rn 4, 8, 9, 13, kommt trotz seiner Kritik an der h.M. für den Fall, daß das Recht nicht verschafft werden kann, über die Garantiehaftung des Verkäufers zum selben Ergebnis.

kauf eines für beide Vertragsparteien zweifelhaften Rechts eine Haftung aus § 437 BGB stillschweigend abbedungen sein kann. Ferner kann das Verhalten des Käufers treuwidrig sein.[518] Allerdings bedeutet allein die Kenntnis vom Risiko der Nichtigkeit eines Rechts noch nicht die Übernahme dieses Risikos.[519] Treuwidrigkeit liegt aber dann vor, wenn bei Eingreifen der Haftung der Käufer auf Kosten des Verkäufers spekulieren würde.[520] Das ist dann der Fall, wenn der Käufer von der Anfechtungsklage Kenntnis hat. Dann macht der Erwerb der Aktien aus seiner Sicht nur Sinn, wenn er auf Kosten des Verkäufers spekulieren wollte. Einerseits bestand die Chance, am möglichen Sanierungserfolg des Emittenten zu partizipieren, andererseits, im Fall der erfolgreichen Anfechtung und einer geringen oder ausfallenden Barabfindung,[521] konnte man den Einsatz zurückfordern.

b) Kommissionsvertrag

In den weitaus überwiegenden Fällen vertreibt die Bank eine Emission als Kommissionär (§§ 383–406 HGB). Eine Haftung für den Bestand der Wertpapiere kommt mit Ausnahme des Selbsteintritts des Kommissionärs (§ 400 HGB) nicht in Betracht. Im Falle des Selbsteintritts gelten die zum Kaufvertrag gemachten Ausführungen entsprechend.

2. Ansprüche aus Beratungs- und Aufklärungsverschulden

a) Allgemeine Voraussetzungen der Haftung

Unabhängig davon, ob die Bank die Emission als Kommissionärin (§§ 383 ff HGB; 18 ff DepotG) oder als Verkäuferin (§§ 373 ff HGB, 433 ff BGB, 18 ff DepotG) vertreibt, treffen sie nach allgemeinen Grundsätzen Beratungs- und Aufklärungspflichten.[522] Die Bank trifft bei der Unterbringung der Emission dieselben Beratungs- und Aufklärungspflichten wie beim Effektengeschäft.[523] Danach ist sie unter anderem verpflichtet, auf die ihr bekannten Prospektmängel hinzuweisen und den Anleger auf

518 MünchKomm/*Westermann* § 437 Rn 9/10.

519 BGH, Urt. v. 10.2.1958 – II ZR 300/96, WM 1958, 357, 358.

520 RG, Urt. v. 18.6.1920 – II 49/20, RGZ 99, 217, 220 f.; ähnlich Staudinger/*Köhler* § 439 Rn 2.

521 Dazu *Hüffer* Aktiengesetz § 248 Rn 7 a.

522 *Nobbe* in: Schimansky/Horn, 235 ff; *Ellenberger* WM 1999 Sonderbeilage 2 S. 12 ff; *Heinsius* ZBB 1994, 47, 48 f.

523 *Canaris* Bankvertragsrecht 2. Aufl. Rn 2272.

Wunsch hinsichtlich der Prospektangaben zu beraten.[524] Fehlerhafte Prospektangaben sind von ihr bei Kenntnis zu berichtigen.[525]

Demgegenüber begründet allein die Tatsache, daß eine Kapitalerhöhung mit einem mittelbaren Bezugsrecht gem. § 186 Abs. 5 AktG verbunden ist, keinen Anspruch aus Verschulden bei Vertragsverhandlung.[526] Diese Vereinbarung zwischen Emittent und Bank ist zwar ein Vertrag zugunsten Dritter nach § 328 BGB, der dem Aktionär ein Forderungsrecht gegen die Bank gibt. Dieses Forderungsrecht hat jedoch nur zum Inhalt, das gesetzliche Bezugsrecht des Aktionärs zu erfüllen.[527] An diesen gesetzlichen Anspruch sind keine fürsorgenden Beratungspflichten geknüpft.[528]

Ein Anspruch aus Verschulden bei Vertragsverhandlung wegen Beratungs- und Aufklärungspflichten aus dem Kauf- bzw. Kommissionsvertrag ist nicht durch die Prospekthaftung gem. § 45 BörsG ausgeschlossen, sondern gem. § 48 Abs. 2 BörsG (a.F. und n.F.) ohne weiteres verfolgbar.[529]

b) Verjährung

Die Frage der Verjährung der Ersatzansprüche spielt eine entscheidende Rolle im Wechselspiel zwischen Anlegerschutz und dem Interesse der Kapitalmärkte an Risikobegrenzung durch Rechtssicherheit. Die Haftung für fehlerhafte Beratung und Aufklärung verliert dann viel von ihrer Brisanz, wenn die Durchsetzung der Ansprüche an kurzen Verjährungsfristen scheitert.[530] In der Vergangenheit spielten Fragen der Verjährung von Schadensersatzansprüchen wegen der Verletzung von Beratungs- und Informationspflichten im Zusammenhang mit dem Handel von Wertpapieren in der Rechtsprechung des Bundesgerichtshofs keine Rolle. Das dürfte darauf zurückzuführen sein, daß solche Ansprüche ihren Rechtsgrund regelmäßig in Verschulden bei Vertragsverhandlungen oder positiver Ver-

---

[524] BGH, Urt. v. 12.6.1997 – III ZR 278/95, NJW 1998, 448 für Auskunftsvertrag; *Siol* in: Schimansky/Bunte/Lwowski § 43 Rn 27 m.w.N.; *Canaris* Bankvertragsrecht 2. Aufl. Rn 2272.

[525] BGH, Urt. v. 12.6.1997 – III ZR 278/95 = NJW 1998, 448 für Auskunftsvertrag; *Siol* in Schimansky/Bunte/Lwowski § 43 Rn 27 m.w.N.

[526] *Kort* AG 1999, 9, 18.

[527] *Bungeroth/Hefermehl* in: Geßler/Hefermehl/Eckardt/Kropff § 186 Rn 171.

[528] OLG Düsseldorf, Urt. v. 5.4.1984 – 6 U 239/82, WM 1984, 586, 597 (BuM); *Bungeroth/Hefermehl* in: Geßler/Hefermehl/Eckardt/Kropff § 186 Rn 177.

[529] OLG Düsseldorf, Urt. v. 25.6.1981 – 6 U 79/80, ZIP 1981, 847, 850 (BuM); *Canaris* Bankvertragsrecht 2. Aufl. Rn 2274; *Lutter* in: Kölner Kommentar zum Aktienrecht § 186 Rn 118 a.E.; *Nußbaum* Börsengesetz § 46 VII e) (S. 202); *Schwark* WuB I G 8.–2.97; *ders.* ZGR 1983, 162, 184.

[530] *v. Stebut* ZIP 1992, 1698, 1706.

tragsverletzung haben, die der dreißigjährigen Regelverjährung nach § 195 BGB unterfallen.[531]

aa) Verjährungsproblematik des § 37 a WpHG

Durch das Dritte Finanzmarktförderungsgesetz[532] ist insofern eine gravierende Verschlechterung des Anlegerschutzes eingetreten, als die dreißigjährige Verjährungsfrist für Ansprüche aus Beratungs- und Aufklärungspflichtverletzungen gegen Wertpapierdienstleistungsunternehmen im Zusammenhang mit der Erbringung von Wertpapierdienstleistungen durch § 37 a WpHG auf drei Jahre seit Anspruchsentstehung verkürzt worden ist. Die dreißigjährige Verjährungsfrist wurde angesichts der Schnelligkeit des heutigen Geschäftsverkehrs gerade im Wertpapierbereich als überholt und auch im internationalen Bereich als unüblich angesehen.[533] Die Beschränkung auf drei Jahre wird unter anderem damit gerechtfertigt, daß auch bei anderen beratenden Berufen wie Rechtsanwälten nach § 51 b BRAO oder Steuerberatern nach § 68 StBerG eine kurze dreijährige bzw. bei Wirtschaftsprüfern nach § 51 a WPO eine fünfjährige Verjährungsfrist besteht.[534] Zudem wird darauf verwiesen, daß Wertpapierdienstleistungsunternehmen der besonderen Aufsicht des Bundesaufsichtsamtes für den Wertpapierhandel unterliegen. Diese Kontrolle wird als anlegerschützende Kompensation zu der verkürzten Verjährungsfrist angesehen.[535]

Anspruchsgegner, die die Wohltat des § 37 a WpHG für sich in Anspruch nehmen können, sind ausschließlich Wertpapierdienstleistungsunternehmen. Das sind nach § 2 Abs. 4 WpHG Kreditinstitute, Finanzdienstleistungsinstitute und nach § 53 Abs. 1 Satz 1 KWG tätige Unternehmen, die Wertpapierdienstleistungen allein oder zusammen mit Wertpapiernebendienstleistungen gewerbsmäßig oder in einem Umfang erbringen, der einen kaufmännisch eingerichteten Geschäftsbetrieb erfordert. Es fragt sich, ob ein Wertpapierdienstleistungsunternehmen die nach § 32 KWG erforderliche Erlaubnis zum Betreiben des Geschäfts besitzen muß, um der Regelung des § 37 a WpHG zu unterfallen. Nach der Gesetzesbegründung wird die Verkürzung der Verjährung unter anderem mit der

---

531 *Schäfer* Festschrift für Schimansky, 699; *Heinsius* ZBB 1994, 47, 51.

532 Gesetz zur weiteren Fortentwicklung des Finanzplatzes Deutschland (Drittes Finanzmarktförderungsgesetz) vom 24.3.1998, BGBl I S. 529, 538.

533 Regierungsbegründung zum Dritten Finanzmarktförderungsgesetz, BT-Drucks. 13/8933 S. 59, 96; *Pötzsch* AG 1997, 193, 198; ders. WM 1998, 949, 957.

534 *Pötzsch* WM 1998, 949, 957

535 *Pötzsch* AG 1997, 193, 198; ders. WM 1998, 949, 957.

Aufsicht gerechtfertigt, denen diese Unternehmen unterliegen.[536] Daher ist es ausgeschlossen, daß ein nicht lizenziertes Unternehmen, bei dem de facto keine Aufsicht existiert, in den Genuß der Verkürzung der Verjährungsfrist kommt.[537] Nur Unternehmen, die die Erlaubnis nach § 32 KWG zur Erbringung von Wertpapierdienstleistungen haben, können sich daher auf § 37 a WpHG berufen.

Die Verjährungsfrist beginnt in dem Zeitpunkt zu laufen, in dem der Anspruch entsteht.[538] Die Vorschrift steht damit sprachlich in Einklang mit § 198 BGB, der den Beginn der regelmäßigen Verjährung beschreibt. Wann ein Anspruch nach dieser Vorschrift entstanden ist, läßt sich nicht einheitlich für alle Ansprüche beantworten. Bei Schadensersatzansprüchen stellt die Rechtsprechung auf den Eintritt des Schadens ab.[539] Zu §§ 51 b BRAO, 68 StBerG hat der Bundesgerichtshof zur Bestimmung des Zeitpunkts der Schadensentstehung eine Risiko-Schaden-Formel entwikkelt.[540] Danach ist die Schadensentstehung anzunehmen, wenn der Schaden wenigstens dem Grunde nach erwachsen ist, mag seine Höhe auch noch nicht beziffert werden können, wobei es ausreicht, wenn durch die Verletzungshandlung eine als Schaden anzusehende Verschlechterung der Vermögenslage eingetreten ist, ohne daß feststehen muß, ob ein Schaden bestehenbleibt und endgültig wird. Auf die Kenntnis des Geschädigten kommt es nicht an. Ist dagegen noch offen, ob ein pflichtwidriges Verhalten zu einem Schaden führt, ist ein Schaden noch nicht entstanden.[541] Für den Fall, daß ein Steuerberater eine nachteilige Vermögensanlage empfohlen hat, hat der Bundesgerichtshof angenommen, daß der Schaden bereits mit der vertraglichen Bindung und Weggabe des Geldes seitens des Beratenen eingetreten ist.[542] Überträgt man diese Rechtsprechung – was angesichts des Wortlauts und Gesetzesbegründung nahe liegt – auf § 37 a WpHG, so ist der Schaden immer schon in dem Moment des Erwerbs der Wertpapiere entstanden.[543]

Die Verkürzung der Verjährungsfrist findet nach § 43 WpHG keine Anwendung auf Schadensersatzansprüche, die bereits vor dem 1. April 1998

---

536 Regierungsbegründung zum Dritten Finanzmarktförderungsgesetz, BT-Drucks. 13/8933 S. 96.

537 *Schäfer* Festschrift für Schimansky, S. 699, 704.

538 *Meixner* NJW 1998, 1896, 1899.

539 BGH, Urt. v. 15.4.1999 – IX ZR 328/97, WM 1999, 1330, 1335.

540 *Zugehör* NJW 1995 Beilage zu Heft 21 S. 12.

541 BGH, Urt. v. 2.7.1992 – IX ZR 268/91, BGHZ 119, 69, 71.

542 BGH, Urt. v. 27.1.1994 – IX ZR 195/93, WM 1994, 504, 506.

543 *Koller* in: Assmann/Schneider § 37 a Rn 7; *Schäfer* Festschrift für Schimansky, 699, 710.

entstanden sind. § 37 a WpHG entfaltet daher seine Wirkung erstmals in der Zeit ab dem 1. April 2001.[544] Nicht erfaßt werden Schadensersatzansprüche im Zusammenhang mit dem Vertrieb von Kapitalanlagen, die keine Wertpapiere sind, was insbesondere den Vertrieb von Gesellschaftsbeteiligungen oder Bauherrenmodellen betrifft.[545]

bb) Anwendung der sogenannten Sekundärverjährung

Die Gesetzesbegründung lenkt den Blick auf die Verlängerung der kurzen Verjährungsfristen der §§ 51 b BRAO, 68 StBerG um weitere drei Jahre durch die sogenannte Sekundärverjährung, die nach Ablauf der regulären Verjährungsfrist zu laufen beginnt, wenn ein Rechtsanwalt oder Steuerberater den Mandanten nicht auf seine Pflichtverletzung und die kurze Verjährungsfrist hingewiesen hat.[546] Dieser Sekundäranspruch beruht auf der Überlegung, daß Rechtsanwälte und Steuerberater eine Pflicht zur umfassenden Wahrnehmung der Interessen ihrer Mandanten trifft und sie deshalb auch verpflichtet sind, ihre Mandanten darüber zu informieren, daß sie unter Umständen schadenersatzpflichtig sind und daß dieser Anspruch kurz vor Eintritt der Verjährung steht. Das Unterlassen dieses Hinweises ist ein weiteres Fehlverhalten, das eine erneute Verjährung in Gang setzt.[547] Diese erneute Verjährungsfrist beträgt ebenfalls drei Jahre, so daß es maximal zu einer Verdoppelung der gesetzlichen Frist kommen kann. Der Sekundäranspruch wird nach ständiger Rechtsprechung des Bundesgerichtshofes aus dem besonderen Wissens- und Erkenntnisvorsprung des Beraters hergeleitet, der es ihm ermöglicht, schon früher als der Beratene festzustellen, daß sein Verhalten zu einer Vermögensschädigung des Beratenen geführt hat.[548]

Einer Übertragung dieser Rechtsgrundsätze auf die kurze Verjährungsfrist des § 37 a WpHG wird entgegengehalten, das sie spezifisch auf das Verhältnis zwischen Rechtsanwalt oder Steuerberater einerseits und Mandant andererseits abgestimmt seien. Dem Wertpapierdienstleistungsunternehmen obliege keine umfassende Wahrnehmung der Interessen des Anlegers, sondern nur der auf die Wertpapierdienstleistung bezogenen Interessen. Eine Pflicht zur Rechtsberatung im Sinne einer Hinweispflicht auf

---

[544] *Schäfer* Festschrift für Schimansky, 699, 700.

[545] *Pötzsch* WM 1998, 949, 957.

[546] BGH, Urt. v. 20.1.1982 – IVa ZR 314/80, BGHZ 83, 17, 23, 26 f; BGH, Urt. v. 23.5.1985 – IX ZR 102/84, BGHZ 94, 380, 386; BGH, Urt. v. 7.5.1991 – IX ZR 188/90, WM 1991, 1303, 1305.

[547] *Zugehör* NJW 1995 Beilage zu Heft 21 S. 15.

[548] BGH, Urt. v. 23.5.1985 – IX ZR 102/84, BGHZ 94, 380, 386 = ZIP 1985, 1274, 1275; BGH, Urt. v. 15.4.1999 – IX ZR 328/97, WM 1999, 1330, 1335.

mögliche Schadensersatzansprüche und deren Verjährung bestehe nicht.[549]

Dem kann nicht zugestimmt werden. Es ist bereits unzutreffenden, daß das spezifische Mandantsverhältnis Grund für die Sekundärverjährung bei der Anwalts- **und** Steuerberaterhaftung sei. Richtig ist insofern nur, daß aus der Pflicht des Rechtsanwalts, seinen Mandanten umfassend zu beraten, gefolgert wird, diese Pflicht dürfe vor der eigenen Haftung nicht haltmachen.[550] Der Bundesgerichtshof hat bei der Übertragung dieser Grundsätze auf Steuerberater aber nicht entscheidend auf eine Ähnlichkeit des Steuerberatermandats zum Rechtsanwaltsmandat abgestellt, sondern darauf, daß der Gesetzgeber § 68 StBerG ganz bewußt der anwaltlichen Verjährungsfrist nachgebildet hat.[551] So verhält es sich auch bei § 37a WpHG. Der Gesetzgeber hat diese Vorschrift in bewußter Anlehnung an die Verjährungsfristen der Anwalts- und Steuerberaterhaftung geschaffen. Bereits die Regierungsbegründung hat diesen Aspekt hervorgehoben, obwohl im Regierungsentwurf noch eine sechsmonatige, maximal dreijährige Verjährungsfrist vorgesehen war.[552] Die völlige Übernahme der anwaltlichen und steuerberaterlichen Verjährungsfrist ist dann auf Vorschlag des Bundesrates,[553] dem sich die Bundesregierung[554] angeschlossen hat, Gesetz geworden. Wegen dieser bewußten Übernahme der Verjährungsregelungen für Rechtsanwälte und Steuerberater ist es daher auch ohne das Vorliegen eines dem Rechtsanwaltsmandats vergleichbaren Verhältnisses gerechtfertigt, die zu der Verjährung der Anwaltshaftung entwickelten Grundsätze auf § 37a WpHG zu übertragen.[555] Der Bundesgerichtshof hat zudem auch beim Architektenvertrag, der einem Anwaltsmandat nicht vergleichbar ist, eine eingeschränkte Hinweispflicht des Architekten auf die Mangelhaftigkeit seines Werkes angenommen.[556] Auch dies zeigt, daß es für die Pflicht, auf eigene Fehlleistungen hinzuweisen, nicht auf ein dem Rechtsanwaltsmandat vergleichbares Rechtsverhältnis ankommt.

Darüber hinaus weist die Vermögensberatung durch ein Wertpapierdienstleistungsunternehmen durchaus Ähnlichkeiten zum anwaltlichen

---

549 *Schäfer* Festschrift für Schimansky, 699, 712.

550 *Zugehör* NJW 1995 Beilage zu Heft 21 S. 15.

551 BGH, Urt. v. 20.1.1982 – IVa ZR 314/80, BGHZ 83, 17, 22.

552 Regierungsbegründung zum Dritten Finanzmarktförderungsgesetz, BT-Drucks. 13/8933 S. 96.

553 Stellungnahme des Bundesrates zum Regierungsentwurf des Dritten Finanzmarktförderungsgesetzes, BT-Drucks. 13/8933 S. 168.

554 Gegenäußerung der Bundesregierung zur Stellungnahme des Bundesrates, BT-Drucks. 13/8933 S. 183.

555 In diesem Sinne wohl *Koller* in: Assmann/Schneider § 37a Rn 9.

556 BGH, Urt. v. 16.3.1978 – VII ZR 145/76, BGHZ 71, 144, 148f.

Mandat auf. Bereits die Regierungsbegründung hat ihren Entwurf mit dem Hinweis auf andere beratende Berufe begründet.[557] Der Gesetzgeber hat also eine Vergleichbarkeit zwischen der Beratung durch ein Wertpapierdienstleistungsunternehmen und der durch einen Rechtsanwalt oder Steuerberater vorausgesetzt. Auch ein Effektenhändler, der einem Anleger Beratung oder Aufklärung schuldet, verfügt über einen Wissens- und Erkenntnisvorsprung, der es ihm ermöglicht, eher als der Anleger festzustellen, daß seine Pflichtverletzung zu einem Schaden des Anlegers führt. Es ist daher auch unter dem Gesichtspunkt der Vergleichbarkeit gerechtfertigt, gegen Wertpapierdienstleistungsunternehmen im Falle eines unterlassenen Hinweises auf die Regreßmöglichkeit und die kurze Verjährungsfrist einen Sekundärschadensersatzanspruch anzuerkennen, der einer selbständigen dreijährigen Verjährungsfrist unterliegt.

Wie bei der Sekundärverjährung bei der Anwaltshaftung ist jedoch erforderlich, daß das Wertpapierdienstleistungsunternehmen nach der eigentlich schadensverursachenden Pflichtverletzung im Rahmen eines Dauergeschäftsbesorgungsverhältnisses oder aufgrund eines neuen Auftrags mit demselben Gegenstand vor Verjährung des ursprünglichen Ersatzanspruchs aufgrund objektiver Umstände begründeten Anlaß hat zu prüfen, ob es durch einen Fehler den Kunden geschädigt hat und es das bei sorgfältiger Bearbeitung erkennen konnte.[558] Wie bei der Anwaltshaftung scheidet eine nachvertragliche Hinweispflicht aus.[559] Daraus folgt, daß aus einem einmaligen Effektenkauf keine Hinweispflichten erwachsen. Erforderlich ist vielmehr ein auf Dauer angelegtes Geschäftsbesorgungsverhältnis oder aber eine wiederholte Beauftragung in bezug auf dieselbe Vermögensanlage. Hierdurch wird der entsprechenden Anwendung der Sekundärverjährung schon einiges an Brisanz genommen.

cc) Erstreckung auf konkurrierende deliktische Ansprüche

Die fehlerhafte Beratung und Information kann nicht nur zu Ansprüchen aus Verschulden bei Vertragsverhandlung und positiver Vertragsverletzung führen, sondern auch zu deliktischen Schadensersatzansprüchen aus § 826 BGB oder § 823 Abs. 2 BGB in Verbindung mit Schutzgesetzen. Fraglich ist, ob die verkürzte Verjährungsfrist des § 37 a WpHG auch deliktische Ansprüche erfaßt. Diese verjähren zwar nach § 852 Abs. 1 BGB ebenfalls in drei Jahren, aber erst ab Kenntnis von Schaden und Schädiger, so daß die deliktische Verjährungsfrist oft später ablaufen wird als die

---

557 Regierungsbegründung zum Dritten Finanzmarktförderungsgesetz, BT-Drucks. 13/8933 S, 59, 96.

558 Zur Anwaltshaftung *Zugehör* NJW 1995 Beilage zu Heft 21 S. 17.

559 *Zugehör* NJW 1995 Beilage zu Heft 21 S. 20.

nach dem WpHG und sogar maximal dreißig Jahre betragen kann. Als Schutzgesetz kommt neben § 263 StGB insbesondere auch § 31 Abs. 2 Nr. 2 WpHG in Betracht. Nach § 31 Abs. 2 Nr. 2 WpHG ist ein Wertpapierdienstleistungsunternehmen verpflichtet, seinen Kunden alle zweckdienlichen Informationen mitzuteilen, soweit dies der Wahrung der Interessen der Kunden und im Hinblick auf Art und Umfang der beabsichtigten Geschäfte erforderlich ist. Die nahezu einhellige Meinung ist der Auffassung, daß § 31 Abs. 2 Nr. 2 WpHG Schutzgesetz im Sinne von § 823 Abs. 2 BGB ist.[560] Dem ist zuzustimmen, weil diese Verhaltensregeln ganz auf die Interessen des einzelnen Kunden zugeschnitten sind und nicht primär oder gar ausschließlich im Interesse der Allgemeinheit bestehen. Die deliktische Haftung spielt gegenüber der Haftung aus Verschulden bei Vertragsverhandlung oder positiver Vertragsverletzung in der Praxis eine untergeordnete Rolle, weil sie im Regelfall wegen der Exkulpationsmöglichkeit des § 831 BGB und der Unanwendbarkeit des § 282 BGB weniger Schutz bietet.[561] Sie bietet aber dann ein Mehr an Schutz, wenn ein auf sie gestützter Anspruch nicht der kurzen Verjährung des § 37 a WpHG unterfällt. Die – streitige – Frage, ob ein deliktischer Anspruch der Verjährungsvorschrift des § 852 BGB oder des § 37 a WpHG unterliegt, ist daher von erheblicher praktischer Bedeutung.[562]

Eine Meinung geht von Verjährungskonkurrenz aus. Sie ist der Ansicht, § 37 a WpHG erfasse weder die Ansprüche aus § 826 BGB noch Ansprüche aus § 823 Abs. 2 BGB, selbst wenn sie mit vertraglichen Ansprüchen oder mit Ansprüchen aus Verschulden bei Vertragsverhandlungen konkurrieren würden.[563] Wie die Bezugnahme auf die regelmäßige dreißigjährige Verjährungsfrist und auf § 195 BGB in der Gesetzesbegründung zeige, habe § 37 a WpHG die Haftung wegen der Verletzung von Pflichten aus Informations- und Beratungsverträgen sowie von Schutzpflichten aus Verschulden bei Vertragsverhandlungen im Auge. Da die regelmäßige dreißigjährige Verjährungsfrist hätte verkürzt werden sollen, werde der Zweck der Vorschrift nicht dadurch zunichte gemacht, daß für konkurrierende deliktische Ansprüche die ebenfalls drei Jahre betragende Verjährungsfrist des § 852 BGB eingreife. Diese Verjährungsfrist könne zwar

---

560 OLG München, Urt. v. 21.7.1998 – 18 U 2422/98, ZIP 1998, 1954; *Hopt* ZHR 159 (1995) 135, 160; *Köndgen* NJW 1996, 558, 569; v. Heymann, in: Assmann/Schütze § 5 Rn 118; *Schäfer* in: Schäfer, WpHG, BörsG, VerkProspG vor § 31 WpHG Rn 9 m.w.N..

561 *Siol* Festschrift für Schimansky, 781, 786; *Nobbe* in: Schimansky/Horn, 235, 250 f.

562 Ebenso *Schäfer* Festschrift für Schimansky, 699, 713 f.

563 *Meixner* NJW 1998, 1896, 1899, *Koller* in: Assmann/Schneider § 37 a Rn 6.

theoretisch dreißig Jahre betragen, daß sei aber praktisch nahezu ausgeschlossen.

Die Gegenansicht geht von einer Verjährungsspezialität aus. Sie befürwortet eine Verdrängung des § 852 BGB durch § 37 a WpHG jedenfalls für fahrlässige Schutzpflichtverletzungen.[564] Dies wird damit begründet, daß § 37 a WpHG bei der Annahme von Anspruchskonkurrenz leer laufen würde, weil die Verletzung von Informations- und Beratungspflichten nicht nur einen Anspruch aus Verschulden bei Vertragsverhandlungen und positiver Vertragsverletzung gewähre, sondern daneben auch einen Verstoß gegen § 31 WpHG darstelle, der Schutzgesetz im Sinne von § 823 Abs. 2 BGB sei.[565] Auch bei der anwaltlichen Verjährungsvorschrift des § 51 b BRAO sei es herrschende Lehre, daß alle konkurrierenden Ansprüche der Spezialverjährung unterfielen. Zu § 538 BGB entspreche die verdrängende Spezialität auch der Rechtsprechung des Bundesgerichtshofs.[566] Wenn der Regierungsbegründung zum Dritten Finanzmarktförderungsgesetz auch zu entnehmen sei, daß der Gesetzgeber von einer Verjährungskonkurrenz bei vorsätzlichen Schutzgesetzverletzungen ausgegangen sei, so enthielte diese aber keine Stellungnahme hinsichtlich fahrlässiger Pflichtwidrigkeiten.[567]

Zuzustimmen ist der Meinung von der Verjährungskonkurrenz. Der Wortlaut des § 37 a WpHG, der von der Verletzung der Pflicht zur Information und fehlerhafter Beratung spricht, kann allerdings von keiner der beiden Meinungen für sich in Anspruch genommen werden. Er deutet zwar darauf hin, daß lediglich die vertraglichen und vorvertraglichen Aufklärungs- und Beratungspflichten erfaßt werden sollen, wie sie in der Rechtsprechung des Bundesgerichtshofs im Zusammenhang mit Wertpapier- und Börsentermingeschäften entwickelt worden sind.[568] Er kann sich aber auch auf § 31 Abs. 2 Nr. 2 WpHG beziehen. Aus der systematische Stellung dieser Vorschrift im Wertpapierhandelsgesetz kann auch kein eindeutiger Schluß gezogen werden. Zwar könnte dieser Umstand darauf hindeuten, daß die in § 31 WpHG aufgestellten Pflichten darunter fallen sollen. Da aber ohne Zweifel die zivilrechtlichen Ansprüche aus Verschulden bei Vertragsverhandlung und positiver Vertragsverletzung, die nicht im Wertpapierhandelsgesetz geregelt sind, erfaßt werden, muß die Stellung dieser Vorschrift allein dem Umstand zugerechnet werden, daß sie sich auf die Rechtssubjekte, die dem Wertpapierhandelsgesetz unterfal-

---

564 *Schäfer* Festschrift für Schimansky, 699, 716.

565 *Schäfer* Festschrift für Schimansky, 699, 715.

566 *Schäfer* Festschrift für Schimansky, 699, 714f.

567 *Schäfer* Festschrift für Schimansky, 699, 716.

568 Vgl. dazu *Ellenberger* WM 1999 Sonderbeilage Nr. 2 S. 13ff m.w.N.

len (Wertpapierdienstleistungsunternehmen und Kunde) bezieht und nicht auf die in diesem Gesetz geregelten Verhaltenspflichten.

Ergiebiger für die Auslegung ist da schon die Gesetzesbegründung. In der Regierungsbegründung zum Dritten Finanzmarktförderungsgesetz heißt es, es sei nach allgemeinen Grundsätzen zu beurteilen, inwieweit sich die kurze Verjährungsfrist auch auf konkurrierende Ansprüche erstrecke. Hiernach verbleibe es in jedem Fall bei der vorsätzlichen Verletzung von Informationspflichten und der vorsätzlich fehlerhaften Anlageberatung, d. h. dem Anlagebetrug, bei der Regelverjährung für deliktische Ersatzansprüche.[569] Der Gesetzgeber ist daher davon ausgegangen, daß die Regelung des § 37 a WpHG sich auf die vertraglichen sowie quasivertraglichen Ansprüche bezieht und eine Übertragung auf deliktische Ansprüche nur aufgrund allgemeiner Grundsätze erfolgen kann. Nach dem allgemeinen Anspruchssystem des Zivilrechts hat jede Anspruchsgrundlage ihre eigene Regelung der Abwicklung, Verjährung und Beweislastverteilung. Der Bundesgerichtshof hat stets betont, daß beim Zusammentreffen von Ansprüchen aus Vertragsverletzung und aus unerlaubter Handlung jeder Schadensersatzanspruch nach seinen Voraussetzungen, seinem Inhalt und seiner Durchsetzung selbständig zu beurteilen ist und deswegen grundsätzlich auch seiner eigenen Verjährung folgt.[570] Davon hat der Bundesgerichtshof im Zusammenhang mit § 538 BGB eine Ausnahme gemacht, weil § 538 BGB den Mieter vor jeglicher Inanspruchnahme nach Ablauf der kurzen Verjährungsfrist schützen wolle.[571] Allgemein formuliert der Bundesgerichtshof, eine gesetzliche Einschränkung der Vertragshaftung könne sich auf die Haftung aus unerlaubter Handlung auswirken, wenn der gesetzlichen Regelung der Vertragshaftung aufgrund ausdrücklicher Vorschrift oder nach ihrem Zweck zu entnehmen sei, daß sie einen Sachverhalt erschöpfend regeln und dementsprechend auch die Haftung aus unerlaubter Handlung ganz ausschließen oder in bestimmter Hinsicht be-

---

569 Regierungsbegründung zum Dritten Finanzmarktförderungsgesetz, BT-Drucks. 13/8933 S. 59, 97.

570 BGH, Urt. v. 28.4.1953 – I ZR 47/52, BGHZ 9, 301, 302 (zu § 414 HGB); BGH, Urt. v. 9.5.1957 – II ZR 327/55, BGHZ 24, 188, 191 (zur Eisenbahnverkehrsverordnung); BGH, Urt. v. 21.4.1960 – II ZR 21/58, BGHZ 32, 194, 203 f (zur Kraftverkehrsverordnung); BGH, Urt. v. 4.3.1971 – VII ZR 40/70, BGHZ 55, 392, 395 (zu § 638 BGB); BGH, Urt. v. 24.5.1976 – VIII ZR 10/74, BGHZ 66, 315, 319 (zu § 477 BGB); BGH, Urt. v. 24.11.1976 – VIII ZR 137/75, BGHZ 67, 359, 362 f (zur Produkthaftung); BGH, Urt. v. 17.3.1985 – VI ZR 282/85, BGHZ 100, 190, 201 (zu § 43 GmbHG); BGH, Urt. v. 12.12.1991 – I ZR 212/89, BGHZ 116, 297, 300 (zu § 414 HGB).

571 BGH, Urt. v. 18.9.1986 – III ZR 227/84, BGHZ 98, 235, 237 f. m.w.N..

schränken wolle.[572] Es soll danach verhindert werden, daß eine haftungsbeschränkende Regelung leerläuft. Das ist aber bei der Beschränkung des § 37a WpHG nicht zu befürchten. Selbst wenn man davon ausgeht, daß jedes Aufklärungs- und Beratungsverschulden zugleich ein Verstoß gegen § 31 Abs. 2 Nr. 2 WpHG darstellt, so führt das nicht zwangsläufig wie die konkurrierenden vertraglichen oder quasivertraglichen Ansprüche zur Haftung des Wertpapierdienstleistungsunternehmens aus dieser Vorschrift. Regelmäßig wird es bei solchen Verstößen auf das Verhalten von Verrichtungsgehilfen ankommen, für die sich das Unternehmen nach § 831 BGB exkulpieren kann, so daß der Anwendungsbereich der deliktischen Haftung ohnehin enger ist als der der vertraglichen und quasivertraglichen. Die Vertragshaftung der Wertpapierdienstleistungsunternehmen weist auch keine gesetzlichen Besonderheiten auf, die nach ihrem Zweck einen Sachverhalt erschöpfend regelt und dementsprechend auch die deliktische Haftung ausschließt oder in bestimmter Hinsicht einengt. Schließlich ist auch zu Bedenken, daß es dem Gesetzgeber darauf ankam, die dreißigjährige Verjährungsfrist des § 195 BGB als Regelverjährung durch eine neue dreijährige Frist zu ersetzen. Das ist genau die Frist des § 852 BGB, so daß extreme Wertungswidersprüche zu dem Anliegen des Gesetzgebers bei Anwendung des § 852 BGB nicht erkennbar sind. In der überwiegenden Anzahl der Fälle werden Fehlinvestitionen infolge fehlerhafter Beratung aufgrund der ständigen Beobachtung des Wertpapiermarktes durch Fachpresse und institutionelle Anleger rasch erkennbar. Eine nur im Extremfall denkbare dreißigjährige Verjährungsfrist erscheint aufgrund des Marktgeschehens praktisch ausgeschlossen.

Der nach allgemeinen Grundsätzen bestehenden Verjährungskonkurrenz kann auch nicht entgegengehalten werden, wenn der Gesetzgeber einen Vorrang des § 852 BGB beabsichtigt hätte, hätte er eine Verjährungsnorm im Sinne des § 852 BGB geschaffen.[573] Diese Argumentation kehrt sich gegen sich selbst. Dem Gesetzgeber waren – wie sich der Gesetzesbegründung entnehmen läßt – die Fragen der Anspruchskonkurrenz und insbesondere der Grundsatz des Parallellaufs verschiedener Verjährungen bekannt. Wenn er es bei dieser Sachlage unterlassen hat, ausdrücklich die Deliktshaftung für fahrlässige Verstöße auszuschließen, wie er dies in demselben Dritten Finanzmarktförderungsgesetz für die Börsenprospekthaftung in § 48 Abs. 2 BörsG angeordnet hat, so spricht das ebenso gegen eine Exklusivität des § 37a WpHG wie die Tatsache, daß der Gesetzgeber die Deliktshaftung nicht ausdrücklich dieser Vorschrift unterstellt hat.

---

[572] BGH, Urt. v. 12.12.1991 – I ZR 212/89, BGHZ 116, 297, 300.

[573] *Schäfer* Festschrift für Schimansky, 699, 715.

Ebenfalls kann nicht auf eine Parallele zu § 51 b BRAO verwiesen werden. Ob unter diese Vorschrift auch Ansprüche gegen einen Rechtsanwalt aus Delikt fallen, ist in der Literatur sehr umstritten.[574] Von einer herrschenden Meinung kann insofern nicht gesprochen werden. Die überzeugenderen Argumente sprechen auch hier für eine Anspruchskonkurrenz.[575] Es ist daher als Ergebnis festzuhalten, daß die deliktischen Ansprüche nicht der Verjährungsvorschrift des § 37 a WpHG unterfallen, sondern nach § 852 BGB verjähren.

3. Deliktische Ansprüche

Nach altem Recht war umstritten, ob deliktische Ansprüche neben der Börsenprospekthaftung geltend gemacht werden konnten.[576] Mit der Neuformulierung des § 48 Abs. 2 BörsG n.F. ist jetzt ausdrücklich geregelt, daß Ansprüche aus vorsätzlichen unerlaubten Handlungen neben der gesetzlichen Prospekthaftung verfolgt werden können. Der Umkehrschluß aus dieser Gesetzesformulierung ergibt, daß eine Haftung für fahrlässige unerlaubte Handlungen neben der Börsenprospekthaftung ausgeschlossen ist.[577] Diese Beschränkung betrifft aber ausschließlich Ansprüche im Zusammenhang mit der Prospektveröffentlichung. Für Ansprüche außerhalb der Prospektveröffentlichung findet das Deliktsrecht uneingeschränkt Anwendung. Bei den Ansprüchen aus vorsätzlicher unerlaubter Handlung im Zusammenhang mit der Prospektveröffentlichung kommen solche aus § 826 BGB und aus § 823 Abs. 2 BGB in Verbindung mit einem Schutzgesetz in Betracht. Schutzgesetze in diesem Sinne sind neben dem im Rahmen der deliktischen Prospekthaftung behandelten § 264 a StGB vor allem § 399 Abs. 1 Nr. 4 AktG und § 400 Abs. 1 AktG bzw. § 331 HGB.

---

574 Nachweise bei *Zugehör* NJW 1995 Beilage zu Heft 21 S. 21 und *Schäfer* Festschrift für Schimansky, 699, 714.

575 *Zugehör* NJW 1995 Beilage zu Heft 21 S. 21; *Schäfer* Festschrift für Schimansky, 699, 715; *Koller* in: Assmann/Schneider § 37 a Rn 6.

576 Dafür: *Kümpel* Bank- und Kapitalmarktrecht, 1995, Rn 11.214 ; *Schwark* WuB I G 8. 2–97; *Canaris* Bankvertragsrecht 2. Aufl. Rn 2290; *Ehricke* BB 1980, 650; BGH, Urt. v. 12. Juli 1982 – II ZR 175/81, ZIP 1982, 923, 929 (BuM); dagegen: OLG Düsseldorf, Urt. v. 25.6.1981 – 6 U 79/80, ZIP 1981, 847, 850 (BuM); LG Düsseldorf, Urt. v. 13.2.1980 – 2 O 411/79, ZIP 1980, 188, 189 (BuM); *Nußbaum* Börsengesetz § 46 VII c) (S. 201 f); *Meyer/Bremer* Börsengesetz § 45 Nr. 11 (S. 117); *Schwark* BB 1979, 897, 903; ders. ZGR 1983, 162, 183; offen gelassen von BGH, Urt. v. 11.11.1985 – II ZR 109/84, ZIP 1986, 14, 19 = WM 1986, 2, 5 (BuM), insoweit in BGHZ 96, 231 ff. nicht abgedruckt.

577 *Kort* AG 1999, 9, 18; *Groß* AG 1999, 199, 209.

Soweit Wertpapiere vor Veröffentlichung eines Verkaufsprospektes vertrieben werden, ist nach alter und neuer Rechtslage eine Börsenprospekthaftung ausgeschlossen. Allerdings kommt eine deliktische Haftung gemäß § 823 Abs. 2 BGB in Verbindung mit § 1 VerkProspG wegen Nichtveröffentlichung eines Prospektes in Betracht.

Fehlende oder unrichtige Prospektangaben können auch eine Haftung nach § 823 Abs. 2 BGB in Verbindung mit § 263 StGB und nach § 826 BGB begründen. Bildet beispielsweise die Ausgabe junger Aktien ein Mittel, den Konkurs des Emittenten auf Kosten der Erwerber dieser Aktien weiter zu verschleppen, liegt darin eine vorsätzliche sittenwidrige Schädigung der Aktienkäufer.[578]

---

[578] BGH, Urt. v. 11.11.1985 – II ZR 109/84, BGHZ 96, 231, 243 = ZIP 1986, 14, 19 (BuM).

XI. Zusammenfassung

1. Bei der Prospekthaftung handelt es sich weder um eine Vertrags- noch um eine Deliktshaftung, sondern um eine Sonderform der Vertrauenshaftung.
2. Gegenstand der Börsenprospekthaftung des amtlichen Handels ist der Börsenzulassungsprospekt. Wird im Fall der Befreiung von der Prospektpflicht freiwillig ein Börsenzulassungsprospekt erstellt, aufgrund dessen dann die Zulassung erfolgt, trifft die Prospekterlasser die normale Börsenprospekthaftung.
   Der Börsenzulassungsprospekt hat neben den in der BörsZulV genannten Pflichtangaben insbesondere auch ein zutreffendes Gesamtbild über den Emittenten und die Emission zu vermitteln.
   Ein Börsenzulassungsprospekt ist ständig bis zum Ablauf von sechs Monaten nach der Einführung der Wertpapiere zu aktualisieren. Diese Pflicht trifft nicht nur den Emittenten, sondern auch den Emissionsbegleiter.
   Durch das Dritte Finanzmarktförderungsgesetz hat der Gesetzgeber die bisher bestehende Schutzlücke geschlossen, die im Hinblick auf die Veröffentlichung von Darstellungen bestand, die bei einigen Befreiungstatbeständen statt eines Börsenzulassungsprospektes veröffentlicht werden. Nunmehr unterliegen auch diese Darstellungen der Börsenprospekthaftung.
   Das Geheimhaltungsinteresse des Emittenten bezüglich sensibler Unternehmensdaten, die aber in einen vollständigen und richtigen Prospekt gehören, berechtigt ihn nicht, diese Daten im Prospekt wegzulassen. Vielmehr muß der Emittent insofern eine Befreiung durch die Zulassungsstelle beantragen.
3. Der Börsenzulassungsprospekt wird von der Zulassungsstelle nur auf seine Vollständigkeit und Plausibilität der vorgelegten Unterlagen überprüft. Eine materielle Richtigkeitsprüfung hat sie nur in bezug auf solche Umstände, die ihr bekannt geworden sind. Die Prüfung der Zulassungsstelle hat keinen Einfluß auf die Prospekthaftung der Prospektverantwortlichen. Bei fehlerhafter Prüfung kommt ein Amtshaftungsanspruch gegen die Zulassungsstelle in Betracht.
4. Der Kreis der Prospektverantwortlichen ist nach altem und neuem Recht unverändert. Es haften die Prospekterlasser und die Prospektveranlasser. Prospekterlasser ist derjenige, der nach außen erkennbar Verantwortung für den Prospekt übernommen hat. Prospektveranlasser ist derjenige, der zwar nicht nach außen in Erscheinung tritt, aber

im Hintergrund als tatsächlicher Urheber des Prospektes agiert.
Als Prospekterlasser haften regelmäßig der Emittent und die Emissionsbank. Haben sich mehrere Banken zu einem Emissionskonsortium zusammengeschlossen, haften alle gesamtschuldnerisch im Außenverhältnis ungeachtet interner Haftungsvereinbarungen.
Wirtschaftsprüfer, die den im Prospekt enthaltenen Jahresabschluß testiert haben, unterfallen nicht der Börsenprospekthaftung, da sie mit dem Testat nicht Verantwortung für den gesamten Prospekt übernommen haben. Die Konzeption der Börsenprospekthaftung als gesamtschuldnerische Haftung aller Prospektverantwortlichen schließt es aus, nur partiell Haftende einzubeziehen. Allerdings kommt insofern eine Haftung gegenüber den Anlegern unter dem Gesichtspunkt eines Vertrages mit Schutzwirkung zugunsten Dritter, der bürgerlich-rechtlichen Prospekthaftung für Berufsgaranten sowie aus Delikt in Betracht.
Als Prospektveranlasser kommen ein im Hintergrund agierender Großaktionär oder eine Konzernmutter in Betracht, die nicht nach außen in Erscheinung treten, aber tatsächlich entscheidenden Einfluß auf den Emittenten ausüben. Ebenso kann eine im Hintergrund agierende Großbank Veranlasser sein, die einen anderen Emissionsbegleiter beim Going Public eines Emittenten als verlängerten Arm benutzt.

5. Nach altem wie nach neuem Recht wird für unrichtige und unvollständige Prospekte gehaftet. Unrichtig ist ein Prospekt nicht nur dann, wenn die in ihm enthaltenen Tatsachen falsch sind, sondern auch dann, wenn Werturteile und Prognosen fehlerhaft sind. Maßgeblich für die Beurteilung der Unrichtigkeit ist der Empfängerhorizont. Dabei ist auf einen durchschnittlichen Anleger abzustellen, der zwar in der Lage ist, eine Bilanz zu lesen, aber nicht mit den in eingeweihten Kreisen gebräuchlichen Usancen vertraut ist. Durch die Neufassung des § 45 BörsG wird nunmehr gehaftet, wenn der Prospekt infolge des Weglassens von Angaben unvollständig ist. Damit ist eine Angleichung an den Haftungsgrund der Unrichtigkeit und zugleich eine Haftungserweiterung erfolgt, weil nach altem Recht nur für das Weglassen von Tatsachen gehaftet wurde. Negative Ratings oder Beurteilungen in der Wirtschaftspresse gehören grundsätzlich nicht zu den mitteilungspflichtigen Angaben, da sie in der Regel eine subjektive Einschätzung enthalten. Wenn im Prospekt aber auf Einschätzungen Dritter eingegangen wird, dürfen nicht nur die positiven mitgeteilt werden.
Sowohl bei der Unvollständigkeit als auch bei der Unrichtigkeit tritt eine Haftung nur ein, wenn wesentliche Angaben im Prospekt fehlen oder falsch sind.
Auch Prospektgestaltungsmängel führen zur Unrichtigkeit des Prospektes, wenn durch eine unübersichtliche Gestaltung ein unrichtiger

Gesamteindruck vermittelt wird. Es kann daher von dem Prospektierungsgrundsatz der Prospektklarheit und -übersichtlichkeit gesprochen werden.

6. Die haftungsbegründende Kausalität setzt voraus, daß die Wertpapiere aufgrund des Prospektes erworben wurden. Für Käufe vor Veröffentlichung eines Prospektes gibt es keine Börsenprospekthaftung. Ob für falsche Vorabinformationen nach anderen Rechtsvorschriften – insbesondere der bürgerlich-rechtlichen Prospekthaftung – ein Anspruch der Anleger gegeben ist, ist eine Frage des Einzelfalls.
   Wegen der tatsächlichen Schwierigkeiten für einen Anleger, die Ursächlichkeit des fehlerhaften Prospektes für seine Kaufentscheidung zu beweisen, hatte die Rechtsprechung eine tatsächliche Vermutung für diese Ursächlichkeit wegen der mit der Prospektveröffentlichung erzeugten Anlagestimmung statuiert, die in der Regel ein Jahr andauerte, aber bei gravierenden Kursverlusten schon früher endete. Nach der Neuregelung des § 45 BörsG ist diese tatsächliche Vermutung Gesetz geworden, wobei jedoch die Höchstfrist auf sechs Monate begrenzt wurde. Damit ist die Rechtslage hinter den internationalen Standard, der bei einem Jahr liegt, zurückgefallen. Da es gerade im Vergleich zu den USA, in denen der Emissionsmarkt deutlich besser floriert als in Deutschland, keinen Grund gibt, wegen der Förderung von Emissionen die Haftungsfrist zu verkürzen, ist de lege ferenda wieder die Höchstfrist von einem Jahr einzuführen.
7. Für die Haftungsausfüllende Kausalität hatte die Rechtsprechung zur alten Rechtslage eine widerlegliche Vermutung statuiert, daß der Anleger bei Kenntnis von dem Prospektmangel die Wertpapiere nicht erworben hätte, wobei es unerheblich war, ob der betreffende Prospektmangel tatsächlich ursächlich für den Schaden war. Die Neufassung des § 46 Abs. 2 Nr. 2 BörsG greift diese Vermutung auf, gestattet jedoch den Prospektverantwortlichen auch den haftungsausschließenden Nachweis, daß der Prospektmangel nicht zur Minderung des Börsenpreises der Wertpapiere geführt hat.
8. Nach § 45 BörsG a.F. gab es unterschiedliche Anforderungen an den Verschuldensmaßstab, je nachdem, ob Unrichtigkeit oder Unvollständigkeit des Prospektes vorlag. Nach der Neufassung des § 46 BörsG wird einheitlich für grobe Fahrlässigkeit und Vorsatz gehaftet. Dieser Verschuldensmaßstab hält einem internationalen Vergleich nicht stand. Im Ausland wird teilweise sogar ohne Verschulden gehaftet. De lege ferenda sollte daher eine Haftung auch für einfache Fahrlässigkeit vorgesehen werden.
   Der Sorgfaltsmaßstab, der den einzelnen Prospektverantwortlichen auferlegt ist, ist um so höher, je näher sie den Informationsquellen sind.

Am höchsten sind die Anforderungen an die Sorgfaltspflichten des Eminenten, da er über die ihn betreffenden Umstände den besten Einblick hat. Die einen Vorstand des Emittenten aus § 93 AktG treffende Pflicht, bei der Geschäftsführung die Sorgfalt eines ordentlichen Kaufmanns walten zu lassen, ist auch für die Prospekterstellung maßgeblich. Denn der Emittent kann sich gegenüber seinen Anlegern nicht auf einen geringeren Sorgfaltsmaßstab berufen als sein Vorstand im Interesse der Gesellschaft zu beachten hat. Plant der Emittent mit der Kapitalerhöhung den Kauf eines weiteren Unternehmens, hat der Vorstand nach § 93 AktG dieses Unternehmen im Rahmen einer Due Diligence zu durchleuchten, weswegen auch den Emittenten diese Pflicht im Rahmen der Prospekterstellung trifft.
Sollte ein Aktionär einmal zu dem Kreis der Prospektverantwortlichen gehören, trifft ihn eine vergleichbar hohe Sorgfaltspflicht wie den Emittenten.
Da der Emissionsbegleiter keinen unmittelbaren Einblick in die Unternehmensdaten des Emittenten hat, kann von ihm nicht dieselbe Sorgfalt wie vom Emittenten verlangt werden. Allerdings darf er sich nicht darauf zurückziehen, die vom Emittenten vorgelegten Unterlagen und Daten auf Plausibilität und Vollständigkeit durchzuschauen. Die Bank hat durch ihre Emissionsabteilung die Angaben des Emittenten, insbesondere die Bilanz auch auf ihre Richtigkeit hin zu überprüfen. Andererseits kann man von der Bank nicht verlangen, daß sie den Emittenten einer Due Diligence unterzieht, auch externe Sachverständige muß sie nicht hinzuziehen, selbst wenn ihr beides wegen der Gefahr des Verlusts ihres Emissionsstandings bei einer mißglückten Emission im eigenen Interesse anzuraten ist.
Alle Emissionskonsorten haften nach einem einheitlichen Sorgfaltsmaßstab. Aus dem Sinn und Zweck der gesamtschuldnerischen Prospekthaftung ergibt sich, daß die einfachen Konsortialmitglieder für das Verschulden des Konsortialführers einzustehen haben.
Die Prospektverantwortlichen haben Wirtschaftsprüfertestate auf offensichtlich erkennbare Fehler und Plausibilität zu überprüfen. Eine weitergehende Prüfung kann insbesondere von der Emissionsbank nicht verlangt werden. Informationen von naturwissenschaftlichen und technischen Sachverständigen müssen die Prospektverantwortlichen dagegen nicht überprüfen, es sei denn, daß Anhaltspunkte vorliegen, die eine Prüfung geradezu aufdrängen.
Bei der Bank vorhandenes Wissen hat sie im Zuge der Prospekterstellung zu verwerten. Ein bankinternes Bankgeheimnis zwischen den verschieden Abteilungen einer Bank ist zumindest beim Emissionsgeschäft nicht gegeben. Der Emissionsbank ist das Wissen ihrer Organe, die

zugleich Aufsichtsratsmitglieder des Emittenten sind, zuzurechnen. Dem Aufsichtsratsmitglied steht bei der Emission kein Schweigerecht gegenüber der Bank zu.

Interne Haftungsvereinbarungen zwischen dem Emittenten und dem Emissionsbegleiter oder zwischen den Konsorten eines Emissionskonsortiums haben keinen Einfluß auf die gesamtschuldnerische Außenhaftung der Prospektverantwortlichen.

Nach alter Fassung des § 45 BörsG hatte nach allgemeinen Grundsätzen der Anleger das Verschulden der Prospektverantwortlichen zu beweisen. Durch § 46 BörsG n.F. wird nunmehr das Verschulden widerleglich vermutet.

Der Verschuldensmaßstab der groben Fahrlässigkeit wird zu Recht als nicht ausreichend kritisiert. Der Maßstab im europäischen und amerikanischen Ausland ist zumindest leichte Fahrlässigkeit. Teilweise wird auch ohne Verschulden gehaftet. Angesichts dessen, daß der ausländische Kapitalmarkt weitaus prosperierender ist als der deutsche, kann die Haftungsbeschränkung nicht als Argument für die Förderung des Kapitalmarktes dienen.

9. Nach alter Fassung konnte der Anleger nach allgemeinen Grundsätzen Schadensersatz einschließlich entgangenen Gewinns beanspruchen. Dem konnten die Prospektverantwortlichen entgehen, wenn sie die Wertpapiere gegen Erstattung des nachgewiesenen Erwerbspreises oder des Erstausgabepreises übernahmen. Diese Ersetzungsbefugnis ist nach § 45 Abs. 1 Satz 1 BörsG n.F. ausschließlicher Anspruchsinhalt. Der Anleger kann jetzt nur noch den Erwerbspreis – aber maximal den Erstausgabepreis – nebst Erwerbskosten verlangen.

10. Einige Beschränkungen des alten Börsengesetzes zum Nachteil der Anleger sind mit der Novelle beseitigt worden. So war nach §§ 45 Abs. 1, 46 Abs. 1 BörsG a.F. erforderlich, daß der Anleger sich noch im Besitz der erworbenen Wertpapiere befand, um seinen Anspruch geltend machen zu können. Nunmehr hat der Anleger, der die Papiere veräußert hat, einen Anspruch auf die Differenz zwischen Erwerbs- bzw. Erstausgabepreis und Verkaufspreis (§ 45 Abs. 2 BörsG n.F.).

Nach alter Rechtslage (§ 46 Abs. 1 BörsG a.F.) hatte der Anleger nur dann einen Anspruch, wenn er eine neu emittierte Aktie erworben hatte. Nunmehr besteht ein Anspruch auch beim Erwerb alter Aktien, wenn diese nicht von den jungen Stücken zu unterscheiden sind (§ 45 Abs. 1 Satz 3 BörsG n.F.).

Nach neuem Recht ist die zum alten Recht umstrittene Frage, ob auch Folgeerwerber Prospekthaftungsansprüche geltend machen können, zu bejahen. Nach der Neuregelung haften die Prospektverantwortlichen maximal auf den Erstausgabepreis, auch wenn die Wertpapiere durch verschiedene Hände laufen. Deswegen steht die Gefahr einer unbegrenzten Haftungserweiterung der Geltung der Prospekthaftung auch für Folgeerwerber nicht entgegen. Erforderlich ist aber, daß der Folgeerwerber die Wertpapiere innerhalb von sechs Monaten ab Prospektveröffentlichung erworben hat.

Auch die nach altem Recht (§ 46 Abs. 1 BörsG a.F.) bestehende Beschränkung auf Inlandsgeschäfte ist beseitigt worden. Ausgeschlossen ist die deutsche Prospekthaftung nur noch für die Fälle, in denen die Erwerbsvorgänge bezüglich ausländischer Emittenten ausschließlich im Ausland abgewickelt werden.

11. Sowohl nach altem und nach neuem Recht (§§ 46 Abs. 2 Satz 1 BörsG a.F., 46 Abs. 2 Nr. 2 BörsG n.F.) ist ein Anspruch ausgeschlossen, wenn der Anleger positive Kenntnis von dem Prospektmangel hat. Anders als nach § 46 Abs. 2 Satz 2 BörsG a.F. schadet es nicht, wenn der Anleger bei Anwendung der eigenüblichen Sorgfalt den Fehler hätte erkennen können.
12. Nach altem Recht war die Meinung herrschend, den Anleger treffe ein Mitverschulden, wenn er seinen Anspruch nicht unverzüglich den Prospektverantwortlichen anzeige. Diese Meinung läßt sich zur neuen Fassung nicht mehr halten, weil durch die Einführung der sechsmonatigen Verjährungsfrist ein ausreichendes Korrektiv gegen eine unübersehbare Schadensvergrößerung geschaffen wurde.

    Auch stellt es kein Verstoß gegen die Schadensminderungspflicht dar, wenn der Anleger bei sinkendem Kursverlauf die Aktien nicht unverzüglich verkauft. Das Gesetz gewährt dem Anleger ausdrücklich einen Anspruch auf Erstattung des Erwerbspreises gegen Rückgabe der Wertpapiere. Dieser Anspruch wäre obsolet, wenn der Anleger die Papiere bei negativere Entwicklung sofort verkaufen müßte.

    Ein Verstoß gegen die Schadensminderungspflicht liegt allerdings vor, wenn der Anleger die Wertpapiere unter dem an der Börse erzielbaren Preis veräußert.
13. Bereits zu alten Fassung wurde die Meinung vertreten, nur der durch die Unrichtigkeit des Prospektes eingetretene Schaden sei zu ersetzen. Nach § 46 Abs. 2 Nr. 2 BörsG n.F. entfällt die Haftung, wenn die Prospektverantwortlichen nachweisen, daß der Sachverhalt, über den unrichtig im Prospekt berichtet worden ist, nicht zur Minderung des Börsenpreises der Wertpapiere beigetragen hat.
14. Nach § 46 Abs. 2 Nr. 4 BörsG n.F. können die Prospektverantwortlichen mit Wirkung für die Zukunft die Haftung durch eine nachträgliche Berichtigung des Prospektes ausschließen. Diese Berichtigung muß deutlich gestaltet sein und auf den konkreten Mangel hinweisen.
15. Nach § 43 Abs. 4 Satz 1 BörsG n.F. ist einem Emittenten die Möglichkeit eröffnet, einen Widerruf der Börsenzulassung zu erlangen, der im

am Anlegerinteresse ausgerichteten Ermessen der Börse steht. Das De-Listing hat keinen Einfluß auf einmal entstandene Prospekthaftungsansprüche.

16. Nach § 47 BörsG a.F. verjährten die Ansprüche in fünf Jahren seit der Börsenzulassung. Diese Frist ist durch § 47 BörsG n.F. empfindlich verkürzt worden. Sie beträgt nunmehr sechs Monate ab Kenntnis vom Prospektmangel, maximal drei Jahre ab Veröffentlichung des Prospektes und entspricht nunmehr den Verjährungsfristen der §§ 20 Abs. 5 KAGG, 12 Abs. 5 AuslInvestmG.

17. Die Rechtsfolge der Börsenprospekthaftung, daß der Emittent ausgegebene Aktien zurücknehmen muß (§ 45 BörsG), steht im Widerspruch zu den Kapitalerhaltungsvorschriften des Aktiengesetzes, nach denen ein Rückkauf eigener Aktien ausgeschlossen ist (§ 57 AktG). Dieser Gesetzeskonflikt ist zugunsten der Börsenprospekthaftung aufzulösen, da diese die jüngere und vor allem speziellere Regelung enthält. Zudem wäre es mit Sinn und Zweck der Verantwortlichkeit des Emittenten nach dem BörsG nicht vereinbar, ihn pauschal von der Haftung auszunehmen.
Einer internen Haftungsfreistellung der Emissionsbank gegenüber dem Emittenten stehen die Kapitalerhaltungsvorschriften ebenfalls nicht entgegen, da dadurch keine Verschlechterung der Rechtslage des Anlegers gegenüber dem nach außen unbeschränkt haftenden Emittenten einhergeht.

18. Die Unternehmensberichtshaftung des geregelten Marktes gilt auch für den sogenannten Neuen Markt und den Smax an der Frankfurter Börse, da dort notierte Unternehmen die Zulassung zum geregelten Markt beantragen müssen. Die Unternehmensberichtshaftung läuft im wesentlichen gleich mit der Börsenprospekthaftung. Für den Mindestinhalt des Unternehmensberichts gilt die VerkProspV. Der Emissionsbegleiter haftet für einen fehlerhaften Unternehmensbericht genauso wie für einen fehlerhaften Börsenzulassungsprospekt, auch wenn er den Unternehmensbericht nicht unterschrieben hat.

19. Der Verkaufsprospekthaftung unterliegen alle Wertpapiere, die erstmals im Inland öffentlich angeboten werden, mit Ausnahme der Wertpapiere, die bereits an einer inländischen Börse zugelassen sind. Ein öffentliches Angebot liegt immer dann vor, wenn sich ein Angebot an einen unbestimmten Personenkreis richtet. Kein öffentliches Angebot liegt bei einer Privatplazierung vor. Von einer Privatplazierung kann nur dann ausgegangen werden, wenn die Beziehung zwischen Anleger und Emittent so geartet ist, daß der Anleger über eine einem Prospektinhalt zumindest gleichwertige Informationsbasis verfügt oder verfügen kann.

Die Mindestangaben des Verkaufsprospektes sind in der VerkProspV geregelt. Der Verkaufsprospekt ist beim Bundesaufsichtsamt für den Wertpapierhandel zu hinterlegen, das eine rein formelle Überprüfung auf Vollständigkeit vornimmt. Die Haftungsmodalitäten entsprechen durch Legalverweisung bzw. ergänzende gleichlautende Regelungen im VerkProspG denen der Börsenprospekthaftung.
Die in den Freiverkehr der Börsen einbezogenen Aktien unterliegen regelmäßig der Prospektpflicht nach dem VerkProspG. Diese entfällt nur dann, wenn die Einbeziehung ohne Verkaufsabsicht erfolgt, weil dann ein öffentliches Angebot fehlt.
Die Kapitalanlagen des grauen Kapitalmarktes unterfallen mit Ausnahme frei gehandelter Wertpapiere, für die das VerkProspG gilt, keiner Prospektpflicht. Wird für diese Anlagen trotzdem mittels eines Prospektes geworben, greift die bürgerlich-rechtliche Prospekthaftung ein.

20. Die Prospekthaftungen nach dem KAGG und dem AuslInvestmG folgen den gleichen Regeln wie die Prospekthaftungen des Börsenrechts. Für den Handel mit Wertpapieren haben sei keinen eigenständigen Wert, weil insofern das BörsG und das VerkProspG abschließende Regelungen sind.
21. Die bürgerlich-rechtliche Prospekthaftung im engeren Sinne ist zwar als Anwendungsfall des Verschuldens bei Vertragsverhandlungen entwickelt worden, setzt sich aber deutlich von dieser Rechtsfigur ab. Sie betrifft die Haftung für die Inanspruchnahme von typisierten Vertrauen. Unbeschränkt haftungsverpflichtet sind die Angehörigen der Leitungsgruppe des emittierenden Unternehmens sowie maßgebliche Hintermänner. Sie haften für die Richtigkeit des gesamten Prospektes. Eingeschränkt haftungsverpflichtet sind Berufsgaranten, die für einzelne Angaben im Prospekt verantwortlich zeichnen. Sie haften nur für dir Richtigkeit dieser auf sie bezogenen Angaben. Der Prospekt muß zutreffend und vollständig sein. Es wird vermutet, daß die Fehlerhaftigkeit des Prospektes ursächlich für den Kauf der Anlage war. Unerheblich ist, ob der Prospektfehler tatsächlich zur Minderung der Anlage geführt hätte. Als Verschuldensmaßstab reicht bereits einfache Fahrlässigkeit aus. Als Schaden kann der Anleger neben der Erstattung der Erwerbskosten auch entgangenen Gewinn beanspruchen. Der Anspruch verjährt wie die spezialgesetzlichen Prospekthaftungen in sechs Monaten ab Kenntnis, maximal drei Jahre nach Erwerb der Anlage. Diese kurze Verjährung gilt aber nicht beim Vertrieb von Bauherrenmodellen, für die eine dreißigjährige Verjährungsfrist angenommen wird. Auch für Berufsgaranten gelten diese Verjährungsregeln, die die speziellen in den Berufsordnungen geregelten Verjährungsvor-

schriften verdrängen, weil keine Verletzung einer Berufspflicht in Frage steht.

22. Als bürgerlich-rechtliche Prospekthaftung im weiteren Sinne bezeichnet man die Haftung für die Inanspruchnahme besonderen persönlichen Vertrauens im Zusammenhang mit der Verwendung von Prospekten. Das betrifft zwei Fallgruppen. Erstens den Fall, daß sich jemand zur Erfüllung eigener Beratungs- und Aufklärungspflichten eines Prospektes bedient und zweitens die Haftung für die Inanspruchnahme besonderen persönlichen Vertrauens des Sachwalters, der nicht selbst Vertragspartner ist. Die Haftung folgt den allgemeinen Regeln der Rechtsfigur des Verschuldens bei Vertragsverhandlungen. Die bürgerlich-rechtliche Prospekthaftung im weiteren Sinne ist kein Sonderfall der Prospekthaftung, sondern ein Anwendungsfall der Rechtsfigur des Verschuldens bei Vertragsverhandlungen, so daß aus Gründen der Rechtssicherheit und Rechtsklarheit für diese Fallgruppe nicht mehr von Prospekthaftung gesprochen werden sollte.

23. Nach § 264 a StGB macht sich strafbar, wer vorsätzlich im Zusammenhang mit dem Vertrieb von Wertpapieren und Kapitalanlagen in Prospekten unrichtige vorteilhafte Angaben macht oder nachteilige Angaben verschweigt. Weil § 264 a StGB Schutzgesetz im Sinne von § 823 Abs. 2 BGB ist, spricht man insofern von der deliktischen Prospekthaftung. Diese ist wegen des Erfordernisses der vorsätzlichen Begehungsweise enger als die übrigen Prospekthaftungen. Wegen der Verjährungsregelung des § 852 BGB hat sie jedoch eine eigenständige Bedeutung zumindest für die Prospekthaftungsfälle mit kurzer Verjährungsfrist. Zudem kann der Geschädigte nach § 852 Abs. 3 BGB auch nach Ablauf der Verjährungsfrist Herausgabe seiner Einlage nach Bereicherungsgrundsätzen verlangen.

24. Die Konkurrenz der Prospekthaftungen ist von entscheidender Bedeutung, da bei Idealkonkurrenz die bürgerlich-rechtliche Prospekthaftung alle anderen verdrängen würde. Aus dem Sinn und Zweck der gesetzlichen Normierung der einzelnen Spezialprospekthaftungen ergibt sich, daß die Prospekthaftungen untereinander im Verhältnis der Spezialität stehen. Ausgenommen hiervon ist die bürgerlich-rechtliche Prospekthaftung im weiteren Sinne. Weil es sich bei dieser nicht um eine echte Prospekthaftung handelt, sondern um einen Anwendungsfall des Verschuldens bei Vertragsverhandlungen, wird sie nicht durch die Prospekthaftungen verdrängt. Sehen die Spezialgesetze Ausnahmen von der Prospektpflicht vor, schließt das auch das Eingreifen der allgemeinen zivilrechtlichen Prospekthaftung aus. Wird bei einer Privatplazierung mittels eines Prospektes geworben, ist die bürgerlich-rechtliche Prospekthaftung einschlägig, eine Analogie zur Verkaufs-

prospekthaftung kommt nicht in Betracht. Auch für den, der bewußt gegen eine angeordnete Prospektveröffentlichungspflicht verstößt, kommt eine analoge Anwendung der Verkaufsprospekthaftung nicht in Betracht, vielmehr haftet er nach deliktischen Grundsätzen.

25. Eine Angleichung der Prospekthaftungen ist wünschenswert. Angesichts dessen, daß der Gesetzgeber die Börsen- und Verkaufsprospekthaftung im Dritten Finanzmarktförderungsgesetz neu geregelt hat, kommt de lege lata eine Annäherung der Spezialhaftungen an die bürgerlich-rechtliche Prospekthaftung nicht in Betracht. Andererseits würde die Angleichung der bürgerlich-rechtlichen Prospekthaftung an die spezialgesetzliche Prospekthaftung zu einer Reduzierung des Anlegerschutzes führen, ohne daß am grauen Kapitalmarkt ein korrigierendes Aufsichtsamt zur Verfügung steht. Eine Angleichung kann daher de lege ferenda nur vom Gesetzgeber vorgenommen werden.

26. Erfüllungs- und Gewährleistungsansprüche aus dem Erwerbsgeschäft können neben den Prospekthaftungsansprüchen geltend gemacht werden. Da es sich bei dem Erwerb von Aktien um einen Rechtskauf handelt, sind aber nur eingeschränkt Ansprüche denkbar, so etwa dann, wenn die Aktien aufgrund einer bereits beim Kauf absehbaren Anfechtungsklage rechtlich vernichtet werden.

27. Ansprüche wegen Beratungs- und Aufklärungsverschulden im Zusammenhang mit dem Erwerb der Aktien sind ebenfalls neben den Prospekthaftungsansprüchen verfolgbar. Diese Ansprüche verjähren allerdings nach § 37a WpHG beim Wertpapierkauf von Wertpapierdienstleistungsunternehmen in drei Jahren ab Anspruchsentstehung. Diese Frist ist extrem knapp bemessen. Da die Verkürzung mit Hinweis auf die ebenfalls kurzen Verjährungsfristen von Rechtsanwälten, Steuerberatern und Wirtschaftsprüfern begründet worden ist, ist die für diese Berufsgruppen geltende Sekundärverjährung auch hier einschlägig. Die Verjährungsfrist verlängert sich daher um maximal weitere drei Jahre, wenn das Wertpapierdienstleistungsunternehmen den Anleger nicht über seinen Beratungsfehler und den drohenden Ablauf der Verjährungsfrist hinweist.

    Die kurze Verjährungsfrist gilt nicht für konkurrierende deliktische Ansprüche, wobei es unerheblich ist, ob diese vorsätzlich oder fahrlässig verwirklicht werden.

28. Die nach altem Recht umstrittene Rechtsfrage, ob deliktische Ansprüche neben der Börsenprospekthaftung geltend gemacht werden können, hat der Gesetzgeber durch das Dritte Finanzmarktförderungsgesetz dahingehend entschieden, daß Ansprüche aus vorsätzlichen unerlaubten Handlungen neben den Prospekthaftungsansprüchen geltend gemacht werden können. Der Umkehrschluß daraus ergibt, daß eine Haftung wegen fahrlässiger unerlaubter Handlung ausgeschlossen ist.

Sachregister

Bei Fragen zur Produktsicherheit wenden Sie sich bitte an:
If you have any questions regarding product safety,
please contact:

Walter de Gruyter GmbH
Genthiner Straße 13
10785 Berlin
productsafety@degruyterbrill.com